AtV

Netty Reiling, die sich später Anna Seghers nannte, wurde 1900 in Mainz geboren. 1920–1924 Studium in Heidelberg und Köln: Kunst- und Kulturgeschichte, Geschichte und Sinologie. Erste Veröffentlichung 1924: »Die Toten auf der Insel Djal«. 1925 Heirat mit dem Ungarn Laszlo Radvanyi. Umzug nach Berlin. 1928 »Aufstand der Fischer von St. Barbara«. Kleist-Preis. Eintritt in die KPD. Beitritt zum Bund proletarisch-revolutionärer Schriftsteller. 1933 Flucht über die Schweiz nach Paris, 1941 von Marseille nach Mexiko. 1943 schwerer Verkehrsunfall. 1947 Rückkehr nach Berlin. Georg-Büchner-Preis. 1950 Mitglied des Weltfriedensrates. Von 1952 bis 1978 Vorsitzende des Schriftstellerverbandes der DDR. Ehrenbürgerin von Berlin und Mainz. 1983 in Berlin gestorben.

Romane: Die Gefährten (1932); Der Kopflohn (1933); Der Weg durch den Februar (1935); Die Rettung (1937); Das siebte Kreuz (1942); Transit (1944); Die Toten bleiben jung (1949); Die Entscheidung (1959); Das Vertrauen (1968).

Zahlreiche Erzählungen und Essayistik.

»Das Werk eines Dichters ist eine kostbare und dauerhafte Erscheinung, in der die Zeit sich selbst erkennt und spätere Zeiten uns. Gerade das, was viele Mitlebende nicht wissen wollen oder nicht ertragen können, wird am Leben bleiben, weil die Zukunft es aufnimmt. So werden viele Gestalten aus den Werken der Anna Seghers immer wieder den Staub der Jahre von sich abschütteln. Sie hält sich immer an uns, an die Mitlebenden, zu denen sie sich gehörig fühlt. Sie liebt das bunte, schöne Durcheinander, als das ihr das Leben der Menschen erscheinen mag und das sie durchschaut, ohne sich abzuwenden.«

Christa Wolf im Nachwort zu Anna Seghers: »Glauben an Irdisches« (1968)

Anna Seghers

Die Trennung

Geschichten über Frauen

Aufbau Taschenbuch Verlag

ISBN 3-7466-5169-7

1. Auflage 1998
Aufbau Taschenbuch Verlag GmbH, Berlin

Umschlaggestaltung Torsten Lemme
unter Verwendung
Satz LVD GmbH, Berlin
Druck Elsnerdruck GmbH, Berlin
Printed in Germany

Inhalt

Die Ziegler

An einem Herbstnachmittag, welcher die Lichter der kleinen Stadt eher beschwichtigte als hervorlockte, stand Marie, das Geld für die abgelieferte Strickware in der Hand, vor der zugeschlagenen Tür im Treppenhaus in der Betzelsgasse. Sie preßte die Hand zu und stieg eine Treppe tiefer. Es war fast dunkel. Die Messingkugeln auf dem Geländer glänzten, die roten und blauen Scheiben im Treppenfenster hatten geglüht, wie sie heraufgestiegen war; jetzt waren sie trübe. Sie trat in das Fenster, zählte ihr Geld hin und steckte es ein. Sie stieg weiter, ganz langsam, bis zum nächsten Absatz, da blieb sie wieder stehen. Sie sah sich um; die Messingkugeln waren jetzt schmale Halbmonde. Sie zögerte, als erwarte sie etwas. Ihr Herz zog sich zusammen vor Angst oder vor Kummer. Sie beugte den Kopf und wartete. Es kam aber nichts. Langsam und widerwillig zog sich ihr Herz zurecht. Sie verstand gar nichts, sah sich verwirrt um und drückte sich dicht an das Fenster. Sie preßte ihr Gesicht an das einzige helle Glas unter den vielen bunten. Zwischen den angrenzenden Häusern war ein Hof, gegen die Mauer gestapelte Säcke, eine Laterne, ein ausgespannter Wagen; ein Arbeiter wartete auf den anderen, dessen Arme in die Jacke fuchtelten. Sie sah hinunter, bis er die Arme in den Ärmeln hatte, dann lief sie auf die Straße.

Die Laternen waren schon an. Bebautes Land war so nahe, daß es nach Herbst roch. Auf dem offenen Platz vor den Schaufenstern ratterten die letzten Läden herunter. Sie lief schneller, weil sie fror. Vor ihr her liefen zwei Mädchen, lachten und schlenkerten. Sie erkannte von hinten ihre roten und dunkelblauen Mützen. Sie hatten letztes Jahr in der Schule vor ihr gesessen. Sie erschrak und ging langsam. Aber die Mädchen blieben stehen und sahen sie an. »Ach, Marie!« Die Mädchen standen schön und aufrecht auf hohen, hellen Beinen. »Was machst du denn jetzt?« – »Ich helf zu Hause.« Die Mädchen betrachteten sie, sie preßte den Mund zu. Die Mädchen kannten auch noch ihr Kleid, ihr Halskettchen, ihren Scheitel, ihre hellen Brauen. Alles war wie vor Ostern, nur ein bißchen verschwommen. Sie wurden verlegen und gaben sich die Hände.

Im eigenen Hausflur stand ein Geruch von angebranntem Fett. Sie spürte plötzlich nur ihren Hunger, sonst gar nichts. Sie schellte, fuhr wartend mit dem Zeigefinger die Buchstaben auf dem blankgeriebenen Schild nach: Ziegler. Im Wohnzimmer unter dem Spiegel auf dem Sofa saß ihre Schwester Anna und ein junger Mensch, Annas Verlobter. Anna trug eine weiße frische Bluse und einen enggezogenen Gürtel. Sie war ein schönes Mädchen. Ihr Gefährte hielt ihre Hand und strich mit dem Daumen über die Handfläche, da glänzten ihre Augen. Die Falte auf seinem übergeschlagenen Bein lief in einem festen Strich durch das leere, angedunkelte Zimmer. Marie schlupfte in die Küche. Der kleine Bruder lernte hinter dem Tisch. Sein rundes, bleiches Gesicht schwebte über dem Tisch wie ein kleiner Mond, aus dem genug Helligkeit auf das Heft fiel. Die Mutter zerhäckelte Heringe zu Salat, sie fragte: »Ist was nachbestellt?« – »Friedlers ja und Karstens nein.« Marie sah starr auf die Hände der Mutter, die das Ei in dünne Scheiben zerschnitt und ein Muster auf den Salat drückte. Da, wo der Hunger gewesen war, war jetzt etwas Klebriges, Widerwärtiges.

Sie gingen zusammen hinüber. Die jungen Leute setzten

sich vom Sofa an den Tisch, der Mutter gegenüber. Die beiden Kinder drückten sich an die Wand, still und flach, als wollten sie den Raum sparen. Der Vater kam herein. Er hatte im Schlafzimmer gesessen, am hinteren Fenster, und hinuntergesehen auf das weiße, kahle Hofviereck. Er war ein wenig eingeschlafen. Als er aufwachte, war es dunkel und nichts verändert. Nur unter der Tür war ein heller, dünner Streifen. Da bekam er Lust auf Licht und ging hinüber.

Er setzte sich nicht an den Tisch, sondern aufs Sofa, als hielte auch ihn etwas zurück, den Raum in der Mitte zu schmälern. Der junge Gintler hätte ungern die Hand des Mädchens losgelassen, aber es waren auf einmal so viele Gesichter in diesem Zimmer, dicht bei ihm. Als ob sie sein Unbehagen erraten hätten, drückten sich die Kinder tief in die Wand hinein und der Vater ins Sofa; da dachte er: Ich werde wohl bleiben.

Marie ging leise herum und deckte sachte den Tisch. Bevor man ihre Hände sah, waren sie schon weggezogen. Alle fuhren zusammen, als es schellte: der ältere Junge. Jetzt war es voll und eng. Seine langen Glieder flochten sich durch das Zimmer. Auf dem Boden gab es eine Spur von lehmigen Sohlen. Er lehnte sich neben die Geschwister, sah fest dem Bräutigam ins Gesicht und trat an den Tisch. Da wo er gelehnt hatte, war jetzt auf der Wand ein feuchter Fleck. Alle sahen hin. Der junge Gintler ließ die Hand des Mädchens los. »Ich muß ja wohl jetzt heimgehen.« Als er gegangen war, setzten sich alle zum Essen um den Tisch. Sie zögerten einen Augenblick, das Muster aus Eierscheiben in der Schüssel zu zerstören. Die Mutter langte zu. Unter ihrem ruhigen Blick kam etwas Festes, Ordentliches in alle Sachen, etwas Sattes in die Speisen. Nur der ältere Junge aß für sich allein mit vorgebeugtem Hals. Er schrappte seinen Teller, sah den leeren Teller mit zugekniffenen Augen an, fuhr fort zu scharren, böse, wie ein Hund scharrt. Endlich sagte der Vater, als ob es nichts Besonderes wäre: »Hör doch auf mit dem Schrappen.« Der Junge legte den Löffel hin, nachdem er noch einmal hart über den ganzen Teller gefahren war, und lachte mit bösen, blanken Zähnen.

Morgens schloß Marie die Werkstatt auf, die zu ebener Erde hinter dem Hof lag, sie zog die Läden hoch und struppte den Sack von der Maschine. Sie drehte mit dem Fuß das Rad an. Der Tag zischte los mit Fi, Fi, das fad und dünn wurde, wie das ewige Zirpen einer Grille. Ihre Hände lösten die Hebel ab, verwickelten sich in eine wütende Folge von Griffen. Zwischen den Klammern fing das Stück rostrote Gewebe mit einem Ruck zu leben an. Auf der Walze, auf Mariens Händen lag schon ein feiner, rötlicher Wollstaub. Ihre Hände waren vergessen, wie abgeschnitten.

Sie sah den Briefträger über den Hof kommen und runzelte die Stirn. Der Briefträger legte Post auf den Tisch und sah lächelnd mit zu. Marie drückte ihn in den Hof zurück mit einem bösen Blick. Kleine, helle Hämmerchen klopften ihre Stirn, die Sonne stellte ein wenig Licht in das Hoffenster. In den Gestellen an der Wand blühten die Wollvorräte auf in glühenden nutzlosen Farben. Jemand schlürfte über den Hof, der Vater. Er setzte sich vor das Pult, mitten in die flimmernde Wolke von Sonnenstäubchen, und machte die Post auf. Im vorigen Winter hatten sechs Mädchen in der Werkstatt gestanden. Marie hatte an Ostern die sechste abgelöst. Der Vater warf die Post zurück und kniff die Augen zu. Da gab es noch Marie, und in den Gestellen leuchteten rot und blau die Reste von Wollvorräten. Er sagte: »Warum haben Karstens nichts bestellt?« Marie sagte: »Eins kann doch nicht immerzu als was bestellen.« Der Vater sagte rechthaberisch, als streite er mit den widerspenstigen

Karstens: »Solche Einzige müssen doch was bestellen, wir kommen bei den anderen nicht nach.« Er fügte hinzu: »Die Mädchen sind alle zu Matthäus gegangen.« Marie sagte: »Wir kommen vielleicht doch nach.« Der Vater stand auf und fühlte mit der Hand in die Gefächer. Er kreiste rund um Marie herum, blieb irgendwo hinter ihr stehen und betrachtete ihren Rücken, der sich gleich zusammenkrümmte. Er fing von neuem an: »Es ist schon ganz kühl hier und mittags ganz dunkel. Droben in der Wohnung wäre es viel besser für dich, viel wärmer. Es bleibt auch länger hell. Man könnte zum Beispiel die Maschine gegen das Schlafzimmerfenster stellen. Man kann das hier vermieten. Die Gestelle gehen gut herauf, und du, Spätzchen, du nimmst ja gar keinen Platz weg.«

Er berührte ihr Haar, Marie fuhr zusammen, weil sie nicht gemerkt hatte, daß er so nah hinter ihr war. Der Vater zog die Hand zurück und wartete. Marie sagte: »Ja, das kann man.« Der Vater entfernte sich über den Hof, nicht mehr schlürfend, mit leichteren, jüngeren Schritten.

Das helle Wölkchen vom Sonnenstaub rückte von seinem leeren Stuhl weiter, erreichte Marie, umschloß ihren Kopf, ihre Schultern. Da war es ihr warm auf den Augenlidern. Hinter dem Fenster auf dem Hof in einem viel zu harten Sonnenschein standen ein paar Frauen mit Milchkannen. Die lachten wie verrückt, sie schüttelten sich vor Lachen. Dann war es vollkommen still. Auf einmal zog es sich in ihr zusammen, wie gestern abend, ein Unglück mußte doch ganz nah sein oder ein Gram, sie spürte ja schon die scharfe Kante von etwas Schwerem, Hartem. Sie konnte sich aber nicht ganz genau besinnen, weil sie zu müde war. Alle Müdigkeit kam aus einem winzigen Punkt zwischen ihren zwei Augen. Ohne den hätte sie fliegen können. Dann rief die Mutter aus dem Schlafzimmerfenster: »Marie, essen!«

Droben waren alle gut zu ihr. Sie war erleichtert zwischen Bruder und Schwester am ruhigen Mittagstisch in einen festen Ring gefaßt. Die Mutter faltete nachher das Tischtuch, legte es aber nicht in die Schublade, sondern nahm auf einmal, als ob sie damit etwas Besonderes vorhätte, das Brot aus dem Korb zurück, den Anna heraustragen wollte. Sie legte aber das Brot auf den Stuhl und setzte sich aufs Sofa. Die Kinder betrachteten aus der Tür die Mutter. Die stemmte die Arme rechts und links auf das Sofa und wiegte den Oberkörper hin und her und bewegte die Backen, als kaue sie Tränen. Der Kleine kam furchtsam zu ihr heran und berührte ihr Knie. Da packte ihn die Mutter mit ihren beiden Händen an den Schultern und schüttelte ihn hin und her. Sie ließ ihn gleich los, aber das Kind bebte in seiner verrutschten Bluse, als würde es immer weiter geschüttelt. Da sah ihn die Mutter an, ihr Blick wurde jetzt fester, zog ihn wieder an sich, streichelte ihn und drückte sein Gesicht an das ihre. Sie erblickte jetzt auch verwundert das Brot auf dem Stuhl und hob es auf. Sie richtete sich ganz hoch mit ihrem alten ruhigen festen Blick, als fordere sie die Dinge auf, die eben durcheinandergefallen waren, wieder an ihre Plätze zurückzukehren.

In der Werkstatt lag der Staub wie heller Flaum auf den Wänden. Marie hatte aber kaum begonnen, als alles tot und grau wurde. Auf der Mauer lagen rote Tapfen von Sonne, Marie hing sich daran, hätte sie an sich ziehen mögen, tief in sich hineinstopfen, wo es ganz hohl und leer war. Sie struppte den Leinwandsack über die Walze. Der ältere Junge lief über den Hof, drückte sein Gesicht gegen das Fenster und riß das Maul auseinander. Marie graulte sich, da riß er erst recht. Auf einmal war er weg. Marie trat hinaus und sah sich furchtsam um in dem leeren stillen Hof. Da war sein Gesicht über der Hofmauer.

Der Junge rannte die Gasse hinunter auf den freien Platz, schnaufte und dachte nach, er sah rund um sich in die Öffnungen der kleinen, krummen Gassen und dann aufwärts gegen den wolkigen, kaum gestirnten Himmel. Er rannte los. Aus irgendeinem entfernten Wald trieb der Wind durch die leere Stadt ein paar Buchenblätter. Auf der Eisenbahnbrücke am Geländer klebten ein paar Buben, sie starrten hinunter in den Bahnsteig, der schon für den Spätzug erleuchtet war. Sie warteten, bis der Zug kam und wieder abfuhr in die windige unerschöpfliche Nacht. Wenn sie sich eilten, konnten sie dann von den Wällen aus noch einmal denselben Zug über die Flußbrücke in die Ebene hineinschießen sehen, mit einem hellen Schweif auf dem Wasser. Sie stiegen die Wallstraße hinauf. Sie liefen weiter gegen die Kaserne. Zwischen der Rückmauer und dem Wall drückten sich schon ein paar herum, weil da die Kantinenfenster waren. Da war auch eine freche, ruppige, strohfarbige Elise und eine kleine Bucklige, über die man schon von weitem die Soldaten lachen hörte. Hinter dem Drahtgitter im Hellen bewegten sich dicke, weiße Hände und klobige, lachende Köpfe. Wie eine durch ein Sieb gepreßte Masse quoll durch das Gitter ein dicker Schwaden von Hitze, Schweiß- und Suppengeruch. Durch den Spalt zwischen Gitter und Fensterbrett wurden zuck, zuck Scheiben Kommißbrot geschoben, manchmal mit einem Happen Schmalz. Elise brachte ihren dürren Arm unter dem Gitter durch, die Soldaten zerrten, um mehr von ihr zu kriegen. Auf einmal ging im Innern der Kaserne etwas vor, Geschirr klirrte, alles rannte nach hinten. Das Licht ging aus, und die Fenster flogen zu. Elise brachte mit glänzenden Augen ihre rote, zerschundene Faust voll zerquetschtem Brot an sich.

Zwischen Wall und Mauer war es jetzt kalt und dunkel. Sie liefen vor dem Wind in den Wallgraben. In seinem Innern wuchs ein Gestrüpp, das von oben schwarz und grundlos aussah, wie eine Untiefe. Die kleine Bucklige kroch ein Stück bergab, kam aber wieder. Dann krochen Elise und noch einer und blieben drinnen. Dann kletterte ihnen noch einer nach, und der erste kroch wieder heraus und hockte sich hin und starrte zurück in das dunkle, verquollene Gestrüpp. Der Junge wäre jetzt auch gern hinuntergestiegen. Er hätte auch gern den Zurückgekehrten gefragt, der war aber so verkniffen und merkwürdig, daß er gar nicht fragte und alles zum nächsten Mal aufschob.

Wie er dann später in die Stadt zurückkehrte, durch die stillen ausgelöschten Gassen, legten sich ihm die vollen Mitternachtsschläge schwer aufs Herz. Er erschrak auch, weil vor der Haustür jemand wartete. Dann waren es aber nur die Schwester und der Verlobte. Sie ließen sich los und starrten in das von Fett und Erde beschmierte Gesicht des Jungen. Anna ließ ihn hinein. Sie öffnete die Wohnzimmertür und legte sich aufs Sofa, und er ging durch die Küche, die leise klirrte, und legte sich in die Kammer zu seinem kleinen Bruder.

Marie rückte den Tisch an die Wand, kletterte hinauf und räumte die Wolle aus den oberen Gefächern, sie trug das Zeug durch den Hof, so schnell, daß die Frauen mit den Milchkannen gar nicht verstanden, was sie herumtrug. Der Vater öffnete ihr verwundert die Tür, als hätte er die Abmachung vergessen. Er nahm die Sachen ab und streichelte ihren tiefgesenkten Kopf. Er legte alles auf die Bank, auf der Marie zu schlafen pflegte, am Fußende der beiden schwarzen, großen Betten. Er sah sich unschlüssig um, dann fing er an zu erklären, wie sich in diesem Zimmer alles verändern sollte. Er streckte den Arm aus und beschrieb mit dem Zeigefinger die künftige Linie der Gestelle. Marie hob den Kopf nur ein wenig, als bereite es ihr Anstrengung, dieser Beschreibung zu folgen. Dann brach der Vater ab und fing schnell an, die Photographien von den Nägeln zu reißen. Als er die erste Photographie herunterriß, fiel das Drückende, Schwere von ihm ab, das das ganze Jahr sein Herz zerquält hatte. Er klapperte mit seinen flink gewordenen Händen in den Bildern herum. Marie trat aus der Tür und räumte das Wandbrett ab. Sie schleppten zusammen den Waschtisch um die Betten herum und steckten die Vorhänge hoch. Marie preßte den Mund zu, ihre Stirn glänzte, aber der Vater pfiff und lachte, wenn das Möbel anstieß und ein Stückchen Tapete abfetzte, und er spuckte sich auf die Finger und klebte es wieder an. Dann lief er auf einmal weg, um Nachbarn zu holen, die ihm helfen sollten, die Gestelle und die Maschine heraufzuschleppen. Rund um den Hof klappten die Fenster hoch, um zu sehen, was da drunten gerollt und geschrien würde. Denn der Vater, der sich sonst abseits hielt und leise auftrat, lärmte jetzt in den hellen Sonnenschein, schrie mit rotem Gesicht seine Anordnungen und klatschte in die Hände. Als dann die Männer gegangen waren, setzte er sich auf ein Bett, obgleich er beim Tragen nicht geholfen hatte. Er deckte sein Gesicht mit den Händen zu. Marie sah auf ihn hinunter, sie hatte vielleicht noch nie seinen Kopf ganz von oben gesehen, weil er ein großer Mann war, die Haut war weiß wie Wachs, die Haarbüschel waren vergilbt und an den Spitzen wie versengt. Er stand seufzend auf mit seinem alt und schwer gewordenen Körper. Er sah sich um, erblickte die Gestelle und die Wolle und die Maschinen, das ganze Zimmer voll, und erschrak. Sein Blick fiel auf den Pack Photographien auf dem Nachttisch, er griff darin herum, da sagte Marie: »Sie kommen schon.« Die Mutter und Anna kamen vom Markt heim. Sie blieben verwundert vor dem Wohnzimmer stehen, das sie geputzt hatten, bevor sie weggegangen waren. Jetzt war es schmutzig und vertreten. Der Vater trat in die Tür und sagte ruhig:

»Wir sind schon mit allem fertig.« Die Mutter sah sich mit aufgerissenen Augen um, schwieg und drückte die Türklinke fest in der Hand. Dann sagte sie: »Ihr hättet die Betten zudecken sollen.« Sie sah einen Riß in der Tapete und fuhr mit dem Daumen herüber. Sie sah sich noch einmal, ernster, um, aber nichts richtete sich, alles blieb, wie es war, rot und blau und gelb und kreuz und quer. Da drehte sie sich um und ging ins andere Zimmer. Marie fing an einem Ende an aufzuräumen. Der Vater fragte: »Marie?«, vergaß, wonach er sie fragen wollte, und sah sie nur an. Er sah sie an, wie man jemand ansieht, vor dem man sich gar nicht schämt, er hatte solche Angst in den Augen.

Die Schwestern fegten die Werkstatt. Jetzt, wo sie leer war, war sie ein großer, luftiger Raum. Anna redete immerfort von dem jungen Gintler. Marie wünschte sich, sie möchte zu reden aufhören. Die Tage waren rundherum fest geschlossen, sie hatten vielleicht irgendwo einen Spalt, durch den man durfte, wenn man was vorzeigte. Anna zeigte ihr schönes Gesicht und wurde durchgelassen.

Droben hatte die Mutter auf den gedeckten Tisch das Veilchensträußchen gestellt, das der junge Gintler gebracht hatte. Alle um den Tisch aßen müde und langsam. Nur der Junge tippte an die Veilchen und lachte mit bösen, jungen Zähnen, weil etwas anders war.

Drunten lagen die grauen, toten Fenster der Werkstatt – schon vergessen. Aus dem näher gerückten Himmel kam ein roter Abfall aufs Fensterbrett, auf Mariens Arme. Der Vater war in die Stadt gegangen, um mit Matthäus wegen der Novemberlieferung zu sprechen. Der Kleine lernte am Küchentisch. Der junge Gintler saß schon neben Anna auf dem Sofa, hielt ihre Hand und wünschte sich ihre Brust, ihren jungen Körper. In dem abendlichen Zimmer schwebten die weißen Wolken von Vorhängen. Boden und Tischplatte glänzten noch immer in der Dämmerung, auf den blanken Flächen schienen die Möbelstücke und Vasen zu schwimmen.

Auf einmal, als ob sich alle nur mit Mühe zurückgehalten und in die Winkel versteckt hätten, kamen die Menschen aus allen Türen. Der Vater kam von der Treppe, Marie aus dem Schlafzimmer, die Mutter mit dem Kleinen aus der Küche. Sie baten den Gintler, zum Abendessen zu bleiben, er mußte aber heimgehen.

Der Vater grämte sich wach auf dem Bett, daß ihm gerade der alte Matthäus solche Antwort gegeben hatte. Er, Ziegler, hatte zu dem alten Matthäus bitte und danke sagen müssen. Sie waren zu gleicher Zeit in der Schule gewesen, hatten zu gleicher Zeit ein Gewerbe angefangen, geheiratet und Kinder aufgezogen. Dann war dieser Abend gekommen, an dem man sie einander gegenübergestellt hatte, und nicht dem Matthäus, sondern ihm, Ziegler, hatte man etwas Bitteres in die Kehle gegeben. Auf dem Heimweg war er an dem Vater Gintler vorbeigekommen. Sie hatten einander gegrüßt, aber Gintler hatte ihn böse angesehen. Er trug es ihm nach, daß sein Sohn die junge, schöne Tochter aufsuchte. Mit mattem, kränkendem Gruß erinnerte er ihn an seine Pflicht, diesen einzigen Sohn aus seinem angebröckelten Wohnzimmer zum Vater zurückzuschicken. Heute abend hatten an seinem Weg alle älter gewordenen Männer der Stadt gestanden, sie ließen ihn in der Mitte durchgehen und betrachteten kalt und erstaunt seinen grauen Kopf.

Er hatte nichts Unrechtes getan, manchem gelang es und manchem nicht. Elliser ging es noch schlechter als ihm, von seinem Geschäft war gar nichts übriggeblieben. Elliser ging um zehn Uhr eins trinken. Er hatte ihn mal ohne Weste mit einem verrutschten Vorhemd getroffen. Er selbst hatte einen schwarzen Sonntagsanzug, zwei Werktagsanzüge und einen alten, abgetragenen. Er rechnete in die Morgendämmerung hinein, wann er den alten abgetragenen gekauft und wie lange er gehalten hatte. Morgens erzählte er Marie, was mit Matthäus gewesen war. Marie erwiderte nichts. Da kam es ihm nicht mehr so schlimm vor.

Samstags zog Marie sich an, legte die Sachen in den Korb und ging in die Stadt. Neben der Tür stand ein Eimer Wasser, der Teppich war zurückgeschlagen, die Mutter rieb. Das war merkwürdig, die Mutter reiben zu sehen, dicht auf dem Boden, wie ein breites, niedriges Tier mit grauen und schwarzen Haarschwänzen. Sie sah auch von unten nach Marie hin mit dunklen, traurig glänzenden Augen, wie Tiere auf der Straße. Marie wunderte sich, Anna machte sonst immer den Boden. Sie hörte noch hinter der Tür die Mutter reiben und reiben, als gäbe es etwas verborgen unter dem Fußboden.

Draußen war es schon dunkel. Es war kalt, auf dem offenen Platz sogar schneidend kalt. Marie ging zuerst in die Werkstatt von Matthäus. Dort blieb der größte Teil. Vor dem hinteren Ausgang warteten ein paar Burschen und traten von einem Fuß auf den anderen. Marie ging auf die andere Seite, aus der Torfahrt kam ein Geräusch von Geschwätz, Schritten und Lachen. Gesichter und Burschen und Lachen, alles war weit weg, wie Sachen im Traum, unverständlich auf eine dunkle Wand gesetzt.

Sie hatte an vier, fünf einzelne Familien Ware abzuliefern mit neuen Ärmeln und eingesetzten Rückenteilen. Einer nahm ihr alles in der Flurtür ab, andere führten sie ins Wohnzimmer. Es war heiß, es roch nach Kaffee, eine Uhr tickte. Ein Knabe mit einer Brille sah von einem Bilderalbum auf. Jemand redete ihr freundlich zu und bot ihr einen Stuhl an. Sie trat dicht an den Tisch und setzte sich nicht. Einen Augenblick gehörte sie in das helle Kreisrund der Lampe hinein. Es wurde hell in ihr, ihre Wünsche, ihr

Kummer, ihre Angst. Die Frau hatte jetzt nichts für sie, aber die nächste Woche.

Woanders nahm jemand eine Schale vom Büfett und bot ihr einen Zwieback an. Sie errötete, faßte ihn und biß schnell die Spitze ab, sie erschrak und hielt ihn in der Hand. Sie lief so schnell wie möglich die Treppe hinunter, sah sich um und aß ihn auf.

Auf der Treppe war es wie ausgestorben. Sie läutete und wartete beklommen. Hinter der eigenen Tür war es so still, als ob alles aufgehört hätte. Sie läutete noch einmal, ihr kleiner Bruder öffnete, am ganzen Körper zitternd, bis in die Haare und Fingerspitzen. Die Tür zum hellen Wohnzimmer stand sperrweit offen. Auf dem Fußboden zu ihren Füßen war noch die Mutter, aber sie hockte nicht mehr, sondern lag flach und dicht auf dem Boden. Sie drehte den Kopf herum. »Marie.« Zwischen ihren Beinen floß Blut heraus. Es kam aus den Röcken herausgeflossen auf den blank geriebenen Boden und wurde langsam mehr. Die Mutter lag da wie ein Sack, den man einfach umgestülpt hat, daß das Innere, das man gar nicht sehen will, herauskommt. Marie griff ihr unter die Schultern, sie wurde hart wie Eisen, die Mutter faßte an ihr hoch, Marie brachte sie ins Bett. Sie nahm den Spüllumpen aus dem Eimer, wischte alles auf und schob den Teppich zurecht. Jetzt kamen alle heim und erfuhren, daß die Mutter krank war. Die Frau, die auch gekommen war, sperrte sich mit der Mutter ins Schlafzimmer ein. Durch die Spalte kam ein fremder Geruch, daß sich alle vor Grauen krümmten. Sie saßen mit gesenkten Köpfen um den Tisch herum, ihr Schrecken legte sich, sie wurden schläfrig. Sie schämten sich, einander zu fragen, wie es heute mit dem Essen sein sollte. Sie sehnten sich, es möchte wie jeden Abend sein, Nachtessen und Schlaf. Auf einmal kam die Frau heraus, wach, frisch und zufrieden, weil alles in Ordnung war. Hinter der offenen

Tür lag die Mutter auf dem Bett mit rotem Gesicht und harten, glänzenden Augen. Alle wandten die Blicke nach ihrem Gesicht hin, das Zimmer drehte sich ein wenig um seine Achse, um alle Sachen nach diesem Punkt zu richten. Die Mutter sah durch die offene Tür ihre Leute. In ihrem Kopf summte ein Schwarm von Gedanken. Das Nachtessen, der kleine Junge, der Wochenmarkt, die blutige Wäsche. Aber ein neuer Gedanke, stärker und dröhnender als diese winzigen stechenden Gedanken, stieg tief aus ihrem Inneren herauf: Laß laufen. Sie drehte das Gesicht nach der dunklen Seite. Im Zimmer sahen sie dann von der Tür weg und gingen bald auseinander.

Der Junge klatschte mit frechen Schritten das Pflaster, hielt sich nicht auf der Brücke auf, rannte sofort gegen die Wälle. Er war der erste. Er packte das Gitter der Kantine mit beiden Fäusten und rüttelte es zornig. Von ihm mochten sie im Dunkeln nichts anderes erkennen als einen Streifen leuchtender Zähne. Sie hielten ihm einen Knorzen Brot hin, hart wie Eisen. Er drückte es aber fest in die Kiefer und zermahlte es mit gerunzelter Stirn. Schließlich kamen die anderen auch und schubsten ihn weg, weil er schwer und satt war. Sie stiegen die Wälle hinauf. Die kleine Bucklige war nicht dabei, aber Elise und zwei große, breite Mädchen, Emils Schwestern. Dann war es wie alle Abende. Elise kletterte tief herunter ins Gestrüpp, versteckte sich und miaute wie ein Kätzchen beim Ersaufen. Obwohl alle wußten, daß es Elise war, rückten sie doch zusammen und graulten sich. Eins der breiten, immerzu stummen Mädchen saß neben dem Jungen und machte die Knie wie eine Schere immerfort auf und zu. Dann wurde es dem Jungen zu dumm, er kugelte sich den Abhang hinunter bis in die Mulde. Es wurde aber nicht viel daraus, weil es plötzlich droben Lärm gab. Eine Wache blendete mit ihrer Laterne den Wall ab und griff einen heraus. Die beiden großen Mädchen, welche den ganzen Abend so wenig wie Taubstumme geredet hatten, fingen auf einmal an, unglaublich schnell und sonderbar zu schimpfen.

Ende der Woche stand die Mutter wieder auf und arbeitete, sie bürstete ein paar Schuhe, kochte eine Suppe, staubte eine Ecke ab und setzte sich wieder. Anna machte allein weiter. Die Körbe fingen an, von zerrissenen Strümpfen und schmutziger Wäsche überzulaufen. Die Mutter betrachtete sie mit fremden, gleichgültigen Blicken und drehte den Kopf weg. Gar nichts Besonderes geschah, wenn alles blieb, wie es war. Diese Hose des Kleinen schabte ein wenig mehr ab, ein Knopf an der Weste baumelte und ging vielleicht verloren. Das war noch kein Grund, die schwachen, prickelnden Beine gegen den Boden zu stemmen und den schweren Rumpf darauf.

Sie stellte aber doch eines Mittags den Waschtrog auf den Herd. Sie seifte alles ein und war fast fertig, als Anna vom Markt heimkam. Sie preßte die Lippen aufeinander und wrang die Stücke aus. Als alles weiß an der Leine hing, setzte sie sich davor und sah es an. Ihr Gesicht war bös und müde. Aus schiefen und runden Löchern maulten alle Stücke zu ihr hin. Sie hatten sie untergekriegt und gezwungen, sie weiß zu reiben, bis ihr Daumen wund und ihr Leib schwach war.

Der Vater schlief jetzt, wo Anna geschlafen hatte, auf dem Sofa im Wohnzimmer. Am Abend, als Anna neben dem jungen Gintler auf dem Sofa saß, erblickte sie unter dem Tisch einen Filzschuh. Sie erschrak und ließ Gintlers Hand los, bückte sich nach dem Pantoffel und warf ihn schnell durch die Schlafzimmertür, wo alles andere war.

Der Vater zog die Pantoffel über seine Socken, aber gleich darauf besann er sich anders und zog Stiefel an. Er murmelte, als sie ihn fragten: Wohin denn? Wohin denn sollte er sich wenden mit seinem armen, schweren, breiten Körper, der groß und stark genug war, daß sich Kinder und Enkel an ihm hätten aufrichten können, jetzt aber nichts als ein ungefügiges Ding, das viel Raum brauchte, in das man viel Essen hineinstopfen mußte und an dem viel zu nähen, zu bügeln und zu stopfen war. Er war doch noch immer der Vater. Er allein wußte, worum es ging. Die anderen seufzten und krümelten und wußten heute so wenig wie gestern. In ihm allein, dem Vater, war der richtige Gram. Ohne den Vater hätte es in der ganzen Familie keinen schrecklichen Gram gegeben. Er war noch niemals weggelaufen, nur um draußen zu sein. Er lief die Gasse entlang. Hatte man mal die Tür im Rücken, dann ging es weiter, heute ein Stück und morgen ein Stück, der Tod fiel ihm ein. Sein trauriges Herz schwemmte über in den offenen, dunklen Platz. Er lief weiter. In der leeren Stadt klapperten nur wenige Menschen herum, wie Würfel, die man in einem Becher schüttelt. Vor seinen Augen kam aus einer Kneipe mit einer Tür voll Geschrei und Gedudel ein angetrunkener Mann. Er torkelte ein Stück, steifte sich schnell in der kalten Luft. Sie erkannten einander. Der Mann, Elliser, begann zu reden. Ziegler wäre besser auf die andere Seite gegangen, aber die glänzenden Augen des Angetrunkenen waren das einzige Helle in der ganzen Stadt. Er hatte traurigen Wein gehabt und ging jetzt woandershin, weil er in dieser gottverfluchten Nacht nicht heim wollte ohne Lustigkeit. Er beschuldigte zwei oder drei Bürger der Stadt, sein Leben zerstört zu haben, seinen Besitz veruntreut. Er verhöhnte und verfluchte sie. Er war bereit, einen Stein in ihre Fenster zu werfen, wo sie im Hellen und sicher saßen, während unsereins zugrunde ging. Ziegler folgte ihm widerwillig Schritt für Schritt. Er dachte verzweifelt: Was will er denn von mir? Für wen hält er mich denn, erkennt er mich denn, weiß er, daß ich Ziegler bin? Unsereins hat er gesagt. Ist denn etwas an mir, fehlt denn meinem Mantel oder meinen Schuhen was?

Über die Biegung der Gasse schob sich das Wirtshausschild. Elliser wurde schweigsam. Er vergaß seinen Begleiter, lief voraus und öffnete schnell die Tür. Jetzt erschrak Ziegler, weil er allein war, und lief ebenso schnell nach.

Es war ein anständiges Lokal. Ziegler kannte den Wirt, der ihm die Hand gab. Die Tische waren weiß gedeckt. Er hörte seinen Namen rufen. An dem großen Tisch unter dem Spiegel saßen der alte Matthäus selbst und einige andere. Sie begrüßten Ziegler und rückten auseinander. Ziegler beruhigte sich, hörte ihre Geschichten an, lachte und wußte selbst welche. Er suchte sein Gesicht über dem Tisch im Spiegel. Er entdeckte es zwischen den anderen Gesichtern, über dem weißen Tischtuch im angelaufenen Glas. Es war sogar seinen eigenen Augen fremd, so ähnlich war es den anderen Gesichtern. Da dachte er, daß alles in Ordnung kommen und sich zum Bessern wenden würde.

Marie warf sich auf ihrer Bank herum, am Fußende der großen eichenen Betten. Menschen und Möbel füllten das Zimmer mit schwerer Dunkelheit. Hinter den Vorhängen über dem Hof waren nacheinander die Lichtchen ausgegangen. Das bleischwere Zimmer war immer tiefer in die Nacht gesunken. Marie zitterte vor Angst. Niemand konnte sie hier finden. Vielleicht suchte jemand gerade nach ihr, Tag und Nacht, ohne Unterlaß, suchte nach Marie auf allen Straßen und Plätzen, sie war aber unauffindbar. Nicht einmal Gott konnte sie erkennen, mitten im Innern dieser schwarzen Dunkelheit auf ihrer Bank im Schlafzimmer. Sie fühlte ihre Haut an, ihre Brust, ihren Leib. Ihr Körper war nicht zerschmolzen und war noch bei ihr, er verließ sie nicht. Sie schlief ein wenig. Sie sah auf einmal, wie ihre Mutter und ihre Schwester sich hochgehockt hatten und ihre Kinne auf die Bettpfosten gestemmt und ihr aufmerksam und gleichgültig zusahen. Sie fuhr vor Schreck hoch und stieß mit dem Kopf gegen das Holz und wachte auf. Nebenan ging eine Tür, eine Minute lang gab es einen hellen Spalt. Die Nacht lief weiter. In unermeßlicher Entfernung schrie ein Schornstein. Vielleicht lief eine Eisenbahn über die Brücke. Es fiel ihr ein, daß sie aufstehen konnte und weggehen. Aber ihre Glieder waren schwer von Erschöpfung. Die ganze Nacht hatte sie geglaubt, die Dunkelheit sei schwer und drückend, jetzt merkte sie, daß die Dunkelheit leicht und weich war, sie selbst war schwer wie Blei.

Am nächsten Tag – alles war nah und sichtbar, es war auch gar nichts versteckt gewesen als die gewöhnlichen Dinge, Hof und Fenster und Himmel, grau und verfroren – säumte Marie auf dem Fensterbrett bunte Besatzstreifen. Manchmal reckte sie ihren Hals, um hinunterzusehen. In ihre Werkstatt war nämlich ein Spengler eingezogen. Er war ein schmieriges, komisches Männchen, welches mit seinen Blechstangen und Bütten rappelte.

Auf den Betten, auf der Bank, überall lagen Rücken- und Vorderteile, Ärmel und Besatzstücke herum, rote knisternde Wärme im kleinen Eisenofen machte die durcheinandergeworfenen Sachen bunt und lustig.

Draußen wurde eine Tür zugeknallt und noch eine. Der Vater redete schnell und aufgeregt, ein Stuhl fiel um, und der Vater schrie. Marie stellte ab und riß die Tür auf. Der Vater hatte die Stuhllehne getroffen statt des Jungen, der schnell unter den Tisch gesprungen war. Jetzt schaute sein schmieriges, gelbes Gesicht zwischen den Tischbeinen hervor. Er schnappte zu und bekam einen Tischtuchzipfel zwischen die Zähne und kaute daran. Der Vater jammerte. Dieser Emil, den man nachts auf die Wache gebracht hatte,

hatte von allen die Namen angegeben. Jetzt mußte der Junge aus der Schule weg in die Holztorschule.

Der Junge dachte nicht mehr an seinen Vater, sondern betrachtete die Beine seiner Schwestern, dürr und rauh die einen, rund und seidig die andern. Der Vater rief: »Komm sofort heraus.« Anna sagte: »Mach doch keinen Quatsch, und komm raus.« Der Junge kaute an seinem Zipfel, das Tuch rutschte, die kleine Vase mit den Veilchen kugelte über den Teppich. Anna las alles schimpfend zusammen. Marie trat aus der Tür heraus, gelb und böse war das Gesicht unter dem Tisch, fremd und wild war es, sie fürchtete seine Zähne, sie hatte sich schon immer vor diesem Bruder gefürchtet, sie sagte leise: »Komm doch.« Der Junge drehte den Kopf nach ihr rum. Was will denn die? Langweilig waren Vater und Mutter, langweilig und käsig der kleine Bruder, langweilig und dumm war Anna, aber Marie war von allen die Schlechteste, Graueste; er hatte Lust, mit seinen eigenen Zähnen an ihre spindeldürren Beine zu gehen, an ihre Hände, die immer was knuffelten, ihr Herz hätte er ihr herausbeißen mögen, daß sie mal hüpfte und schrie. Marie kam an den Tisch heran, sie trat vor Angst ganz leise auf, sie bückte sich, daß einem auch was dauern konnte, was ganz gelb und wild war. »Komm doch!« Der Junge bog den Kopf, ihre Beine waren so kläglich und gestopft, er kroch heraus, sprang auf beide Füße und rannte aus dem Zimmer.

Er freute sich, daß es gerade die Holztorschule war. Drunten am Fluß, zehn Minuten von der Eisenbahnbrücke entfernt, gingen fast nur Jungens aus den Ufergassen in diese Schule, kleine Wasserteufel, die auf den Flößen und Landungsbrücken Bescheid wußten. Vorüberfahrende Dampfer machten mit ihrem Pfeifen das Klassenzimmer unruhig. Jeden Sommer ertranken ein paar, jeden Winter krachten ein paar im Eis ein. Nun kam so einer wie er, pfiff sich abends ein paar zusammen und führte sie raus in die Wälle, wo man gar nicht begreifen konnte, daß das da drunten der eigene Fluß war, das Fremde, Weiße.

Es war kalt, er fror. Er dachte an das Wohnzimmer. Abends wurde zum Schlafzimmer aufgemacht, dicke, gute Hitze kam heraus. Allein an diesem schlechten Ort war es heiß und ordentlich, sonst war die ganze Welt unter dem weiten Himmel kalt und windig. Sie drückten sich an die Wälle. Aber auch zu sechst oder acht in einem Hauf zusammengedrückt, waren sie noch etwas ganz Winziges.

Die Kantinenfenster waren gesperrt. Der Junge sprang wütend mit beiden Füßen aufs Fensterbrett, packte das Gitter und trommelte. Er packte die Dachkante, zog sich rauf, er hatte eine ganze Traube von Buben an sich kleben. Er wußte genau die Stelle, wo die Brote aufgestapelt waren, er witterte den rauhen, körnigen Geschmack. Sie wären gar nicht erwischt worden, wenn sie nicht schon auf dem Dach gegessen hätten. So wurden sie auf die Wache gebracht, kauend, Fäuste und Taschen und Nasenlöcher voll Brot.

Er wurde zuerst heimgeschickt. Sein Vater fing ihn an der Wohnungstür ab, packte ihn am Hals, drückte ihn gegen den Boden und schlug zu. Es war dunkel im Vorplatz, die Türen zu der Küche, zum Wohnzimmer und der Treppe waren verschlossen. Der Vater traf manchmal daneben. Da hatte er etwas Warmes, Lebendiges zwischen den Fäusten in diesem finsteren Gang ohne Ausweg. Dieser Junge war hart und fest, man spürte, was man schlug. Er hatte ihm bittere Schande angetan, auf die man schlagen konnte. Keine von dieser luftdünnen, unsichtbaren Schande. In dichteren, schnelleren Schlägen fiel das Unglück neu und erlöst aus seinem gequälten Herzen. Auf einmal war es vorbei. Der Junge stemmte sich auf die Arme und hob den Kopf. Sein Vater trat in die Wohnzimmertür, erschöpft und vorgebeugt, und schloß vorsichtig die Tür. Der Junge richtete sich auf und schüttelte sich. Drinnen warf sich der Vater aufs Sofa und zog die Beine hoch. Da fiel ihm ein, daß er seine Schuhe anhatte, er erschrak und wollte sich wieder aufrichten, um sie auszuziehen. Aber seine Arme taten weh, und sein Rükken war müde. Da kam es über ihn, daß er sich ausstreckte und erst recht mit seinen schweren, schmutzigen Stiefeln gegen das Polster trat.

Weihnachten kam dazwischen. Dünne, nasse Schneeflokken wurden schon am Nachmittag zu Regen. Im Wohnzimmer war geheizt, alles war bis auf den Grund geputzt, wie weiße Wolken standen die Vorhänge vor den Fenstern. Die Porzellanschüssel auf der Kommode war mit Gebakkenem gefüllt. Denn auch ohne Butter und Eier hatte sich der Teig in Lämmer und Sternchen formen lassen. Der Kleine knabberte an seinem Häufchen und merkte nur, daß es nach Zimt und Anis schmeckte. Sein kleines Gesicht war rund und glänzend weiß, wie die Glaskugeln am Baum. Endlich war sein Bauch erfüllt vom Süßen, seine Augen von Farben, Licht und Silber, er hatte alles.

Eine Glocke war über die kleine Stadt gestülpt, pochte mit ihren Klöppeln die Stirnen müde. Da war eine Pause in der Zeit, eine Insel, Vater und Mutter saßen auf der Insel mit allem, was sie hatten, ihren Kindern, ihrem Weihnachtsbaum und ihren Möbeln. Alle wünschten sich, es möchte jetzt schon weitergehen, was sollten sie in der Pause anfangen, die graue, schreckliche Zeit sollte doch lieber weiterfließen.

Sie gingen am Feiertag zusammen spazieren. Der Vater hatte schon den Brief in der Tasche, der Junge sollte an einem der ersten Januartage abgeholt werden. Aber auch der Junge lief vor den Eltern her. Rechts und links unter den kahlen, nassen Platanen gingen viele Familien. Sie trafen auch Matthäus mit seiner Frau und seinen beiden

Töchtern. Sie grüßten einander. Dem alten Matthäus fiel es ein, man hatte ihm wo erzählt, daß es Zieglers schlecht ging. Er sammelte mit seinem Blick ihre Gesichter, Schuhe und Kleidungsstücke. Er entdeckte keinen Riß, keinen Flecken. Ziegler dachte: Ja, sieh uns nur an, wir sind genau wie du, sieh uns bloß durch und durch an, du wirst nichts anderes finden.

Am Anfang des neuen Jahres sah er Matthäus wieder. Sie standen einander gegenüber, das Pult von Matthäus war zwischen ihnen. Beide waren vor Erstaunen aufgestanden. Matthäus wunderte sich, weil Ziegler gewiß der einzige Mensch in der Stadt war, der nicht gehört hatte, daß sein Geschäft verkauft war. Die Gesellschaft hatte alles übernommen, Haus, Büro und Werkstatt. Es gab keine Lieferungen mehr.

Ziegler drehte in seinen Fingern einen Zettel, auf dem er eine Bestellung schreiben wollte, steckte ihn ein und zuckte ein wenig die Achseln. Sein Gesicht fiel vor Erstaunen auseinander, als sei der dünne Faden gerissen, der das Seinige zusammenhielt. Matthäus sah schärfer zu, der Kragen war ja gewendet, die Weste abgeschabt. Ziegler sah auf das Pult hinüber, auf welchem sich Papiere und Warenproben zu kräuseln und zu winden schienen, ganze lebende Haufen von Bestellungen.

Ziegler starrte ein helles, rundes Ding auf dem Schreibtisch an. Er hätte in diesem Anzug nicht kommen dürfen. Er hätte die Anzüge rücken sollen und den guten anziehen. Matthäus setzte sich plötzlich und nickte ihm zu. Aber Ziegler ging und ging nicht. Das Helle, Runde auf dem Pult wurde zu einer Briefwaage. Er dachte, ich hätte die Anzüge ja sowieso gerückt. Dann stieß er den Stuhl weg und lief entschlossen hinaus.

Es trieb ihn in einem Ruck in die Stadt zurück bis auf den offenen Platz. Da hörte der Ruck auf, es reichte nicht mal bis heim. Eine der kleinen Straßen gab ihn an die andere weiter. Es war merkwürdig, sich am hellen Vormittag herumzutreiben. Da wurde er durcheinandergeschüttelt mit vielen Männern und Frauen, teils besser, teils schlechter gekleidet, sie kannten sich alle ein wenig. Er war doch nicht aufs Geratewohl gelaufen. Hier war er gelandet, als sei der Heumarkt der tiefste Punkt der Stadt, in den die Gassen wie Bäche herunterliefen. Er sah von weitem hinüber. Über den Mützen und Scheiteln hing um seiner schwachen Augen willen von innen erleuchtet das Schild: »Erwerbslose.« Niemand auf der Welt, nicht einmal der alte Matthäus selber, konnte ihn zwingen, sich hier auf dem offenen Heumarkt anzustellen, in diesem Trupp Blau- und Graujacken. Sie waren frech und laut. Sie traten von einem Fuß auf den anderen; als ob es gar nichts zu bedeuten hätte, hier zu warten, drückten sie sich vorher und nachher auf ihrem Platz herum. Da mußte einer schon ganz gegerbt sein mit Schande, wenn er es ertrug, hier unter freiem Himmel für sein Geld anzustehen.

Er lief zum Fluß hin. Es war kalt, aber still und sonnig. Hinter dem Fluß fingen Berge und Wolken an. Er war noch nie um diese Zeit am Fluß gewesen. Am Geländer drückten sich ein paar herum, die nichts zu tun hatten. Manche waren zerlumpt. Sie hatten nichts zu erwarten. Sie ließen ihre Zeit in kleinen goldenen Wasserkringelchen herunterfließen. Sie hatten ihre Unternehmungen aufgegeben, weil es an ihrer Statt die Schiffe unternahmen, zu pfeifen und zu rauchen und Holz zu schleppen, und die Wolken, sich zu ballen und zu zerstreuen und davonzujagen. Ziegler trat ans Geländer. Er wünschte sich nichts anderes, als hierzubleiben, stundenlang, Tag für Tag. Wenn auch jemand vorbeikam, wer kannte seinen Rücken? Jemand berührte ihn am Arm: Da kommt ein neuer Holländer. Ziegler drehte sein Gesicht in das andere Gesicht, das war rot und dick, winzige Äugelchen. Er riß sich los. Er lief heim. Alle sahen ihn an, weil er spät kam. Er erzählte aber nichts. Er trat nach Tisch ins Schlafzimmer hinter Marie, um zu sprechen. Da gefiel es ihm auf einmal, wie sie sich plagte und nicht wußte, daß Matthäus gar nichts abnahm. Er wollte erzählen und bezwang sich. Er sah Marie an, ihr Gesicht war feucht, ihre Arme schienen in den letzten Wochen unmäßig lang geworden. Ihre Lider zuckten. Er sagte auch am nächsten Tag nichts, nichts am übernächsten. Er ließ sie die Woche über arbeiten, dann streichelte er ihr Haar und erzählte, daß es nutzlos war.

Anna wollte sich mit dem Gintler woanders treffen. Dann traf sie sich doch mit ihm in einer kleinen Konditorei. Die Marmortischchen glänzten, es war leer um diese Zeit. Aber der Raum war so warm und freundlich und roch so gut nach Kaffee und Kuchen, daß er bald voll sein mußte. Der junge Gintler zog Anna in das hinterste Zimmer. Er rückte dicht neben sie, berührte mit seinem Gesicht das ihrige. Anna lächelte, blinzelte mit plötzlichem Behagen in das fremde Zimmer gegen den großen Spiegel, wo das Büfett stand, unberührte anwachsende Berge von Torten und Mohrenköpfen. Der junge Gintler redete leise und streichelte ihre Hand. Sie fuhr zusammen, als das Geschirr gebracht wurde, zog ihre Hand zurück. Der junge Gintler nahm ihre Hand von der Lehne weg. Sie senkte den Kopf, verwirrt durch den Geruch aus den Tassen und Tellern. Er legte den Arm um ihren Rücken, sie blickte auf ihre Tasse, auf der ein gekräuselter Ballen Schlagsahne schwippte. Auch auf dem Apfelkuchen, den man gebracht hatte, kräuselte sich eine schneeweiße Locke Sahne. Sie vergaß alles, nahm davon in den Löffel, leckte. Der junge Gintler streichelte ihre Schulter, ihre Brust. Sie dachte mit aller Kraft daran, daß sie nicht stopfen sollte, sondern ganz langsam essen, Löffel für Löffel. Sie fragte sich, ob alles Weiße hinten auf dem Glas alles weiße Sahne sei. Vielleicht würde Gintler nachbestellen. Sie sah ihn schnell an. Sein Gesicht war gerötet, er betrachtete etwas mit glänzenden Augen, griff es, liebkoste es, das war ja sie. Sie war plötzlich müde. Sie legte den Kopf an seinen Arm voll leiser behaglicher Traurigkeit.

Daheim stellte die Mutter die große Bütte auf zwei Bänke in die Küche. Sie machte ein heißes Bad zurecht für den Jungen. Heute war der Tag, an dem er abgeholt wurde. Es war ihm die Zeit über eins gewesen, aber seit gestern war er beklommen. Alle machten, als ob es nichts Besonderes wäre, sprachen nichts mit ihm und nichts untereinander, vielleicht wenn man nichts daraus machte, duckte es sich und war gar nichts. Die Mutter hatte seine Sachen in Ordnung gebracht und zusammengepackt. Sie hatte Brote dazugepackt, um die Reise zu zwingen, eine gewöhnliche Reise zu sein. Jetzt stieg er in die Badewanne hinein. Seine Mutter wollte es selbst machen. Sie begann, seinen harten, gelben Körper zu seifen, sein Haar, seinen Hals. Er drückte die Ellenbogen in die Rippen, das Kinn an sich. Er fühlte den Seifenschaum auf den Gliedern, auf seinen großen Ohren. Seine Beklommenheit wurde zu großer Angst, klopfte in seinem nassen, eingeseiften Leib. Er fürchtete sich vor den weichen, glitschigen Händen der Mutter, die dumm und blind an seinem rauhen, dürren, häßlichen Körper herumfuhren, der ihm war, der Abhänge heruntergekollert, auf Mauern geklettert, sich in Mulden versteckt, in das tiefe Flußwasser getaucht war. Man gab ihm ein festes, ungewohntes Handtuch. Er rieb sich heftig dabei ein, um seine Scham zu zerreiben. Dann schellte es. Der Vater öffnete selbst. Auch seine Angst war unerträglich geworden. Der Mann, den die Stadt geschickt hatte, um seinen Jungen abzuholen, der war durch die Gassen gegangen, am hellen

Tage in einer Uniform oder vielleicht mit einer Armbinde, die eigene Treppe herauf.

Es waren zwei gewöhnliche, dunkel gekleidete Männer. Er führte sie ins Wohnzimmer. Sie setzten sich nicht auf die angebotenen Stühle, weil der Junge schon fertig war. Der Junge ging einen Schritt auf den Vater zu, um durchzustoßen durch diese Wand, dann war ja alles vorbei. Sie hatten sich die Hände gegeben, der Vater drehte sich zum Fenster, die Mutter fing still zu weinen an, einer der Männer nahm das Paket, sie führten ihn die Treppe hinunter.

Da riß sich der Junge los, machte einen Satz und sprang durch die Nebentür in den Hof, die Männer rannten nach. Der Junge wollte die Mauer hinauf, glitschte ab und rannte in die Werkstatt. Der kleine Spengler packte ihn am Hals. Da riß er sich los und schrie laut. Rund um den Hof gingen die Fenster auf. Droben sahen sich Vater und Mutter an, sie hörten, wer schrie. Ihre Augen wurden schwarz, sie sprangen einander verzweifelt in die schwarzen Augenlöcher. Da schrie es in einem fort, wie gebrannt und gebissen. Nie mehr konnten so schreckliche Schreie aus dem Hof herausgehen. Auf der Treppe packte Anna, die eben heraufkam, mit weißem Gesicht das Geländer. Sie wußte auch, wer schrie, aus voller Kehle, mit ausgebreiteten Armen verschrie er ihre Hochzeit, ihr duftiges, sanftes Brautkleid. –

Der Junge schnurrte herum, duckte sich irgendwo an der Kellertür zwischen Kartoffelsäcken. Die Männer suchten, kehrten auf die Treppe zurück und sahen auf die Gasse. Droben am Schlafzimmerfenster hatte Marie gesehen, was war. Sie sah ihn auch in den Kartoffelsäcken und kam die Treppe herunter und stellte sich mitten in den Hof. Der Junge sprang heraus und warf sich gegen die Hoftür. Die Männer drückten von innen, er stemmte aber mit Brust und Stirn und Armen, mit beiden Füßen trat er das Pflaster hinter sich. Die Tür klopfte, da kam es über Marie, daß sie hinsprang und neben ihm stemmte, aber die Tür schob sich vor, der Hof unter ihren Füßen schien langsam abzugleiten, sie fielen übereinander. Einer faßte den Jungen am Arm und nahm ihn mit, der andere hob das Paket von der Treppenstufe und folgte.

So fest und dunkel kamen Vater und Mutter die Gasse entlang, daß keiner sich umdrehte. Die roten Zick-Zack der Schreie waren im Hof vernarbt. Der Mittagstisch war gedeckt. Über dem Kreis von Tellern stellte sich einer von Gesichtern ebenso blank und weiß. Die Mutter schöpfte etwas, worin Brocken schwammen. Sie erschrak, weil sie dann alle nicht aufstanden, sondern warteten. Sie sah sich mit harten Blicken um. Vielleicht kam wirklich was. Dann stand sie auf und sammelte die Bestecke auf ihrem Teller, um zu zeigen, daß das nicht die Suppe gewesen war, sondern alles.

Der Vater zog sich gut an und ging in die Stadt. Er hatte sich ein paar Unternehmungen ausgedacht, ein paar Anfragen. Diesmal war der alte Matthäus verreist. Woanders gab man ihm Ratschläge. Der karge Wintertag ging unterdes zu Ende. In den Kontoren wurde Licht gemacht. Die Arbeit drängte nicht allzusehr. Seine Klagen und Sorgen vermischten sich mit den Sorgen der anderen zur warmen Geschwätzigkeit des Winterabends. Wie er heimkam, wurde zur Nacht gegessen. Wieder wurden die Teller rund um das Sträußchen aufgestellt. Gintler war dagewesen. Der Rauch seiner Zigarette beizte den Geschmack der Suppenreste vom Mittag. Es schrappte. Sie runzelten alle die Stirnen und sahen auf. Da fiel es ihnen ein, daß der Platz, wo es zu schrappen pflegte, leer war und daß sie selbst schrappten.

Marie lief durch die Stadt. Sie sagte überall auf der Schwelle der Wohnstuben: »Wir nehmen alle Strickwaren an, gefallene Maschen, Ellenbogen, neue Mützen und Jacken.« Hinter ihren gesenkten Lidern waren die Stuben und Menschen fast vertraut. Auf dem braunen Büfett standen jetzt Äpfel. Die Frau, die immer gut war, bot Äpfel an, wie sie vor einigen Wochen Zwieback angeboten hatte. Nur waren Mariens Hände inzwischen schwer geworden, Zwieback war noch gegangen, Äpfel, allzu wunderbar glänzende, gelbe, gingen nicht mehr. Die Frau wunderte sich über Mariens Jacke. Sie war ganz aufgerieben, wo doch das Mädchen so geschickt war im Ausbessern von Strickwaren. In der Betzelsgasse hatten die erlöschenden Treppenfenster noch rote und grüne Fünkchen in den Rillen, solange sie hinaufging. In jenem Wohnzimmer saß der Knabe mit der Brille hinter dem Album, das noch nicht umgeblättert schien, seit dem letztenmal. Die große, dunkle Frau war nicht ihre Mutter, der Knabe mit der Brille war nicht ihr Bruder; sie mußte aus dieser Lampe heraus, weil es nicht die ihrige war. Daß gerade sie in diese vier Wände gehörte, gerade mit diesen Leuten. Das war wie an Ostern in der Schule: Jetzt seid ihr an eure Plätze gesetzt worden, und jetzt gebt Ruhe.

Aber die Gassen wiederum waren von neuem unbekannt. Sie fürchtete sich ein wenig vor jeder Art Dunkelheit. Diesen Winter lief sie einen oder den andern Abend in der Stadt herum. Wie konnte man sich überhaupt an Dunkelheit gewöhnen. Ihr Herz klopfte, machte ihr mit seinen Flügeln die Augen blind. Ihr Hemd klebte. Jemand rief hinter ihr her: »Marie!« Sie weigerte sich, auf diese Stimme zu hören, sie lief schneller. Da rief es dreimal laut hinter ihr her: »Marie, Marie, Marie!«

Sie hatte das Mädchen im letzten Herbst um dieselbe Zeit an derselben Stelle getroffen. Es hatte sich den Winter über verändert. Es war groß und stark geworden. Seine feste, junge Brust, die es noch gar nicht kümmerte, regte sich zu seinen starken, atemlosen Bewegungen. Sein Gesicht war rot und weiß. Seine Schönheit war ganz verdient, denn auch ohne dies alles hätten seine Augen geleuchtet. Das Mädchen hatte Marie schon in der Schule gefallen. Jetzt betrachtete Marie mit ungeheurem Entzücken sein Gesicht, sein goldenes Haar, seine kleine rote Mütze. Das Mädchen sagte: »Ich will dir etwas sagen, Marie. Willst du nicht zu uns kommen, wir sind immer viele zusammen, komm doch einmal zu uns.«

Marie sagte: »Ich habe immer soviel zu tun.«

Das Mädchen sagte: »Alle haben viel zu tun, komm doch einmal.« Marie: »Ja, einmal, vielleicht.«

Das Mädchen sah Marie an, seine Augen glänzten in strengem, aufmerksamem Glanz. Es ließ ihre Hand los, langsam, langsam; wie man in einem Sumpf versinkt, zog eine schreckliche, unbekannte, gewaltige Kraft Marie von ihrem Platz, von diesem Mädchen weg: Noch hielten sich ihre Hände, noch ihre Fingerspitzen, noch ihre Augen, es war um so viel stärker, als dieses Mädchen war, es zog Marie die Gasse hinunter, auf den offenen Platz. Es ließ einen Augenblick los, Marie drehte sich schnell herum, die Gasse war wieder leer, da ging sie von selbst heim.

Zu Hause hatten sie alle Stücke Zeug in den Händen. Der Vater verstand sich gut darauf, Besatzstücke auszumessen. Es war warm und hell, Geschwätz, beinahe lustig. Sie waren schon fertig. Anna rutschte auf der Erde herum und las die Fusseln auf. Da schellte der junge Gintler. Anna hüpfte auf die Füße, bürstete in ihrem Haar, zog etwas Helles an, spritzte etwas aus einer Flasche, wechselte ihr Gesicht aus und ihre Stimme. Vater und Mutter sahen sich lächelnd an. Immer kam er am Nachmittag aus dem städtischen Dienst gerade hierher. Aus seinen neuen gebügelten Kleidern entströmte der ganzen Wohnung eine gute Botschaft. Er war treu; Annas weißer, junger Körper gefiel ihm, er sah sonst gar nichts. Rund um seine schöne Braut herum hatte sich das Wohnzimmer langsam entfaltet. Seine Haut war zerrissen und abgefallen. Sein Inneres kam heraus. Aber der junge Gintler hatte das Zimmer nur einmal bei seinem ersten Besuch betrachtet. Seine Augen dachten, es sei noch immer so. Sie prüften die Polster nicht, die waren gewendet, nicht die Tapete, die war angeklebt. Er faßte mit beiden Armen Anna und küßte ihre Brust.

Der Vater zog sich gut an, er ging in die Stadt zu Matthäus, der war inzwischen von der Reise zurück. Er wischte sich mit dem Taschentuch das Gesicht ab. Seine Augen suchten zwischen den weißen Papieren die blanke Briefwaage, den vertrauten Punkt. Die gestreifte Wand, der Armsessel, das Pult hatten im hell einfallenden Licht das kahle, verfrorene Aussehen, wodurch sich bei Möbelstükken der Frühling ankündigt. Der alte Matthäus erblickte Zieglers Anzug, sein gutes Hemd, seine Uhrkette. Er hätte vielleicht besser die schlechtesten Kleider anbehalten, denn Matthäus sagte: »Ich kann mir selbst nicht helfen, ich kann Ihnen beim besten Willen nicht helfen.«

Dann war es auf dem Heimweg wie das erstemal. Die Gassen reichten ihn von selbst einander weiter. Nur war es hell statt dunkel. Er hatte große Lust nach dem Flußufer. Über dem Geländer döste eine ganze Kette von Müßigen, Verzottelten. Weiches, helles Licht hatte die Ferne aufgetaut – Große Wolken liefen über die Berge weg. Alles war viel zu weit und hell. Er wünschte sich kein Flußufer, sondern ein Loch. Er drückte sich die Häuser entlang. Da war eine Tür, die nachgab. Er fing zu trinken an. Eine Gesellschaft Schiffer hatte ihre Tische zusammengerückt. Sie riefen ihm etwas zu und lachten; denn er war schwarz gekleidet. Er trank fast nie. Er glaubte jetzt, er könnte das erzwingen, daß alles kreiselte und scheckig wurde. Es blieb aber eins auf dem andern, klar und ordentlich. Da ging er heim. Die Seinen waren schon zu Bett gegangen. Er setzte sich im Dunkeln aufs Sofa und würgte. Er war von Traurigkeit wie mit einem schweren Saft vollgepumpt, der sein Inneres zu sprengen drohte.

Am nächsten Tag nahm er den kleinen Jungen an der Hand und ging mit ihm an den Fluß. Das hatte er sich ausgedacht, um dem Kind etwas Gutes zu tun; denn alles in allem war der Fluß doch hell und schön.

Der Kleine lief schweigend neben ihm her. Was war er für ein gutes, geduldiges Kind. Es war ihm zu Ostern eine neue Schule versprochen worden, da wurde nichts daraus. Man hatte ihm Bücher versprochen, einen Atlas, Schuhe, Jacken, nie wurde was daraus. Er vergaß alle Versprechungen, er fragte nie. Selbst seine Beine blieben zart und dünn, als wollten sie das enge Samthöschen nicht kränken. Der Vater ging gern mit dem Kleinen Hand in Hand. Er wollte ihn den Fluß entlangführen, dann in weitem Bogen durch die Stadt. Er wollte Menschen treffen, er wollte gesehen werden mit seinem kleinen Sohn, schwarz gekleidet, ruhig und gütig. Er legte den Arm um das Kind und erklärte ihm die Dampfer, die Dörfer und Berge. Der Kleine sah aber gar nicht in die Luft, sondern immer in sein Gesicht. Er wollte aber nicht sein Gesicht von zwei Augen bewacht haben, wie Hunde ein Haus bewachen. Er ließ den Kleinen warten. Er trat ein und setzte sich. Er hielt sich an der Tischplatte fest, er wartete. Die Zeit schlug sich in kleinen Perlen an den Wänden nieder. Er wurde elend davon, er jammerte. Zwei Hände faßten ihn einfach unter den Achseln.

Dann war es hart und kalt. Der Kleine zupfte ihn, bis er aufstand. Da war sofort alles vorbei. Der Kleine war käsig vom Warten, er selbst war verdreckt und schmierig. Das Kind war zu klein, um ihn zu verbergen, da kreiste es schnell um ihn herum. Sie gingen nicht mehr durch die Stadt, sondern denselben Weg zurück nach Hause.

Unter Annas jungen, sorglos zuklopfenden Händen entfuhr dem aufgeplatzten roten Bettsack ein Schwarm von Federn. Sie hörte zu klopfen auf und nähte. Es war warm geworden. Allzu früher Sonnenschein roch nach Sand und Lauge. Betten und Schränke waren von ihren festen Orten abgerückt, da zeigten sich Tiefen und Spalten, unbekannte, mitten im eignen Zimmer. Kleine bunte Gegenstände, welche in alten, von den jetzigen ganz verschiedenen Zeiten verschollen und aufgegeben waren, lagen auf einmal da, überzogen mit einem dichten Flaum von Staub. Anna warf den Sack auf die Bank und rief: »Damit kann man nicht mehr zudecken.« Die Mutter rief von nebenan in den Eimer hinein: »Womit denn sonst.« Anna trat ans Fenster, ihr war schon schwindlig vor Licht, sie lächelte zu den kommenden Sonntagen: weißes Kleid, altes, warmes Laub, Buchenwälder. Sie sagte: »Man kann sich mit Mänteln zudecken, man braucht ja keine.« Die Mutter rief: »Komm doch, komm doch.« Anna stieg über den Besen mit hochgezogenen Röcken. »Man kann die Polster nicht klopfen, Anna, die reißen.« – »Ach laß doch, Mutter, ich werde dir Sterne häkeln, ganz dünne, zackige, du brauchst bloß bürsten.« – »Ich kann die Gardinen gar nicht aufhängen, Anna, so brüchige, rissige.« – »Ach laß doch, Mutter, wir hängen sie diesmal nicht auf.« – »Der Teppich wird aber schießen, Anna, und alles.« – »Ach weißt du, wir stellen das Tischchen mit der Zimmerlinde vors Fenster.«

Der Kleine kam nach Hause und dann der Vater. Die Mutter setzte sich auf einen Stuhl, hing die Beine weg und sagte: »Es ist so warm, und mir ist so schwach im Leib.« Der Vater berührte ihr rauhes, graues Haar, fuhr zusammen und trat von ihr weg. Er sah sich verwirrt um in seinem aufgestöberten Wohnzimmer, trat ins Schlafzimmer, da war es ebenso. Er sah auf den Hof hinunter, er war ruhig und kühl. Da bekam er Lust, hinunterzugehen. Das

Sonnenlicht reichte nicht aus, um den Hof von Grund aus zu füllen. Er sah sich aufmerksam um, als suche er einen Gegenstand, der ihm von oben auf das Pflaster gefallen sei. Er drehte seinen Kopf nach allen Seiten, um Neugierigen in den Fenstern zu zeigen, weshalb er im leeren Hof stand.

Auf einmal stampfte er wild gegen das Pflaster, da wurde es hell in ihm, aus seinem Herzen strömte das Unglück heraus, in kühnen, leuchtenden Farben. Sie überschwemmten den Hof, machten ihn flammen und glühen, in fremdem, verzweifeltem Glanz. Dann fiel er erschöpft ab. Die kühnen flammenden Gottesfarben erloschen um ihn herum, und der Hof war grau und kühl.

Eine ältere Frau im dritten Stock hatte früher oft mit der Mutter Kaffee getrunken. Verschiedene kleine Glückszufälle sowie der Umstand, daß sie allein war, ließen in ihrer Kammer Rosinenstollen und Würste nicht ausgehen. Frau Ziegler zog allzu schnell die Tür hinter sich zu. Manchmal entdeckte die Frau doch noch mit zugekniffenen Augen niedergetretene Schuhe, ein ausgefranstes Schnupftuch, ein schmieriges Milchkännchen. Sie traf den kleinen Jungen auf der Gasse. Sein Wachsgesichtchen, sein dünnes Hälschen dauerten sie. Sie war kinderlieb. Sie lud den Kleinen ein. Er blieb in der Tür stehen, ganz benommen von dem Gesang eines Vogels. Ein glitzernder Käfig schwankte ein wenig in einem Wald von Blattpflanzen. Sie deckte geschäftig für sich und das Kind den Frühstückstisch. Sie stellte Kuchen hin, gelben und roten Käse und Butter und Schinken. Der Kleine legte seine zehn sauberen Finger vor sich hin. Sie redete ihm zu, und der Kuchen auf seinem Teller hatte mehr Rosinen als Teig. Der Teller aber war fremd. Und unzertrennbar gehörte der Kuchen zu diesem fremden Teller. Er bohrte mit dem Löffel herum, zur Strafe wurde ihm eng, und der Bissen rutschte nicht. Er sah die

Frau an, bewegte den Mund und stand auf. Seine Augen füllten sich mit Tränen. Die Frau ärgerte sich über den angebröckelten Kuchen. Sie fühlte plötzlich Verdruß über diese Leute einen Stock tiefer, die ganz vergessen hatten, daß sie noch da war, bereit, auf der Treppe zu sprechen, wann immer zu helfen und zu raten. Sie wollte endlich ihren Fuß in die ängstlich geschlossene Tür klemmen. Sie wickelte Kuchen und Aufschnitt in Papier und gab alles dem Kind mit. Der Kleine lief hinunter und legte alles im Wohnzimmer auf den Tisch. Sie sahen bestürzt die Sachen aus dem aufgeplatzten Papier hervorkollern. Sie wollten das Kind schelten, es fing aber von selbst zu weinen an. Da sprachen sie leise miteinander und kamen überein, am Sonntag die Zimmerlinde hinaufzuschicken.

Der Vater trank nie mehr. Er ging immer seltener aus. Er pflegte bald nur sonntags auszugehen, wenn alle die Seinen gingen. Dann zog er seinen guten schwarzen Anzug an, wunderbar unversehrt im blanken Sonnenlicht wie das Sommerfell eines Tieres. Er fürchtete sehr, daß sich sein guter grauer Werktagsanzug abschaben möchte, wie sich der braune abgeschabt hatte, dann müßte er zu diesem schwarzen Sonntagsanzug vorrücken. Er gewöhnte sich daran, still auf dem Sofa zu sitzen. Dann kam es ihm vor, die kleinen abgewetzten Stellen, die nur ihm bekannt waren, heilten langsam. Das zarte graue Gewebe gehörte immer enger zu seinem eigenen Fleisch. Er fing es an zu betrachten, wie einer die krank gewordene Haut betrachtete, entdeckte, daß es nicht nur aus schwarzem und grauem Garn bestand, sondern heimlich von einem gelben Fädchen durchmustert war, das immer am schnellsten riß.

Er sehnte sich sehr nach der Stadt. Er dachte an das rostige Geländer am Flußufer, wo die bunte, ruppige Menschenkette niemals abriß. Sie tauchten ihre Blicke ins fließende Wasser. Sie ließen Sonne und Regen ihre speckigen

Jacken vollends zerstören. Er dachte an Elliser, welcher die Zeit von Kneipe zu Kneipe maß. Ihm machte es nichts aus, vom Stuhl herunterzurutschen, schwer vom Trinken, unter den Tisch, in Pfützen. Er dachte an den Heumarkt. Der Tag fiel ihm ein, an dem er sich von diesem Anblick abgewandt hatte, im Innersten getroffen. Er fürchtete sich nicht mehr. Es ging ihn gar nichts an. Sie drängten sich alle zusammen, rissen wie Kinder die Löcher in ihrem Hemd erst recht breiter. Er mußte hier allein sitzen und abwarten.

Der Leib, der seine Gedanken nicht kannte, blähte sich im Sitzen und spannte den Stoff und riß und drohte auf seine Weise, alle Vorsorge zu durchbrechen. Er wünschte sich den Winter herbei, um seinen Mantel über den grauen Anzug zu ziehen und fortzugehen. Was dann im nächsten Sommer wurde, wußte er nicht. Da wurde er krank.

Er hatte lange geglaubt, der schwere, wehe Klumpen gehöre einfach in sein Innerstes hinein. Eines Abends schrie er leise beim Ausziehen. Die Frau fühlte mit der bloßen Hand in sein aufgeklapptes Hemd. Sie gingen tags darauf in die Sprechstunde. Sie sahen sich ängstlich um. Männer und Frauen rissen wartend die Seiten von vergriffenen Heften, zupften an den Troddeln, versuchten eins das andere zum Sprechen zu bringen. Sie wurden alle ruhiger und waren einander ganz gut. Wenn aber einer hineinging und nach einer Weile wieder herauskam, war sein Gesicht verstört, als hätte er sein Leiden nicht mitgebracht, sondern da drinnen zugezählt bekommen. Er kannte die nicht mehr, mit denen er eben gewartet hatte. Sie waren ihm fremd geworden.

Die Ziegler kamen heraus, wie sie zum erstenmal aus dem Haus gekommen waren, als man den Jungen abgeholt hatte: ganz schwer und dunkel.

Anna weinte auch zu Hause, weil Gintler abgesagt hatte. Er brachte nur die Kinokarten und mußte mit seinen Eltern. Da schenkte Anna eine Karte Marie, und die Schwestern gingen zusammen.

Anna weinte leise im Dunkeln. Sie betrachtete ratlos diese zwecklosen Straßengewimmel, Meereswogen, gescheiterte Schiffe, fliehende Menschen, alles verschwommen in Tränen.

Marie hielt sich an beiden Lehnen fest. Warum war Gintler nicht gekommen, sie hätte nicht mitzugehen brauchen in eine enge, heiße Dunkelheit. Vor einigen Jahren war sie dann und wann hier gewesen, sie wußte nicht viel davon. Sie drehte den Kopf aus dem fremden weißen Licht, blickte in dichte Reihen von Gesichtern, die ganz versilbert waren, erstarrt und gierig. Sie wandt sich wieder zurück und fühlte auch ihre Stirn weiß und kalt. Vor ihren Augen flimmerte etwas, was einem Himmel ähnlich war, Bergen und Bäumen. Menschen kamen auf Pferden. Sie wünschte sich sehr, alles genau zu erkennen. Sie hatte nie geträumt, daß es solche Abgründe geben möchte. Und doch verlangte ihr Herz zugleich danach, sie möchten noch tiefer sein, und diese wunderbaren Reiter, die einer hinter dem andern über Brücken und Grüfte sprengten, möchten sich nicht einholen. Sie durften sich nicht einholen. Sie wußte nicht, warum. Sie sehnte sich danach, alles genau zu begreifen. Aber nicht nur die Pferde, auch die Berge und Bäume liefen ihren Blicken davon. Manchmal hatten sie Mitleid mit ihr und warteten, dann zeigten die Menschen in der Dämmerung eines einfachen Zimmers einen Augenblick ihre großen weißen Gesichter. Sie zeigten ihr ganz vertraut ein Unglück oder eine Freude. Auch die Pferde verhielten sich ruhig, an einen Zaun gebunden. Eine Sonne, welche das Herz leicht machte, schien über dichtes Gras, über das einsame weiße Häuschen. Sie verpaßte aber den Augenblick, wo sich alles veränderte. Da wurde über ein Unglück geweint, das sie gar nicht hatte hereinbrechen sehen. Da waren die Berge verschwunden, ein Reiter ritt in eine Straße hinein, es war schon Nacht geworden. Sie brauchte sich nicht mehr zu quälen. Denn aus der dunklen Tür trat ebenso langsam, wie sie folgen konnte, ein junges Weib, ein Licht in der Hand, stellte das Licht auf die Treppe und umarmte den Angekommenen.

Es wurde hell. Die Leute bewegten sich. Anna hatte zu weinen aufgehört, doch war ihr Gesicht nicht so schön wie sonst, sondern verquollen und mürrisch. Sie gab nicht acht auf Marie. Es war später Abend, sie gingen schnell hintereinanderher. Marie senkte den Kopf. Sie sah sich manchmal schnell nach rechts und links um. Sie hatte zuletzt vieles verstanden und war eingewöhnt gewesen. Was sollte sie jetzt anfangen auf der ihr unbekannten Gasse gegen den offenen Platz hin.

Der Vater hielt sich aufrecht. In faulen, faden Klümpchen erstarrte ihnen das Essen im Mund, weil sie wußten, daß unter der Tischplatte sein Bauch war, hart und weh vor Krankheit. Der Vater klagte nicht. Er preßte unter dem Tisch mit beiden Händen seinen Leib zusammen und sah sich streng um.

Eines Abends trat Marie ins Zimmer mit einem Korb voll Strickwaren, da fragte er, was das für Bestellungen seien. Marie mußte alles vor ihm ausbreiten. Er streichelte ihre Hände, ihr Haar. Er hatte vielleicht gerade keine Schmerzen, da wollte er ihr etwas Gutes tun; er redete leise auf sie ein, ihre Hand in der seinen, und betupfte mit dem Daumen ihre Knöchel. Sie sagte ja und nein und blickte angestrengt in sein Gesicht. Etwas Unerbittliches hatte mit aller Kraft aus diesem abendlichen Zimmer den letzten Tropfen Hoffnung herausgepreßt, Möbel und Vasen und gehäkelte Sterne lagen verkümmert und welk herum wie dürre Schalen. Der Vater hörte eingeschüchtert zu reden auf unter ihrem kalten, verzweifelten Blick. Er legte die Hand auf ihren Kopf. Dann fuhr er zusammen, runzelte die Stirn und starrte vor sich hin. Er vergaß, die Hand zurückzuziehen. Sie lag auf Mariens Kopf, drückend und schwer wie Blei. Sie wagte nicht, die Hand auf sein Knie zurückzulegen. Sie wartete. Sie zupfte Wattefussel vom Polster. Da dachte sie, daß er vielleicht gestorben und die Hand eines Toten auf ihren Kopf gelegt war. Da seufzte er ein wenig. Er zog von selbst seine Hand zurück wie von einer Tischplatte, hatte Marie vergessen und drehte sich nach der Wand um. Marie legte die Sachen in den Korb zurück und trug ihn ins Schlafzimmer.

Zwei oder drei Wochen bevor er starb, bekam er Lust auszugehen. Er brauchte lange Zeit und wimmerte beim Zuknöpfen. Er mußte aber durchaus in die Stadt und zog sich gut an. Er wischte sich den Schweiß ab, wie er mühsam die sonnige Gasse hinunterging. Er fühlte auf seinem kranken Körper den guten schwarzen Stoff. Auf diesem Weg begegnete er dem alten Matthäus. Zieglers Gesicht wurde starr, als habe er diese Begegnung erwartet und sich darauf vorbereitet. Sie grüßten einander. Der alte Matthäus fühlte bei Zieglers Anblick Reue, weil ihm der Mann vor einem Jahr in seinem Büro lästig gefallen war. Eine schreckliche Krankheit konnte jeden befallen. Sie hatte nicht vermocht, seinen Anzug zu ändern, seinen Kragen und seine Uhrkette. Sein Gruß wurde ausgiebig und ehrerbietig. Ziegler grüßte langsam zurück. Sein Gesicht veränderte sich, er kostete mit gesenkten Augen den Gruß aus. In seinem Herzen regte sich ein wenig Freude, und er kehrte nicht mehr so verlassen zurück, wie er gekommen war.

Er war jetzt tot, aber seine Photographie hing im Wohnzimmer über dem Sofa, auf welchem der Kleine zu schlafen pflegte, weil man die Kammer dem Spengler vermietet hatte. Nun war endlich sein verjüngtes Gesicht für alle Zeiten in ruhiges Selbstbewußtsein versenkt, und sein glatter neuer Anzug war allem Zerfall enthoben. Die Frau aus dem dritten Stock kam zum Trauerbesuch. Sie konnte jetzt mitten in das Wohnzimmer hinein und aus den schlecht verwahrten Herzen Klagen herausziehen. Die Ziegler weinte nicht, doch ihr Gesicht und alle Gesichter der Kinder und alles im Zimmer war verschwommen und angetrübt von Trauer. Sie konnte nicht so scharf sehen, wie sie geglaubt hatte. Ungefähr war doch noch alles, wie es gewesen war. Im großen ganzen standen dieselben Sachen noch an denselben Flecken wie bei ihrem letzten Besuch. Zwischen den Fenstern blinkte doch noch ein Spiegel, etwas Goldiges glänzte auf dem Wandbrett. Die Frau sah mitgenommen aus, aber auf ihrem schwarzen Kleid steckte eine kostbare Brosche. Die ganze Woche über tauchten eine Menge Gesichter von Nachbarn, Geschäftsfreunden und Schulfreundinnen auf, als ob eine unbekannte Hand sie gezwungen hätte, einen Umweg durch dieses Wohnzimmer zu machen. Ende der Woche kam der Hauswirt, als sie gerade beim Essen saßen. Er wollte wegen der Wohnung sprechen, die er lieber dem Spengler vermieten mochte als den Zieglers, die schlecht und unregelmäßig zahlten. Man bot ihm einen Stuhl an. Mutter und Kinder saßen vor dem gedeckten Tisch. Eine Glasglocke schien über diese schwarzen, traurigen Menschen gestülpt, welche aufrecht und langsam etwas Breiiges von ihren blaugeränderten Tellern aßen. Der Mann verwandelte sich aus einem Hauswirt in einen Trauergast. Er schob es auf, redete ein paar Worte und ging wieder.

Dann nahmen alle ihre Arbeit auf. Marie nahm ihren Korb und lieferte ab. Es war erst Nachmittag, aber das Pflaster und die Schieferdächer waren naß von Regen; ein gelber, zerronnener Flecken, das war die Sonne. Marie stutzte in der Haustür und ging mit gesenktem Kopf. Das war immer ein schlechter Weg gewesen. Jetzt, nach längerer Pause, wanden sich Mauern und Wände gegen sie in offener, kalter Feindschaft. Auf dem freien Platz fiel der Regen auf ihr Haar, auf ihre Schultern. Die Hüfte tat ihr weh von diesem nicht einmal allzu schweren Korb. Sie konnte ihn wohl nie wegwerfen, Strümpfe und Jacken würden zurückkriechen, der Korb würde von neuem ihre Hüfte anspringen. Sie lief die Gasse hinauf. Im dunklen Treppenhaus blinkten die Messingmonde, sie berührte heute zum erstenmal einen mit der freien Hand. Im großen Fenster hatte jemand die roten und blauen Farben geschürt, daß sie blitzten und leuchteten. Die Treppe war so weich und schön, daß sie einen Stufe um Stufe hinaufhob. Aber oben kam Marie nicht über die Schwelle. Sie konnte in der Dämmerung nicht einmal das Gesicht erkennen, das zu den Händen gehörte, die ihr immer schon in der Tür die Ware abnahmen und das Geld hinzählten.

Dafür wurde sie im nächsten Haus bis an den Tisch gelassen. Der Knabe mit der Brille starrte sie in ihrem schwarzen Kleide an. Sein Gesicht war ganz nackt, ohne Album. Im nächsten Wohnzimmer legte ihr die Frau, die immer gut war, etwas Süßes in den Korb. Auf der Gasse waren jetzt die Laternen an, da konnte sie auf den Pfützen den Regen hüpfen sehen. Sie war krank und müde. Die leeren nassen Gassen drehten und dehnten sich, verknoteten sich um ihre Füße, aber hinter ihr waren Schritte, weiche, glückliche. Das Mädchen mit der roten Mütze sagte ihr über die Schulter: »Nun, Marie.« Es ging ein paar Schritte neben ihr her und wartete. Das war zu kurz für Worte, die in einem angenagelt waren und schwer und zugeschüttet. Da hätte das Mädchen Zeit haben müssen, um hundertmal mit Marie durch die ganze Stadt zu gehen, kreuz und quer. Sie mußte aber schnell weiter. Marie sah geradezu auf seinen schmalen, aufrechten Rücken. Jetzt war das Wegstück zwischen ihnen, wie ein Stemmeisen, das langsam eins vom andern abrückte.

Daheim, im dunklen Wohnzimmer, saßen Anna und der junge Gintler beieinander im Sofa. Als Marie leise eintrat, fuhren ihre Beine erschrocken auf den Boden.

Eines Vormittags kam der Junge, groß und fremd und mager in einer braunen Lederjacke, die Treppe herauf. Er war aus der Schule in der fremden Stadt in die Lehre gekommen, hatte dann und wann eine Karte geschickt und zuletzt nichts mehr. Die Mutter war gerade in den Hof gelaufen. Er wunderte sich, daß die Tür angelehnt war, und trat ein. Sein Blick fiel auf die Photographie über dem Sofa. Er setzte sich schnell vor den Tisch und sah hinauf, ganz verwundert und erleichtert, denn er begriff, daß der Vater, vor dem er sich gefürchtet hatte, um an dieser Stelle zu hängen, tot sein mußte. Er nahm die Mütze vom Kopf und zuckte mit den Achseln. Er stand auf und machte ein paar Schritte. Die Luft in dem Zimmer war schwer und dick, sie nahm ihm den Atem, und er strich in Gedanken ohne weiteres einen von den drei Tagen ab, die er zu bleiben vorgehabt hatte. Er fing an, sich umzusehen. Was war denn das für ein Zimmer? Unter seinem festen Blick krümmten sich die Wände, Tapetenfetzen waren abgerissen und angeklebt und deckten die Dreiecke aus Mörtel nicht mehr. Der Teppich war ausgefranst, die Polster waren geplatzt und mit großen Stichen zusammengenäht. Das schwere Sofa glich einem großen halbausgeweideten Tier, aus dem das Eingeweide hervorquillt. Da gab es nur noch ein paar feste Punkte, an die sich das Wohnzimmer halten konnte, eine Photographie, einen Spiegel, eine kleine goldene Vase. Er brauchte nur fest aufzutreten, und alles fiel auseinander, und er war im Freien, er hatte Verlangen nach großen Straßen und Plätzen, auf denen Menschen pufften und brüllten, überhaupt wegzugehen. Marie kam aus dem Schlafzimmer. Ihre Arme fielen herab, ihr Gesicht wurde dunkelgrau. Ihre Lider senkten sich, ihre Augen darunter waren vielleicht jetzt leuchtend hell. Daß so etwas Graues, Fahles überhaupt ein Mädchen war. Nach und nach kamen alle heim. Er konnte nicht verstehen, warum er hergekommen war. Die Mutter hatte das Ihrige auch nicht zusammenhalten können. Da war ihr Leib hingerutscht und da ihre Brust und so ihre Mundwinkel. Der kleine Bruder trug lange Hosen, mit einem bleichen, sanften Gesicht. Auf den glatten braunen Scheitel des Kindes hatte sich eine müde Hand gelegt, daß es nicht höher wachsen sollte. Anna war schön und rot.

Sie setzten sich um den Tisch. Er drehte den blaugeränderten Teller zwischen seinen harten, breiten Händen. Die Mutter sagte: »Nun erzähl mal, wie es dir geht.« Er sagte: »Wie es einem so geht, Mutter. Mal so, mal so, besser wie 'nem Schuhnagel.« Die Mutter schöpfte ihm etwas aus. Er war nicht hungrig gewesen, jetzt bekam er schrecklichen, wütenden Hunger. Die Mutter sagte: »Du kommst uns da angeschneit.« Er sagte: »Ja, ich hatte drüben Arbeit, da habe ich gedacht, da kann ich mal heim machen.« Sie aßen. Er kratzte seinen Teller. Er dachte an fremde Städte, an seine Gefährten, an seine Arbeit, an Aufmärsche, Versammlungen, Fahnen, Knüppel, Hunger und Plätze, schwarz von Menschen. Er hätte nicht kommen sollen. Es war nicht einmal gut, daß der Vater nicht mehr da war. Sie dauerten ihn allesamt. Er konnte ihnen nicht helfen; er schämte sich sehr.

Er gab dem Kleinen Geld und sagte: »Nun lauf mal weg und hol ein Kümmelbrot und Bier und ein halbes Pfund Mettwurst und ein halbes Pfund Gehacktes.«

Da wurde es auf einmal lauter und lustiger, eine Erregung war und eine Gespanntheit, bis der Kleine zurückkam. Auf dem gedeckten Tisch entstand ein richtiges Durcheinander. Papierschnitzel flogen und Bierspritzer.

Sie schnickten einander auf den Gabeln Wursthäutchen zu. Die Mutter sagte: »So habe ich schon lang nicht mehr gelacht.« Gegen Abend lief Anna mal hinunter. Als sie heraufkam, hatte sie Veilchen in der Hand. Sie sagte: »Ich hab dem Gintler für heute abend abgesagt.«

Sie machte ihm ein Bett auf dem Sofa zurecht. Er betrachtete sie, stellte sie in eine Reihe zwischen alle Mädchen, die er betrachtet hatte. Ihre Brust war fest und rund, ihre Haut war glatt und weich. Er sagte: »Der Gintler kommt immer noch?« Anna sagte: »Ja.« Und er sagte: »Du bist wohl 'ne ewige Braut?« Sie drehte sich schnell nach ihm um. Sein Gesicht war mager und frech, aber seine Augen waren klar. Auf einmal hatte sie Lust, da er nun schon einmal da war, in seine hellen, offenen Augen hinein zu reden und zu reden. »Wir gehen manchmal außerhalb essen. Manchmal am Sonntag machen wir eine Partie. Wir sind auch oft mehrere. Zuerst hab ich das alles gar nicht gewollt, aber er hat gesagt: ›Man kann doch nicht immer eines gegen das andere sitzen, wie in einem Eisenbahncoupé. Man muß doch auch mal zusammen unter Leute gehen und seinen Spaß haben.‹«

Er sagte: »Nu ja, Anna.« Da legte sie ihre Arme quer über den Tisch, legte ihren Kopf darauf und jammerte laut: »Oh, oh, oh.« Er wollte noch etwas sagen und schluckte es. Sie richtete sich von selbst wieder auf und fuhr sich mit den Händen übers Gesicht. Sie war auf einmal wie ausgewechselt, ganz lustig. Sie pfiff vor sich hin und drehte sich blinzelnd nach dem Bruder, während sie die Decke aufschüttelte. Er aber war müde, er hatte genug und war froh, als sie wegging. Dann lag er allein in einer fetten, schweren Dunkelheit. Er hatte noch einmal alle wiedersehen müssen. Jetzt brauchte er aber nie mehr zu kommen. Er konnte jetzt für immer wegfahren, wohin er wollte, hungern und arbeiten und leben und sterben und nie mehr zurückkommen. Jetzt mußte er sich noch mal zusammenreißen, bis die eine Nacht um war und noch ein Tag und noch eine Nacht und ein halber Tag.

Er war morgens um die Mutter herum in der Küche. Im Küchenfenster steckte ein Stück Himmel, Dächer und Hofmauer, wie eine alte schmierige Ansichtskarte. Der saure Geruch einer unablässig gekochten Speise war vom gestrigen Tag noch nicht verzogen und dampfte schon wieder neu aus dem Kesselchen. Der Schimmel stand auf den Wänden, aber die Mutter rieb mit der Schürze ein Glas, hauchte und drehte es gegen das Licht. Er wünschte sich, etwas von ihrem alten Blick abzubekommen, vor dem er sich früher geduckt hatte. Da fiel ihm ein, wie er in der Badebütte gesessen hatte, die auf zwei Stühle gestellt war. Er trug es ihr nicht mehr nach, weil sie eingeschrumpft war und ihn dauerte. Er zog dem Kleinen Schächtelchen im Automaten. Er schenkte Anna Geld für seidene Strümpfe. Er stellte sich hinter Marie und sah ihr beim Stopfen mit zu. Sie krümmte ihren Rücken und dachte immer, daß er sie ansprechen möchte. Ihr Herz zog sich zusammen, daß es ihm endlich einfallen sollte, wie sie miteinander gegen die Hoftür gestemmt hatten, sie beide allein. Er hatte es aber längst vergessen, anderes war ihm dazwischengekommen. Wenn sie bei Tisch saßen, dann sah er eines nach dem andern an mit leisem, gleichgültigem Mitleid. Sie aber sah er nie an, und wenn zufällig sein Blick auf sie fiel, dann war er hart von Verachtung. Sie wußte nicht, warum er sie so ansah. Sie senkte die Augen, drückte das Kinn gegen die Brust und zog sich zusammen vor Scham. Denn es schien ihr, als ob er recht hätte. Er schickte dann zwischendurch den Kleinen hinunter nach Wurst und Bier, erzählte auch manches, was er gehört hatte, und brachte die Mutter zum Lachen. Aber mit solchen Späßen rückte der Tag nur mäßig vorwärts, zog sich endlos und dünn wie Gummi. Immer langsamer lief die Zeit und schien nachmittags ganz stillzustehen. Während die andern lachten und schwatzten, fürchtete er sich, daß es nicht mehr weiterginge und er eingesperrt bliebe in diese schläfrige Wohnzimmerstunde. Nach dem Abendessen war die Dunkelheit sauer, wie abgestanden. Er erhob sich bald wieder und lief hinunter. Er lief schnell die Gassen entlang und klatschte das Pflaster mit frechen lauten Tritten. Er suchte sich eine Gasse hinter dem Heumarkt. Er bekam ein Mädchen, so mager, daß es ihn stach und juckte. Dann sagte sie zu ihm: »Das merkt sich gleich, daß du keiner von hier bist.« Er freute sich und sagte: »Da bist du mal schiefgewickelt, denn ich bin einer von hier, aber ich bin schon lang nicht mehr hiergewesen, und morgen gehe ich ganz weg.« Er sah sich um und sah, wie alle Farben, welche grell und bunt gewesen waren, schummerig wurden und durcheinanderliefen, weil es Tag wurde. Da war er sehr froh.

Er ging dann frühzeitig heim und legte sich zurück. Den Morgen über machte er sich noch allerlei zu tun. Er schlug ein paar Nägel ein, klebte Tapete fest. Er ließ alles Geld zurück, was er hatte, und versprach zu schicken, wenn er verdiente.

Wie er dann nachmittags wegging, ging Marie auch in die Stadt. Sie ging neben ihm her. Er hatte früher manchmal an den kleinen Bruder gedacht, auch an Anna. Marie hatte er immer vergessen. Er vergaß sie auch jetzt auf diesem Weg, alle Augenblicke, von Schritt zu Schritt. Er wunderte sich, daß sie noch neben ihm ging. Er bekam Lust, etwas zu sagen, daß sie erschrak und zusammenfuhr, etwas Böses, gerade ihr, ganz ohne Umschweife. Er sagte: »Wenn es so weitergeht, wirst du nicht lange machen, viel hast du nicht zuzusetzen.« Marie drückte die Ellenbogen an sich. Er fuhr fort: »Das Geknottel, das du da treibst, das treibst du auch nicht mehr lang. Wie du bloß aussiehst.« Marie schwieg.

Er sagte: »Das wird ja nicht lang mehr dauern. Du wirst ja bald krepiert sein.« Marie sagte leise: »Ja.«

Sie kamen am Bahnhof an. Marie hatte manchmal von der Brücke auf die Schienen gesehen, feste Striche in der Erde. Sie hatte sich nichts dabei gedacht. Jetzt dachte sie, daß man durch dieses Haus zu den Schienen ging, um abzufahren. Der Bruder wurde ganz aufgeräumt, nun, da er ein Billett hatte. Sie traten auf den Bahnsteig. Ihr Haar flatterte. Sie sah schnell nach rechts und links und dann auf den Boden. Etwas zog aus ihr weg, die Schienen entlang und verschwand. Der Bruder trat von einem Fuß auf den andern. Sie preßte den Mund zu. In ihrer Kehle bettelte es den Bruder an, sie mitzunehmen und nicht zurückzulassen. So ein Bruder war er ja, der alles tat, was man bat. Dann fuhr der Zug ein. Der Bruder drehte sich um, erblickte sie wieder, die immer noch neben ihm stand, nahm und ließ ihre Hand und sprang auf. Sie hob ihren Korb und sah hinter dem Zug her. Die Schienen verschwammen ein wenig, zucken durcheinander in fremden, wirren Linien, richteten sich wieder gerade, hart und fest.

Auf Ostern fingen die Mutter und Anna zu putzen an. Die Mutter stöberte herum und setzte sich alle Augenblicke mal hin. Abends sagte sie: »Es ist schon so heiß, und mir ist so schwach im Leib, und du mußt ja alles allein machen. Wir machen auf Pfingsten weiter.«

Am Sonntag brachte Anna ein riesengroßes Osterei, das ihr der Gintler geschenkt hatte. Sie hatte noch viele kleinere Eier bekommen von anderen Bekannten. Der kleine Bruder knabberte schnell zwei, drei Eier. Das Süße zog ihm den Mund zusammen. Er hatte keine Lust mehr und leckte traurig daran herum. Nachmittags gingen sie alle den Fluß entlang. Die Mutter dachte an den Vater. Er hätte ruhig neben ihr gehen können; so wie immer führte sie zwischen den Platanen seine Kinder hinauf und herunter. Sie trafen auch viele Leute. Sie trafen auch den alten Matthäus mit seiner Frau und seinen Töchtern. Die Glocken läuteten, ihre Klöppel wirbelten um die Stirnen Wolken goldnen Sommerstaubs. Neben ihnen auf einer blauen Wand waren Berge aufgemalt, Wolken und ein Fluß.

Nach Ostern hatte Marie einen leichten Korb, weil man im Sommer nichts Wollenes brauchte.

Abends, schnell vor Ladenschluß, holte die Mutter angewelktes Grünzeug und eine Tüte zerquetschter Beeren. Es war kühl im Laden. Die Gemüsefrau gab ihr einen Stuhl. Eine große, breite Frau von nebenan erzählte mit rauher Stimme von den Mißgeschicken des Tages. Ein junges bäuerliches Ding saß auf einem Korb und erzählte von seinem Bräutigam. Eine junge Frau kam schnaufend mit einem kleinen Kind auf dem Arm. Sie erzählte von ihrem Mann, der verunglückt war, von der Schwiegermutter, bei der das Kind über Tag war, und von ihrer Arbeitsstelle. Ihre Gesichter waren rot vor Ärger über ihr Mißgeschick, und ihre Stimmen wurden heiser, wenn sie von den Unglücksfällen erzählten, welche über sie gekommen waren und sie verzehrten wie Seuchen. Die Mutter öffnete manchmal ihren Mund und redete etwas von der Krankheit ihres verstorbenen Mannes. Die anderen redeten lauter und schneller, sie schwieg dann wieder. Aber keins fürchtete sich wohl so sehr wie sie, daß die Lampe im Hinterzimmer anging und der Mann der Gemüsefrau »Schluß jetzt« rief. Dann wurden die Läden geschlossen. Die Frauen gingen widerwillig auf die Straße und knurrten leise. Sie redeten noch vor der Ladentür zusammen, Gesicht gegen Gesicht, in einem Klumpen, als fürchteten sie, jedes für sich auseinandergerissen zu werden, jedes seine Treppe hinauf, jedes in sein Zimmer.

Nur die Mutter ging gleich aus dem Laden nach Hause.

Sie richtete sich fest auf, riß sich los und ging allein die Gasse entlang. Die Frauen sahen mit zugekniffenen Augen hinter ihr her.

Marie schellte zum zweitenmal, da kamen endlich Schritte den Gang herunter, und durch den Türspalt sagte die Stimme: »Sie sind im Sommer über verreist und kommen im Winter.« Marie hob ihren Korb und schickte sich an hinunterzugehen. Das ungeheuer große Treppenhaus war mit feinem Staub erfüllt wie mit Spinnweben, hinter welchem eine unerforschliche Wildnis von Farben glühte. Marie trat dicht an das Geländer aus braunem, poliertem Eichenholz, faßte sich an und sah hinauf. Sie folgte mit den Blicken diesen mit hellen Messingkügelchen besetzten Windungen, höher hinauf, bis ihr schwindlig wurde. Was auch dort oben war, da würde sie nie hinaufkommen. Selbst diese erste Treppe, von der ihr Herz noch klopfte, war nutzlos gewesen. Sie stieg hinunter. Die Stufen fingen zu schwimmen an, die Messingstäbchen rückten vor und zurück. Ihr war so schwindlig, daß sie sich auf die Stufe setzte. Aus dem Fenster blätterte Rot und Grün und Blau in ihren Schoß, auf ihren Nacken. Bis zum Winter. Niemals würde sie dieses Fenster wiedersehen. Niemals würde sie mehr auf einen Bahnsteig kommen. Niemals würde sie mehr in einem Kino das Bild einer Schlucht und das Bild eines Waldes und das Bild eines Reiters sehen. Sie fing zu weinen an, aber des Weinens ungeübt, waren ihre Tränen hart und schmerzhaft. Da stand sie wieder auf und ging bis zum nächsten Treppenfenster und stützte sich und versuchte, durch das einzige farblose Glas zu sehn, das zwischen den bunten eingesetzt war. Da zögerte sie, riß sich zusammen in einen einzigen heftigen Wunsch: Möchte doch hinter der Scheibe etwas ganz anderes sein, etwas ganz Unerwartetes. Sie hielt ihr Gesicht hin. Drunten zwischen den angrenzenden Häusern lag ein Hof, in welchem gerade eine Laterne anging. Ein ausgespannter Karren stand darunter. Ein Arbeiter wartete gerade auf einen andern, welcher mit einem Arm nach dem Ärmel seiner Jacke fuchtelte. Marie wartete, bis er die Jacke anhatte, dann nahm sie ihren Korb und ging auf die Straße hinunter.

Für seinen Schwager von außerhalb, welcher in der vergrößerten Spenglerei mitarbeiten sollte, hatte der Spengler das Schlafzimmer zu der Kammer abgemietet. Alle drei Frauen zogen die Betten von einem Zimmer ins andere. Das verschlissene, rohrote Bettzeug quoll in das Wohnzimmer. Breit und tölpisch standen jetzt die mächtigen Betten, zerquetschten Bilder, Teppiche und Schränkchen. Der kleine Junge drückte sich still gegen die Wand, aber er stieß gegen ein Wandbrett, und die kleine goldene Vase rollte unter das Sofa. Er wollte sich bücken, stieß sich und fing zu weinen an. Niemand kümmerte sich darum, weil alle verstört in diesem Zimmer herumblickten, in welchem die Möbel über sie gekommen waren und bissig und gefräßig geworden wie Tiere in einem Käfig. Durch die Fenster kamen heiße, rotgoldene Ströme von Sonne, spiegelten sich auf polierten Holzflächen, liefen die Kanten und Bilderleisten entlang. Einige Minuten lang blieben die Frauen ganz starr stehen. Auf einmal zuckte die Mutter zusammen, mitten in ihr drin hatte sich etwas Altes aufgerichtet, sie richtete auch schnell ihren Rücken auf und sah mit festen Blicken um sich. Ihre Augen wurden dunkler und trockner. Mit ruhiger Stimme ließ sie dieses und jenes geschehen. Sie preßte die Lippen zusammen und faßte selbst noch einmal an, den Schrank gegen die Tür zu schieben und das Sofa an die andere Wand und die Betten unter das Fenster. Sie gab nicht nach und ließ nicht locker, bis alles seinen Platz hatte. Gegen Abend war in einer Ecke des Zimmers ein neues Wohnzimmer entstanden, wo man sich um den Tisch herum unter die Lampe setzen konnte. Dort deckte die Mutter den Tisch.

Sie mußten oft hinter dem Spengler herfegen, welcher, statt durch die Küche zu gehen, immer schnell durch das Wohnzimmer lief. Und er ließ auch manchmal eine Zange liegen und manchmal eine Schachtel, als ob er sich nicht daran gewöhnen könnte, wo ein Zimmer anfing und das andere aufhörte.

Der kleine Junge wurde so still und flach wie ein abgefallenes Blatt.

Anna zog sich hinter der Schranktür an und ging leise hinunter.

Marie lag viel auf der Bank, als verbrauche sie dadurch weniger Platz als im Stehen und Gehen. Sie legte die Hände um ihre hochgezogenen Knie. Sie hatte nicht gewußt, daß auch die Dunkelheit schwanken konnte. Sie wartete auf die Nacht. Aber das Dunkle, das doch selbst ein unverrückbarer Block war, schwankte auch, als würde es selbst noch einmal hin und her geworfen in einem Meer von Dunkelheit.

Von der Straße her kam Geschrei und ein wenig Musik. Auf der Treppe klang ein Lachen wie helle, auf dem Boden zersplitterte Scherben. Anna zog vor der Tür die Schuhe aus und kam herein. Marie richtete sich auf. Sie konnten einander im Dunkeln nicht erkennen. Da starrten sie sich mit aufgerissenen Augen an wie zwei Blinde. Morgens sagte die Mutter traurig: »Was war denn das, Anna.« Anna sagte leise: »Ich kann ihn doch nicht mehr hier heraufnehmen.«

Einmal kam eine Ansichtskarte von dem Jungen, auf welcher ein Denkmal abgebildet war. Anna nahm die Karte mit und zeigte sie dem Gintler. Die Mutter legte den Arm um den Kleinen und erklärte ihm die Karte wie ein Bilderbuch.

Dann nahm Marie die Karte und zog sie zwischen den Zähnen hin und her. In der Schule hatte ein Bild gehangen, auf welchem ein Engel mit großen schwarzen Federflügeln ein Kind führte. Engel gab es, welche die Kinder aus den wilden Wäldern und verlassenen Klüften herausfanden und heimbrachten. Solche Engel, welche die Kinder nachts aus dem Zimmer nahmen, weg von den Ihren, und die dünnen, blanken Schienen entlang, ganz woandershin, in ganz fremde Städte führten, solche Engel gab es nicht.

Es gab auch gar keine Hilfe.

Es gab überhaupt gar nichts. Gar nichts gab es als diese einzige Kraft in einem selbst drin, und auch die allein war nutzlos. Marie biß in die Ansichtskarte und spuckte die Fetzen weg.

Sie versuchte aufzustehen. Sie setzte sich an den Tisch. Sie legte ihre ineinander verschlungenen Hände in das helle Kreisrund der Lampe. Der kleine Bruder stichelte in sein Heft dünne, feine Buchstaben wie Stickereien. Sie dachte an den Knaben mit der Brille, der sah jetzt ein Album an. Dort war ein ebensolcher Abend, auch ein Tisch und auch eine Lampe und auch ein Knabe, der nicht ihr Bruder war.

Anna sagte erschrocken: »Du bist ja krank, Marie.« Sie hielt ihren Spiegel hin. Marie sah schnell in etwas Fremdes, Dunkelgraues. Sie drehte den Kopf weg. Sie wollte sich wieder auf ihre Bank legen. Aber sie faßten sie unter den Schultern und legten sie in ein Bett.

Die Mutter und der Junge zogen sich gut an und gingen in die Stadt. Die Mutter sah geradeaus, als bahne sie mit festem Blick für sich und das Kind einen Weg durch diese morgendliche Stadt, zwischen diesen hin und her laufenden Menschen, bis zu dem Punkt, wo sie hinwollte. Ihr Gesicht war röter als sonst. Sie ging zu Matthäus, fragte nach ihm und wurde hereingelassen. Sie mußten ein wenig warten. Die Wände waren hell und fahl, aber durch das Fenster kam aus Matthäus' Garten ein starker Sommergeruch. Der Kleine hob die Augen und sah erschrocken auf Matthäus' Pult, weiße und blaue Haufen von Briefen und Papieren. Sein Blick blieb an etwas Hellglänzendem hängen. Da kam Matthäus herein. Er reichte der Frau die Hand und fuhr dem Kleinen über das Haar. Die Mutter wollte um Rat bitten für ihren Sohn, der Ostern in die Lehre sollte. Der alte Matthäus legte dem Jungen die Hand um das Kinn, hob es und lächelte ein wenig. Der Kleine sah ihn ernst an aus seinem weißen, vor Angst feuchten Gesicht. Matthäus sagte: »Es ist sehr schwer, ich will mal zusehen.« Der Kleine sah geradeaus auf die breite, von einer dicken Uhrkette gekreuzte Weste, auf der die Hornknöpfe hinaufstiegen. Die Mutter redete mit leiser Stimme auf Matthäus ein, aber Matthäus sagte: »Sie kommen ja noch einmal wieder, es ist noch lange bis dahin.« Der Kleine starrte wieder auf den Schreibtisch, das helle glitzernde Ding, in dem sich die Sonne fing, war vielleicht eine Briefwaage.

Sie gingen die Straße hinunter, die sie gekommen waren. Die Mutter schwieg und drehte und wendete in ihrem Kopf die mageren Worte, die ihr der alte Matthäus gesagt hatte. Der Kleine stolperte. Zwei Buben, die auf der Deichsel eines Wagens ritten, rotzige, ruppige Buben, hörten zu schaukeln auf, zeigten nach ihm und lachten.

Der Kleine wurde rot vor Scham. Die schmale Straße zog sich, als würde sie von einer Spindel abgerollt. In allen Häusern waren Fenster, aus welchen Blicke heruntertropften. An einem gewöhnlichen Morgen mußte er allein in langen schwarzen Hosen zur Strafe für etwas in der Stadt herumgehen. Er hielt sich dicht an die Mutter und versuchte, in ihr Gesicht zu sehen. Aber die Mutter hatte schon so oft die Worte des alten Matthäus hin und her gedreht, daß ihr Kopf inwendig ganz abgewetzt war. Da gab sie alles auf und ließ es laufen. In diesem Augenblick war ihr Gesicht unsicher, nichts, woran man sich halten konnte.

Der Kleine war froh, wieder daheim zu sein. Er hatte Lust, an alles zu tupfen, an die Lehnen, an die Deckchen, an die Hände der Schwester. Er brachte Marie ihren Teller ans Bett und tupfte an ihren Zopf, der hart, wie aus Schnur geflochten war. Marie wußte nicht, was sie ihm Gutes tun sollte, sie sagte: »Iß doch selbst auf, ich kann ja nicht.«

Dann gab es rundherum einen großen Lärm, weil die Braut des Spenglers endlich angekommen war und gleich eine ganze Gesellschaft von Anverwandten mitgebracht hatte. Sie sparten sich den Umweg durch die Küche und liefen ein ums andere Mal quer zwischen Tisch und Betten. Ein großes Gelächter prustete, erstickte und platzte durch die aufgesprungene Tür. Einmal steckte eine mit großen lila Ohrringen, die vielleicht die Braut selbst war, ihren Kopf herein und schrie: »Macht doch mit, je mehr, je besser.« Das Grammophon spielte. Anna bewegte die Füße unter dem Tisch, auf ihrem Gesicht hüpften helle Pünktchen herum, erloschen und ließen es kahl und müde. Der Kleine bohrte die Daumen in die Ohren. Aber die hatten nebenan etwas Neues ausgedacht, sie stampften und klatschten. Das ganze Zimmer dröhnte und rüttelte, als hätte es Räder bekommen.

Nach einer Woche stand Marie auf, packte die Sachen zusammen und trug den Korb in die Stadt. In den Dachkanten lief das Licht in goldenen Fäden zu Ende. Auf dem offenen Platz roch es nach Herbst. Alle Menschen waren wohl nach Hause gegangen, es war so still, als sei die Zeit zerbrochen.

Marie fror. Sie war vielleicht in die falsche Gasse eingebogen. Nie zuvor war sie an dieser tiefen Torfahrt vorbeigekommen, aus der es süß nach Wein roch. Niemals hatte es über ihrem Kopf gepfiffen von einem Fenster zum andern. Aber dann war es ganz gewiß das alte Wohnzimmer, in welchem ein wenig verspätet das Nachtessen abgetragen wurde. Der Knabe trank heiße Milch aus einer Tasse, blaugerändert wie die Tassen und Teller zu Haus, und setzte die Brille ab, weil sie anlief. Die Frau bot ihr einen Stuhl. Marie setzte sich schnell, von Müdigkeit bezwungen. Die Frau sah sie ein wenig verwundert an. Im nächsten Zimmer brachte die Frau eine Schale Äpfel. Sie redete gut zu, bis Marie einen von den Äpfeln nahm, die sich blank und kühl anfühlten wie Messingkugeln.

Draußen war Nacht. Auf dem Bahnsteig hatte ihr Haar auch geflattert. Über den Dächern stand der Mond matt glänzend und rund wie ein Luftballon, der den Händen eines Kindes entglitten ist. Der offene Platz glänzte am Ende der Gasse. Er dehnte sich und drängte die Häuser zurück mit ihren vielen kleinen Lichtern, die eins nach dem anderen erloschen, wenn man sie fest ansah. Nur noch ein paar Laternen kreisten herum, wie Irrlichter auf einem Sumpf. Marie lehnte sich an die Mauer. Aber die Mauer stieß und drängte ihren Rücken, um sie abzuschütteln, in den offenen Platz hinein. Marie ließ ihren Korb fallen und hielt sich mit beiden Händen fest. Der leichte Korb rollte von ihren Füßen weg.

Weit fort, auf der anderen Seite des offenen Platzes, tauchte jemand aus einer Gasse auf und lief zwischen die Laternen. Marie erkannte das Mädchen mit der roten Mütze. Sie nahm alle Kraft zusammen und rief. Sie hörte ihren eigenen Ruf nicht, es riß nur inwendig. Da ließ sie die Mauer los, drückte beide Hände gegen die Rippen und schrie.

Das Mädchen stutzte und blieb stehen. Es sah sich nach allen Seiten verwundert um; denn der Platz war leer. Es zuckte mit den Achseln und ging schnell weiter, weil es Marie nicht sehen konnte, die flach auf dem Pflaster lag.

Marie geht in die Versammlung

Marie geht heim von ihrer Dienststelle. Arme, Beine, alles ausgeleiert. Die Sohlen blättern ihr ab, der Körper wird immer schwerer, drei Marien schwer. Die Frage ist gelöst: zwei Bananen oder fahren. In der Hand hat sie zwei Bananen in der Zeitungspapiertüte. Diese Tüte wird sie nachts aufs Fensterbrett legen. Paul wird teilen. Er ist der Austeiler, der Anordner. Er, der alles regelt. Paul ist schon recht. Franz und Anna sind nicht so recht, Franz ist die letzte Zeit richtig verludert, so ein kleiner Dreckspatz, treibt sich auf dem Markt herum, grabscht, wo er kann. Anna ist quengelig, bei jedem Dreck heult sie. Wenn Marie an diese Kinder denkt, dann wird der Strich zwischen ihren Brauen so scharf, daß es ihr selbst innen weh tut. Daß da etwas nicht stimmt, das weiß sie. Wenn sie nachts heimkommt, macht sie sich her über zerrissene Strümpfe und Hosen – Abfall von den Kindern. Zugestopfte Löcher, eine Banane auf dem Fensterbrett, wenn sie aufwachen: Das ist die Mutter. Drei Schläfer auf einem Bett, nachts, wenn sie heimkommt: Das sind die Kinder.

Wenn ich jetzt heimgehe, denkt Marie, das könnte für uns alle ein guter Abend werden. Was für ein Abend? Freitag abend. Ich habe Ernst versprochen, daß ich um sieben Uhr an der Saaltür stehe. Ich werde selbst die Flugblätter bei Maschke abholen. Die Versammlung ist gut vorbereitet, es wird ein guter Abend werden.

Paul wird den Milchtopf vor die Tür stellen, denkt Marie,

auf ihn ist Verlaß. Ein kleiner Genosse. Ich brauche heute abend nicht heimzugehen. Man darf nicht bei den Kindern hocken, man muß arbeiten, nicht für drei Kinder, sie sagt, für drei Millionen Kinder. Freilich, Paul ist auch noch ein Kind, man müßte mehr daheim sein, sich um alles kümmern. Dieser Paul kennt mich gar nicht. Er weiß, ich bin seine Mutter, aber er hängt nicht an mir, gar nicht. Grade Paul. Sie versucht an etwas anderes zu denken, ob Ernst die Flugblätter auch richtig bei Maschke abgegeben hat. Sie überquert den Damm, kommt in die Friedrichstraße. Mit ihren zerquetschten Bananen in der Hand schiebt sie durch das Gedränge von Menschen. Diese Menschen gehen alle heim. Sie gehen heim zu ihren Kindern statt auf Versammlungen. Marie biegt in die Körnerstraße. Hier ist es stiller. Es ist schon drei Viertel sieben. Sie eilt sich, um zurechtzukommen. Es wird wieder ein Uhr werden, bis ich daheim bin, denkt sie. Auf einmal zieht sie die Brauen hoch, ihr Herz bekommt einen Stich. Da geht ein Junge vor ihr her, wahrhaftig Paul. Bei dieser überraschenden Begegnung merkt sie, wie sie an diesem Jungen hängt. Sie geht ein Stück hinter ihm her, um sich einmal satt zu sehen. Ein magerer Junge, zehn Jahre alt. Die Haare über den Hinterkopf geschoren, abstehende Ohren. Die Absätze niedergetreten, über den Risten mit großen Stichen genäht, was eigentlich Männerarbeit ist. Sie ist stolz darauf. Die blauschwarzen Strümpfe aus dem letzten Ausverkauf. Die spekkige, schon zu enge Hose. Was läßt sich dagegen tun? Vor Herbst gibt's keine neue. Der Kittel auf dem Schulterblatt abgewetzt, wo der Schulranzen sitzt. So lang und dünn ist der Hals, daß ihr bang wird. Jetzt werde ich ihm die Bananen geben, denkt Marie. Sie schleicht sich heran, tippt ihm auf die Schulter, er dreht sich schnell um – und ist ein ganz fremder Junge. Marie bekommt einen Stich im Herzen – nur einen Augenblick. Auf einmal ist ihr so leicht, als ob wunder was Gutes passiert sei. »Da, nimm die Bananen«, sagt sie. Der Junge wundert sich. Seine Augen sind noch bestürzt, wie er hineinbeißt.

Marie lächelt, wie sie weiterläuft, schnell, um nicht zu spät an die Saaltür zu kommen.

Der Vertrauensposten

Niemand im Abteil bekümmerte sich um den Mann, der zwei winzige Kinder im Arm hatte. Jeder wußte so viel über eigene Sorgen, daß es für weit längere Strecken ausreichte. Es war im Abendzug zwischen zwei Ruhrstädten; die Landschaft mit toten Fabrikanlagen war bedrohlich, der Tag war hart, alle waren ausgepumpt.

Auf der nächsten Station wurde das Coupé ganz vollgepfropft. Unter den Neuen gab es ein dünnes, sehr junges Mädchen mit sanftem Gesicht. Aber die Männer waren nicht auf Sanftheit. Sie konnte froh sein, daß sie nicht zerdrückt wurde von wütenden Platzsuchern. Sie erblickte aber den Mann mit den Kindern, sie merkte auch, daß er krank, ja, daß er zu Tode erschöpft war. Sie nahm ihm die Kinder ab. Sie versuchte, den Oberkörper frei zu kriegen, um etwas die Kinder zu wiegen.

»Sie sind gut.«

»Sie sind ja krank. Warum fahren Sie?«

»Ich habe eine Stelle, Fräulein. Denken Sie doch, eine Stelle. Ich habe fünf Jahre keine gehabt, jetzt habe ich sie. Denken Sie, mir hat ein Freund eine Stelle verschafft. So etwas gibt es. Da muß ich hin, da kann ich nicht krank sein.«

»Sie haben Fieber.«

»Vielleicht ein bißchen. Ich war krank, meine Frau ist vorgereist, Quartier suchen. Ich muß unbedingt morgen antreten. Ein Vertrauensposten, Nachtwächter in einer Fabrik.«

»Jetzt müssen Sie schlafen.«

Der Mann folgte und schlief. Das Mädchen merkte: ein kranker Schlaf.

Der Zug hielt, das Abteil wurde leer.

Sie kriegte den Mann zuerst nicht wach, dann fiel er wieder zusammen. Sie schaffte schließlich den Mann, die Kinder und das Gepäck in die Bahnhofshalle. Da fiel der Mann ganz um. Es gab einen Auflauf, aber jeder mußte bald woandershin. Sanitäter legten den Mann auf eine Bahre. Er schrie: »Ich kann doch nicht ins Spital.« Dann fielen ihm die Kinder ein: »Meine Frau wartet. Gerbergasse 11.«

Die Frau dieses Mannes hieß Katharina. Sie war um Schlafstelle vorgereist und wartete, eine schwere, dunkle Frau. Sie freute sich, als es klopfte: Eine Fremde mit ihren Kindern! »Ich heiße Marie, Ihr Mann ist krank geworden.«

»Aber das geht doch nicht, er kann jetzt nicht im Bett liegen.«

Katharinas Gesicht wurde hart, böse.

»Gehen Sie nur zu ihm, ich gebe acht auf die Kinder, ich habe doch keine Bleibe.«

Als Katharina im Spital nach dem Mann fragte, führten sie zwei Schwestern vor die Oberin. Die hielt ihre Hand fest. »Es steht schlimm mit dem Mann. Sogar sehr schlimm. Das Allerschlimmste.«

Da wurde die Frau wild. »Aber das ist doch unmöglich. Er hat doch seinen Posten. Wir haben jahrelang gesucht.« Dann wurde sie plötzlich still. Man gab ihr Kleider und Papiere des Toten. Sie setzte sich unterwegs auf eine Bank und betrachtete alles. Sie weinte nicht, sie war hart vor Nachdenken.

Am nächsten Tag stellte sich im Büro der Fabrikdirektion der neue Nachtwächter vor, ein wortkarger Mensch. »Das sind die besten Wächter.« Seine Papiere waren in Ordnung, er war angenommen.

Marie blieb bei den Kindern. Sie hatte ja so auch ihr Brot. Sie mieteten zusammen eine Wohnung, sie gaben sich als eine Familie aus, Mann und Frau. Den Leuten im Haus gefiel die junge Frau, sie war bescheiden und schön anzusehen. Sie achteten den Mann, denn er war schweigsam und hilfsbereit bei vielen Gelegenheiten. Auch die Arbeiter in der Fabrik achteten ihn, der mit seinem Hund und seinem Revolver hart und pünktlich auf dem Posten war. Sie wunderten sich über Marie, allzu jung und zart neben dem harten Mann. Einer unter den jungen Arbeitern, George, liebte sie und quälte sich. Er spürte auch, daß sie sich zu ihm sehnte.

Katharina sagte traurig: »Wenn du zu ihm gehst, war alles unnütz.«

Marie sagte: »Ich gehe nicht zu ihm. Wir dürfen unsere Stelle nicht verlieren. Dies scheint mir das Wichtigste.«

George bekam nur ihre Hand, einen Kuß in der Toreinfahrt. Ein Nachbar konnte sie sehen, er sah danach in das Hoffenster in die Stube nach dem Ehemann. Da sah er statt des Mannes einen kräftigen, nackten Frauenkörper. So strichen die beiden Männer um die Familie herum und beunruhigten sie. Nur die Kinder waren lustig. Deshalb dachten die Frauen, daß sie richtig handelten, weil die Kinder nicht hungerten. Die Reihen der Erwerbslosen wurden immer länger. Da hieß es auf seinem Posten bleiben, auch wenn er hart war.

Nachts gab es einmal einen Überfall. Aber der Nachtwächter verlor nicht den Kopf und gebrauchte seinen Revolver. Dadurch wuchs die Achtung in der Fabrik und in der Gasse. Zwar wünschten sich beide Frauen andere Nächte, aber was auch von außen an der Familie riß, was sie zusammenhielt, war stärker. Denn sie waren wegen Brot zusammen.

Der Nachbar spürte unter dem Wächterkleid die Frau,

wenn sie sich bückte oder die Treppe herunterkam. Er hielt ihr eine Bibel vor: »Ein Mann soll nicht Weibsgeräte tragen, und ein Weib soll nicht Männerkleider antun.« Da klappte ihm Katharina das Buch auf dem Kopf zu: »Ich habe das getan, um die Kinder zu ernähren.« Der Nachbar schämte sich. »Ich bin kein Schwätzer.«

Marie traf sich öfter mit George, ihre Küsse wurden heiß. Aber George verlor seine Arbeit, und der Nachtwächter war unter den Männern dieses Hauses einer der wenigen, der Arbeit hatte.

Eines Nachts geschah in der Fabrik ein Unglück. Sirenen, Geschrei, Verwundete. Als Katharina aufwachte, lag sie in der Frauenklinik in einer Reihe mit anderen Frauen. Sie merkte nicht, daß sie verbunden war, sie sprang aus dem Bett, lief vor die Oberin. Sie sagte dieselben Worte, die sie schon einmal gesagt hatte, in einem Spital vor einer Oberin. »Das ist unmöglich. Wir haben doch eine Stelle.«

Es wurde zu spät. Die Papiere waren abgegangen, die Täuschung war bekannt geworden.

Die Polizei kam in die Gerbergasse. Die Leute im Haus begriffen die Handlung der Frau, und sie schimpften.

»Was will die Polizei? Tapfere Frauen, die niemand geschadet haben.«

Katharina bekam ihre Entlassung. Die Arbeiter der Fabrik taten sich zusammen und schrieben für sie ein Gesuch auf. Als Katharina ankam, gab ihr jeder einzeln die Hand. Sie begleiteten sie vor das Direktionszimmer. »Wir helfen dir. Sie dürfen dich nicht rausschmeißen.«

Drin schlug Katharina nach Wächterart mit der Faust auf den Tisch. Da sagte die Direktion: »Wir wollen ja nur Ihr Gutes. Wir nehmen Ihnen einen schweren Posten und geben Ihnen einen leichten.«

Der leichte Posten sah so aus: Eimer, Besen, Scheuertuch. Katharina erschrak. Aber sie nahm es an, weil Kinder Kinder blieben und Brot Brot blieb, griff zu und schrubbte.

Die Arbeiter achteten sie womöglich noch mehr als früher. Sie sagten: »Wenn es nach uns ginge, Frau, bekämst du in diesem Leben eine andere Stelle.«

Das Obdach

An einem Morgen im September 1940, als auf der Place de la Concorde in Paris die größte Hakenkreuzfahne der deutsch besetzten Länder wehte und die Schlangen vor den Läden so lang wie die Straßen selbst waren, erfuhr eine gewisse Luise Meunier, Frau eines Drehers, Mutter von drei Kindern, daß man in einem Geschäft im XIV. Arrondissement Eier kaufen könnte.

Sie machte sich rasch auf, stand eine Stunde Schlange an, bekam fünf Eier, für jedes Familienmitglied eins. Dabei war ihr eingefallen, daß ihr in derselben Straße eine Schulfreundin lebte, Annette Villard, Hotelangestellte. Sie traf die Villard auch an, jedoch in einem für diese ruhige, ordentliche Person befremdlich erregten Zustand.

Die Villard erzählte, Fenster und Waschbecken scheuernd, wobei ihr die Meunier manchen Handgriff tat, daß gestern mittag die Gestapo einen Mieter verhaftet habe, der sich im Hotel als Elsässer eingetragen, jedoch, wie sich inzwischen herausgestellt hatte, aus einem deutschen Konzentrationslager vor einigen Jahren entflohen war. Der Mieter, erzählte die Villard, Scheiben reibend, sei in die Santé gebracht worden, von dort aus würde er bald nach Deutschland abtransportiert werden und wahrscheinlich an die Wand gestellt. Doch was ihr weit näher gehe als dieser Mieter, denn schließlich Mann sei Mann, Krieg sei Krieg, das sei der Sohn des Mieters. Der Deutsche habe nämlich ein Kind, einen Knaben von zwölf Jahren, der habe mit ihm das

Zimmer geteilt, sei hier in die Schule gegangen, rede französisch wie sie selbst, die Mutter sei tot, die Verhältnisse seien undurchsichtig wie meistens bei den Fremden. Der Knabe habe, heimkommend von der Schule, die Verhaftung des Vaters stumm, ohne Tränen, zur Kenntnis genommen. Doch von dem Gestapooffizier aufgefordert, sein Zeug zusammenzupacken, damit er am nächsten Tag abgeholt werden könne und nach Deutschland zurückgebracht zu seinen Verwandten, da habe er plötzlich laut erwidert, er schmisse sich eher unter ein Camion, als daß er in diese Familie zurückkehre. Der Gestapooffizier habe ihm scharf erwidert, es drehe sich nicht darum, zurück oder nicht zurück, sondern zu den Verwandten zurück oder in die Korrektionsanstalt. – Der Knabe habe Vertrauen zu ihr, Annette, er habe sie in der Nacht um Hilfe gebeten, sie habe ihn auch frühmorgens weg in ein kleines Café gebracht, dessen Patron ihr Freund sei. Da sitze er nun und warte. Sie habe geglaubt, es sei leicht, den Knaben unterzubringen, doch bisher habe sie immer nur nein gehört, die Furcht sei zu groß. Die eigene Patronin fürchte sich sehr vor den Deutschen und sei erbost über die Flucht des Knaben.

Die Meunier hatte sich alles schweigend angehört, erst als die Villard fertig war, sagte sie: »Ich möchte gern einmal einen solchen Knaben sehen.« Worauf ihr die Villard das Café nannte und noch hinzufügte: »Du fürchtest dich doch nicht etwa, dem Jungen Wäsche zu bringen?«

Der Patron des Cafés, bei dem sie sich durch einen Zettel der Villard auswies, führte sie in sein morgens geschlossenes Billardzimmer. Da saß der Knabe und sah in den Hof. Der Knabe war so groß wie ihr ältester Sohn, er war auch ähnlich gekleidet, seine Augen waren grau, in seinen Zügen war nichts Besonderes, was ihn als den Sohn eines Fremden stempelte. Die Meunier erklärte, sie brächte ihm Wäsche. Er dankte nicht, er sah ihr nur plötzlich scharf ins

Gesicht. Die Meunier war bisher eine Mutter gewesen wie alle Mütter: Schlange stehen, aus nichts etwas, aus etwas viel machen, Heimarbeit zu der Hausarbeit übernehmen, das alles war selbstverständlich. Jetzt, unter dem Blick des Jungen, wuchs mit gewaltigem Ruck das Maß des Selbstverständlichen, und mit dem Maß ihre Kraft. Sie sagte: »Sei heute abend um sieben im Café Biard an den Hallen.«

Sie machte sich eilig heim. Um weniges ansehnlich auf den Tisch zu bringen, braucht es lange Küche. Ihr Mann war schon da. Er hatte ein Kriegsjahr in der Maginotlinie gelegen, er war seit drei Wochen demobilisiert, vor einer Woche hatte sein Betrieb wieder aufgemacht, er war auf Halbtagsarbeit gesetzt, er verbrachte den größten Teil der Freizeit im Bistro, dann kam er wütend über sich selbst heim, weil er von den wenigen Sous noch welche im Bistro gelassen hatte. Die Frau, zu bewegt, um auf seine Miene zu achten, begann zugleich mit dem Eierschlagen ihren Bericht, der bei dem Mann vorbauen sollte. Doch wie sie auf dem Punkt angelangt war, da der fremde Knabe, aus dem Hotel weggelaufen, in Paris Schutz vor den Deutschen suche, unterbrach er sie folgendermaßen: »Deine Freundin Annette hat wirklich sehr dumm getan, einen solchen Unsinn zu unterstützen. Ich hätte an ihrer Stelle den Jungen eingesperrt. Der Deutsche soll selbst sehn, wie er mit seinen Landsleuten fertig wird – Er hat selbst nicht für sein Kind gesorgt. Der Offizier hat also auch recht, wenn er das Kind nach Haus schickt. Der Hitler hat nun einmal die Welt besetzt, da nützen keine Phrasen was dagegen.« Worauf die Frau schlau genug war, rasch etwas andres zu erzählen. In ihrem Herzen sah sie zum erstenmal klar, was aus dem Mann geworden war, der früher bei jedem Streik, bei jeder Demonstration mitgemacht hatte und sich am 14. Juli stets so betragen, als wollte er ganz allein die Bastille noch einmal stürmen. Er glich aber jenem Riesen Christophorus in dem Märchen – ihm gleichen viele –, der immer zu dem übergeht, der ihm am stärksten scheint und sich als stärker erweist als sein jeweiliger Herr, so daß er zuletzt beim Teufel endet. Doch weder in der Natur der Frau noch in ihrem ausgefüllten Tag war Raum zum Trauern. Der Mann war nun einmal ihr Mann, sie war nun einmal die Frau, da war nun einmal der fremde Junge, der jetzt auf sie wartete. Sie lief daher abends in das Café bei den Hallen und sagte zu dem Kind: »Ich kann dich erst morgen zu mir nehmen.« Der Knabe sah sie wieder scharf an, er sagte: »Sie brauchen mich nicht zu nehmen, wenn Sie Angst haben.« Die Frau erwiderte trocken, es handle sich nur darum, einen Tag zu warten. Sie bat die Patronin, das Kind eine Nacht zu behalten, es sei mit ihr verwandt. An dieser Bitte war nichts Besonderes, da Paris von Flüchtlingen wimmelte.

Am nächsten Tag erklärte sie ihrem Mann: »Ich habe meine Kusine Alice getroffen, ihr Mann ist in Pithiviers im Gefangenenlazarett, sie will ihn ein paar Tage besuchen. Sie hat mich gebeten, ihr Kind solange aufzunehmen.« Der Mann, der Fremde in seinen vier Wänden nicht leiden konnte, erwiderte: »Daß ja kein Dauerzustand daraus wird.« Sie richtete also für den Knaben eine Matratze. Sie hatte ihn unterwegs gefragt: »Warum willst du eigentlich nicht zurück?« Er hatte geantwortet: »Sie können mich immer noch hierlassen, wenn Sie Angst haben. Zu meinen Verwandten werde ich doch nicht gehen. Mein Vater und meine Mutter wurden beide von Hitler verhaftet. Sie schrieben und druckten und verteilten Flugblätter. Meine Mutter starb. Sie sehen, mir fehlt ein Vorderzahn. Den hat man mir dort in der Schule ausgeschlagen, weil ich ihr Lied nicht mitsingen wollte. Auch meine Verwandten waren Nazis. Sie quälten mich am meisten. Sie beschimpften Vater und Mutter.« Die Frau hatte ihn darauf nur gebeten zu schweigen, dem Mann gegenüber, den Kindern und den Nachbarn.

Die Kinder konnten den fremden Knaben weder gut noch schlecht leiden. Er hielt sich abseits und lachte nicht. Der Mann konnte den Knaben sofort nicht leiden; er sagte, der Blick des Knaben mißfalle ihm. Er schalt seine Frau, die von der eigenen Ration dem Knaben abgab, er schalt auch die Kusine, es sei eine Zumutung, anderen Kinder aufzuladen. Und solche Klagen pflegten bei ihm in Belehrungen überzugehen, der Krieg sei nun einmal verloren, die Deutschen hätten nun einmal das Land besetzt, die hätten aber Disziplin, die verstünden sich auf Ordnung. Als einmal der Junge die Milchkanne umstieß, sprang er los und schlug ihn. Die Frau wollte später den Jungen trösten, der aber sagte: »Noch besser hier als dort.«

»Ich möchte«, sagte der Mann, »einmal wieder ein richtiges Stück Gruyére zum Nachtisch haben.« Am Abend kam er ganz aufgeregt heim. »Stell dir vor, was ich gesehen habe. Ein riesiger deutscher Camion, ganz voll mit Rädern von Käse. Die kaufen, was sie Lust haben. Die drucken Millionen und geben sie aus.«

Nach zwei, drei Wochen begab sich die Meunier zu ihrer Freundin Annette. Die war über den Besuch nicht erfreut, bedeutete ihr, sich in diesem Quartier nicht mehr blicken zu lassen, die Gestapo habe geflucht, gedroht. Sie habe sogar herausbekommen, in welchem Café der Knabe gewartet habe, auch daß ihn dort eine Frau besucht, daß beide den Ort zu verschiedenen Zeiten verlassen hatten. – Auf ihrem Heimweg bedachte die Meunier noch einmal die Gefahr, in die sie sich und die Ihren gebracht hatte. Wie lange sie auch erwog, was sie ohne Erwägen in einem raschen Gefühl getan hatte, der Heimweg selbst bestätigte ihren Entschluß, die Schlangen vor den offenen Geschäften, die Läden vor den geschloßnen, das Hupen der deutschen Autos, die über die Boulevards sausten, und über den Toren die Hakenkreuze. So daß sie beim Eintritt in ihre Küche dem fremden Knaben in einem zweiten Willkomm übers Haar strich.

Der Mann aber fuhr sie an, sie hätte an diesem Kind einen Narren gefressen. Er selber ließ seine Mürrischkeit, da die eignen Kinder ihn dauerten – alle Hoffnungen hatten sich plötzlich in eine klägliche Aussicht verwandelt auf eine trübe, unfreie Zukunft –, an dem fremden aus. Da der Knabe zu vorsichtig war und zu schweigsam, um einen Anlaß zu geben, schlug er ihn ohne solchen, indem er behauptete, der Blick des Knaben sei frech. Er selber war um sein letztes Vergnügen gebracht worden. Er hatte noch immer den größten Teil seiner freien Zeit im Bistro verbracht, was ihn etwas erleichtert hatte. Jetzt war einem Schmied am Ende der Gasse die Schmiede zwangsweise von den Deutschen abgekauft worden.

Die Gasse, bisher recht still und hakenkreuzfrei, fing plötzlich von deutschen Monteuren zu wimmeln an. Es stauten sich deutsche Wagen, die repariert werden sollten, und Nazisoldaten besetzten die Wirtschaft und fühlten sich dort daheim. Der Mann der Meunier konnte den Anblick nicht ertragen. Oft fand ihn die Frau stumm vor dem Küchentisch. Sie fragte ihn einmal, als er fast eine Stunde reglos gesessen hatte, den Kopf auf den Armen, mit offenen Augen, woran er wohl eben gedacht habe. Darauf sagte er: »An nichts und an alles. Und außerdem noch an etwas ganz Abgelegenes. Ich habe soeben, stell dir vor, an diesen Deutschen gedacht, von dem dir einmal deine Freundin Annette erzählt hat, ich weiß nicht, ob du dich noch erinnerst, der Deutsche, der gegen Hitler war, der Deutsche, den die Deutschen verhafteten. Ich möchte wohl wissen, was aus ihm geworden ist. Aus ihm und aus seinem Sohn.« Die Meunier erwiderte: »Ich habe kürzlich die Villard getroffen. Sie haben damals den Deutschen in die Santé gebracht. Er ist inzwischen vielleicht schon erschlagen worden. Das Kind ist verschwunden. Paris ist groß. Es wird sich ein Obdach gefunden haben.«

Da niemand gern zwischen Nazisoldaten sein Glas austrank, zog man oft mit ein paar Flaschen in Meuniers Küche, was ihnen früher ungewohnt gewesen wäre und beinah zuwider. Die meisten waren Meuniers Arbeitskollegen aus demselben Betrieb, man sprach freiweg. Der Patron in dem Betrieb hatte sein Büro dem deutschen Kommissar eingeräumt. Der ging und kam nach Belieben. Die deutschen Sachverständigen prüften, wogen, nahmen ab. Man gab sich nicht einmal mehr Mühe, in den Büros der Verwaltung geheimzuhalten, für wen geschuftet wurde. Die Fertigteile aus dem zusammengeraubten Metall wurden nach Osten geschickt, um andren Völkern die Gurgel abzudrehen. Das war das Ende vom Lied, verkürzte Arbeitszeit, verkürzter Arbeitslohn, Streikverbot. Die Meunier ließ ihre Läden herunter, man dämpfte die Stimmen. Der fremde Junge senkte die Augen, als fürchte er selbst, daß sein Blick so scharf sei, daß er sein Herz verraten könnte. Er war so bleich, so hager geworden, daß ihn der Meunier mürrisch betrachtete und die Furcht äußerte, er möge von einer Krankheit befallen sein und die eigenen Kinder noch anstecken. Die Meunier hatte an sich selbst einen Brief geschrieben, in dem die Kusine bat, den Knaben noch zu behalten, ihr Mann sei schwerkrank, sie ziehe vor, sich für eine Weile in seiner Nähe einzumieten. – »Die macht sich's bequem mit ihrem Bengel«, sagte der Meunier. Die Meunier lobte eilig den Jungen, er sei sehr anstellig, er ginge schon jeden Morgen um vier in die Hallen, zum Beispiel hätte er heute dieses Stück Rindfleisch ohne Karten ergattert.

Auf dem gleichen Hof mit den Meuniers wohnten zwei

Schwestern, die waren immer recht übel gewesen, jetzt gingen sie gern ins Bistro hinüber und hockten auf den Knien der deutschen Monteure. Der Polizist sah sich's an, dann nahm er die beiden Schwestern mit aufs Revier, sie heulten und sträubten sich, er ließ sie in die Kontrolliste eintragen. Die ganze Gasse freute sich sehr darüber, doch leider wurden die Schwestern jetzt noch viel übler, die deutschen Monteure gingen bei ihnen jetzt aus und ein, sie machten den Hof zu dem ihren, man hörte den Lärm in Meuniers Küche. Dem Meunier und seinen Gästen war es längst nicht mehr zum Lachen, der Meunier lobte jetzt nicht mehr die deutsche Ordnung, mit feiner, gewissenhafter, gründlicher Ordnung war ihm das Leben zerstört worden, im Betrieb und daheim, seine kleinen und großen Freuden, sein Wohlstand, seine Ehre, seine Ruhe, seine Nahrung, seine Luft.

Eines Tages fand sich der Meunier allein mit seiner Frau. Nach langem Schweigen brach es aus ihm heraus, er rief: »Sie haben die Macht, was willst du! Wie stark ist dieser Teufel! Wenn es nur auf der Welt einen gäbe, der stärker wäre als er! Wir aber, wir sind ohnmächtig. Wir machen den Mund auf, und sie schlagen uns tot. Wie jener Deutsche, von dem dir einmal deine Annette erzählt hat, du hast ihn vielleicht vergessen, ich nicht. Er hat immerhin was riskiert. Und sein Sohn, alle Achtung! Deine Kusine mag sich selbst aus dem Dreck helfen mit ihrem Bengel. Das macht mich nicht warm. Den Sohn dieses Deutschen, den würde ich aufnehmen, der könnte mich warm machen. Ich würde ihn höher halten als meine eigenen Söhne, ich würde ihn besser füttern. Einen solchen Knaben bei sich zu beherbergen, und diese Banditen gehn aus und ein und ahnen nicht, was ich wage und was ich für einer bin und wen ich bei mir versteckt habe! Ich würde mit offnen Armen einen solchen Jungen aufnehmen.«

Die Frau drehte sich weg und sagte: »Du hast ihn bereits aufgenommen.«

Ich habe diese Geschichte erzählen hören in meinem Hotel im XVI. Arrondissement von jener Annette, die dort ihren Dienst genommen hatte, weil es ihr auf der alten Stelle nicht mehr geheuer war.

Der Ausflug der toten Mädchen

»Nein, von viel weiter her. Aus Europa.« Der Mann sah mich lächelnd an, als ob ich erwidert hätte: »Vom Mond.« Er war der Wirt der Pulqueria am Ausgang des Dorfes. Er trat vom Tisch zurück und fing an, reglos an die Hauswand gelehnt, mich zu betrachten, als suche er Spuren meiner phantastischen Herkunft.

Mir kam es plötzlich genauso phantastisch wie ihm vor, daß ich aus Europa nach Mexiko verschlagen war. – Das Dorf war festungsartig von Orgelkakteen umgeben wie von Palisaden. Ich konnte durch eine Ritze in die graubraunen Bergabfälle hineinsehen, die, kahl und wild wie ein Mondgebirge, durch ihren bloßen Anblick jeden Verdacht abwiesen, je etwas mit Leben zu tun gehabt zu haben. Zwei Pfefferbäume glühten am Rand einer völlig öden Schlucht. Auch diese Bäume schienen eher zu brennen als zu blühen. Der Wirt hatte sich auf den Boden gehockt, unter den riesigen Schatten seines Hutes. Er hatte aufgehört, mich zu betrachten, ihn lockten weder das Dorf noch die Berge, er starrte bewegungslos das einzige an, was ihm unermeßliche, unlösbare Rätsel aufgab: das vollkommene Nichts.

Ich lehnte mich gegen die Wand in den schmalen Schatten. Um Rettung genannt zu werden, dafür war die Zuflucht in diesem Land zu fragwürdig und zu ungewiß. Ich hatte Monate Krankheit gerade hinter mir, die mich hier erreicht hatte, obwohl mir die mannigfachen Gefahren des

Krieges nichts hatten anhaben können. Wie es bisweilen zu gehen pflegt, die Rettungsversuche der Freunde hatten die offensichtlichen Unglücke von mir gebannt und versteckte Unglücke beschworen. – Ich konnte, obwohl mir die Augen vor Hitze und Müdigkeit brannten, den Teil des Weges verfolgen, der aus dem Dorf in die Wildnis führte. Der Weg war so weiß, daß er in die Innenseiten der Augenlider geritzt schien, sobald ich die Augen schloß. Ich sah auch am Rand der Schlucht den Winkel der weißen Mauer, die mir bereits vom Dach meiner Herberge aus in dem großen, höher gelegenen Dorf, aus dem ich heruntergestiegen war, in den Augen gelegen hatte. Ich hatte sofort nach der Mauer und nach dem Rancho gefragt oder was es sonst war, mit seinem einzelnen, vom Nachthimmel gefallenen Licht, doch niemand hatte mir Auskunft geben können. Ich hatte mich auf den Weg gemacht. Trotz Schwäche und Müdigkeit, die mich schon hier zum Ausschnaufen zwangen, mußte ich selbst herausfinden, was es mit dem Haus auf sich hatte. Die müßige Neugierde war nur der Restbestand meiner alten Reiselust, ein Antrieb aus gewohnheitsmäßigem Zwang. Ich würde, sobald sie befriedigt war, sofort zu dem vorgeschriebenen Obdach zurücksteigen. Die Bank, auf der ich ausruhte, war bis jetzt der letzte Punkt meiner Reise, sogar der äußerste westliche Punkt, an den ich jemals auf Erden geraten war. Die Lust auf absonderliche, ausschweifende Unternehmungen, die mich früher einmal beunruhigt hatte, war längst gestillt, bis zum Überdruß. Es gab nur noch eine einzige Unternehmung, die mich anspornen konnte: die Heimfahrt.

Das Rancho lag, wie die Berge selbst, in flimmrigem Dunst, von dem ich nicht wußte, ob er aus Sonnenstaub bestand oder aus eigener Müdigkeit, die alles vernebelte, so daß die Nähe entwich und die Ferne sich klärte wie eine Fata Morgana. Ich stand auf, da mir meine Müdigkeit schon zuwider war, wodurch der Dunst vor meinen Augen ein wenig verrauchte.

Ich ging durch den Einschnitt in der Palisade aus Kakteen und dann um den Hund herum, der, wie ein Kadaver völlig reglos, mit Staub bedeckt, auf dem Weg schlief, mit abgestreckten Beinen. Es war kurz vor der Regenzeit. Die offenen Wurzeln kahler, verschlungener Bäume klammerten sich an den Abhang, im Begriff zu versteinern. Die weiße Mauer rückte näher. Die Wolke von Staub oder auch von Müdigkeit, die sich schon ein wenig gelichtet hatte, verdichtete sich, in den Bergeinschnitten nicht dunkel wie Wolken sonst, sondern glänzend und flimmrig. Ich hätte an mein Fieber geglaubt, wenn nicht ein leichter heißer Windstoß die Wolken wie Nebelfetzen nach anderen Abhängen verweht hätte.

Es schimmerte grün hinter der langen weißen Mauer. Wahrscheinlich gab es einen Brunnen oder einen abgeleiteten Bach, der das Rancho mehr bewässerte als das Dorf. Dabei sah es unbewohnt aus mit dem niedrigen Haus, das auf der Wegseite fensterlos war. Das einzelne Licht gestern abend hatte wahrscheinlich, wenn es keine Täuschung gewesen war, dem Hofhüter gehört. Das Gitterwerk war, längst überflüssig und morsch, aus dem Toreingang gebrochen. Doch gab es im Torbogen noch die Reste eines von unzähligen Regenzeiten verwaschenen Wappens. Die Reste des Wappens kamen mir bekannt vor, wie die steinernen Muschelhälften, in denen es ruhte. Ich trat in das leere Tor. Ich hörte jetzt inwendig zu meinem Erstaunen ein leichtes, regelmäßiges Knarren. Ich ging noch einen Schritt weiter. Ich konnte das Grün im Garten jetzt riechen, das immer frischer und üppiger wurde, je länger ich hineinsah. Das Knarren wurde bald deutlicher, und ich sah in dem Gebüsch, das immer dichter und saftiger wurde, ein gleichmäßiges Auf und Ab von einer Schaukel oder von einem

Wippbrett. Jetzt war meine Neugier wach, so daß ich durch das Tor lief, auf die Schaukel zu. Im selben Augenblick rief jemand: »Netty!«

Mit diesem Namen hatte mich seit der Schulzeit niemand mehr gerufen. Ich hatte gelernt, auf alle die guten und bösen Namen zu hören, mit denen mich Freunde und Feinde zu rufen pflegten, die Namen, die man mir in vielen Jahren in Straßen, Versammlungen, Festen, nächtlichen Zimmern, Polizeiverhören, Büchertiteln, Zeitungsberichten, Protokollen und Pässen beigelegt hatte. Ich hatte sogar, als ich krank und besinnungslos lag, manchmal auf jenen alten, frühen Namen gehofft, doch der Name blieb verloren, von dem ich in Selbsttäuschung glaubte, er könnte mich wieder gesund machen, jung, lustig, bereit zu dem alten Leben mit den alten Gefährten, das unwiederbringlich verloren war. Beim Klang meines alten Namens packte ich vor Bestürzung, obwohl man mich immer in der Klasse wegen dieser Bewegung verspottet hatte, mit beiden Fäusten nach meinen Zöpfen. Ich wunderte mich, daß ich die zwei dicken Zöpfe anpacken konnte: Man hatte sie also doch nicht im Krankenhaus abgeschnitten.

Der Baumstumpf, auf den die Wippschaukel genagelt war, schien auch zuerst in einer dicken Wolke zu stehen, doch teilte und klärte sich die Wolke sogleich in lauter Hagebuttenbüsche. Bald glänzten einzelne Butterblumen in dem Bodendunst, der aus der Erde durch das hohe und dichte Gras quoll, der Dunst verzog sich, bis Löwenzahn und Storchschnabel gesondert dastanden. Dazwischen gab es auch bräunlichrosa Büschel von Zittergras, das schon beim Hinsehen bebte.

Auf jedem Ende der Schaukel ritt ein Mädchen, meine zwei besten Schulfreundinnen. Leni stemmte sich kräftig mit ihren großen Füßen ab, die in eckigen Knopfschuhen steckten. Mir fiel ein, daß sie immer die Schuhe eines älteren Bruders erbte. Der Bruder war freilich schon im Herbst 1914 im ersten Weltkrieg gefallen. Ich wunderte mich zugleich, wieso man Lenis Gesicht gar keine Spur von den grimmigen Vorfällen anmerkte, die ihr Leben verdorben hatten. Ihr Gesicht war so glatt und blank wie ein frischer Apfel, und nicht der geringste Rest war darin, nicht die geringste Narbe von den Schlägen, die ihr die Gestapo bei der Verhaftung versetzt hatte, als sie sich weigerte, über ihren Mann auszusagen. Ihr dicker Mozartzopf stand beim Schaukeln stark vom Nacken ab. Sie hatte mit zusammengezogenen dichten Brauen in ihrem runden Gesicht den entschlossenen, etwas energischen Ausdruck, den sie von klein auf bei allen schwierigen Unternehmungen annahm. Ich kannte die Falte in ihrer Stirn, in ihrem sonst spiegelglatten und runden Apfelgesicht, von allen Gelegenheiten, von schwierigen Ballspielen und Wettschwimmen und Klassenaufsätzen und später auch bei erregten Versammlungen und beim Flugblätterverteilen. Ich hatte dieselbe Falte zwischen ihren Brauen zuletzt gesehen, als ich zu Hitlers Zeit, kurz vor der endgültigen Flucht, in meiner Vaterstadt meine Freunde zum letztenmal traf. Sie hatte sie früher auch in der Stirn gehabt, als ihr Mann zur vereinbarten Zeit nicht an den vereinbarten Ort kam, woraus sich ergab, daß er in der von den Nazis verbotenen Druckerei verhaftet worden war. Sie hatte auch sicher Brauen und Mund verzogen, als man sie gleich darauf selbst verhaftete. Die Falte in ihrer Stirn, die früher nur bei besonderen Gelegenheiten entstand, wurde zu einem ständigen Merkmal, als man sie im Frauenkonzentrationslager im zweiten Winter dieses Krieges langsam, aber sicher an Hunger zugrunde gehen ließ. Ich wunderte mich, wieso ich ihren Kopf, der durch das breite Band um den Mozartzopf beschattet war, bisweilen vergessen konnte, wo ich doch sicher war, daß sie selbst im Tod ihr Apfelgesicht mit der eingekerbten Stirn behalten hatte.

Auf der anderen Schaukelseite hockte Marianne, das hübscheste Mädchen der Klasse, die hohen dünnen Beine vor sich auf dem Brett verschränkt. Sie hatte die aschblonden Zöpfe in Kringeln über die Ohren gesteckt. In ihrem Gesicht, so edel und regelmäßig geschnitten wie die Gesichter der steinernen Mädchenfiguren aus dem Mittelalter im Dom von Marburg, war nichts zu sehen als Heiterkeit und Anmut. Man sah ihr ebensowenig wie einer Blume Zeichen von Herzlosigkeit an, von Verschulden oder Gewissenskälte. Ich selbst vergaß sofort alles, was ich über sie wußte, und freute mich ihres Anblicks. Durch ihren stracksen mageren Körper lief jedesmal ein Ruck, wenn sie, ohne sich abzustoßen, den Schwung der Schaukel verstärkte. Sie sah aus, als ob sie auch mühelos abfliegen könnte, die Nelke zwischen den Zähnen, mit ihrer festen kleinen Brust in dem grünleinenen, verwachsenen Kittel.

Ich erkannte die Stimme der ältlichen Lehrerin, Fräulein Mees, auf der Suche nach uns, dicht hinter der niedrigen Mauer, die den Schaukelhof von der Kaffeeterrasse abtrennte. »Leni! Marianne! Netty!« Ich packte nicht mehr vor Erstaunen meine Zöpfe. Die Lehrerin hatte mich ja mit den anderen zusammen bei gar keinem anderen Namen rufen können. Marianne zog die Beine von der Schaukel und stellte, sobald das Brett nach Lenis Seite abwärts wippte, ihre Füße fest auf, damit Leni bequem absteigen konnte. Dann legte sie einen Arm um Lenis Hals und zupfte ihr behutsam Halme aus dem Haar. Mir kam jetzt alles unmöglich vor, was man mir über die beiden erzählt und geschrieben hatte. Wenn Marianne so vorsichtig die Schaukel für Leni festhielt und ihr mit soviel Freundschaft und soviel Behutsamkeit die Halme aus dem Haar zupfte und sogar ihren Arm um Lenis Hals schlang, dann konnte sie sich unmöglich mit kalten Worten später schroff weigern, Leni einen Freundschaftsdienst zu tun. Sie konnte unmöglich die Antwort über die Lippen bringen, sie kümmere sich nicht um ein Mädchen, das irgendwann, irgendwo einmal zufällig in ihre Klasse gegangen sei. Ein jeder Pfennig, an Leni und deren Familie gewandt, sei herausgeworfen, ein Betrug am Staat. Die Gestapobeamten, die nacheinander beide Eltern verhaftet hatten, erklärten vor den Nachbarn, das schutzlos zurückgebliebene Kind der Leni gehöre sofort in ein nationalsozialistisches Erziehungsheim. Darauf fingen Nachbarsfrauen das Kind am Spielplatz ab und hielten es versteckt, damit es nach Berlin zu Verwandten des Vaters fahren könnte. Sie liefen, um Reisegeld zu leihen, zu Marianne, die sie früher manchmal Arm in Arm mit Leni erblickt hatten. Doch Marianne weigerte sich und fügte hinzu, ihr eigener Mann sei ein hoher Nazibeamter, und Leni samt ihrem Mann seien zu Recht arretiert, weil sie sich gegen Hitler vergangen hätten. Die Frauen fürchteten sich, sie würden noch selbst der Gestapo angezeigt.

Mir flog durch den Kopf, ob Lenis Töchterlein eine ähnlich eingekerbte Stirn gezeigt hatte wie ihre Mutter, als sie dann doch zur Zwangserziehung abgeholt wurde.

Jetzt zogen die beiden, Marianne und Leni, von denen eine ihres Kindes verlustig gegangen war durch das Verschulden der anderen, die Arme gegenseitig um die Hälse geschlungen, Schläfe an Schläfe gelehnt, aus dem Schaukelgärtchen. Ich wurde gerade ein wenig traurig, kam mir, wie es in der Schulzeit leicht geschah, ein wenig verbannt vor aus den gemeinsamen Spielen und herzlichen Freundschaften der anderen. Da blieben die beiden noch einmal stehen und nahmen mich in die Mitte.

Wir zogen wie drei Küken hinter der Ente, hinter Fräulein Mees her auf die Kaffeeterrasse. Fräulein Mees hinkte ein wenig, was sie, zusammen mit ihrem großen Hintern, einer Ente noch ähnlicher machte. Auf ihrem Busen, im

Blusenausschnitt, hing ein großes schwarzes Kreuz. Ich hätte ein Lächeln verbissen, wie Leni und Marianne, doch milderte sich die Belustigung über ihren komischen Anblick durch eine schwer damit zu vereinende Achtung: Sie hatte später das klobige schwarze Kreuz im Kleidausschnitt nie abgelegt. Sie war ganz freimütig furchtlos statt mit einem Hakenkreuz mit ebendiesem Kreuz nach dem verbotenen Gottesdienst der Bekenntniskirche umhergegangen.

Die Kaffeeterrasse am Rhein war mit Rosenstöcken bepflanzt. Sie schienen, mit den Mädchen verglichen, so regelrecht, so kerzengerade, so wohlbehütet wie Gartenblumen neben Feldblumen. Durch den Geruch von Wasser und Garten drang verlockend Kaffeegeruch. Von den mit rot-weiß karierten Tüchern gedeckten Tischen vor dem langgestreckten niedrigen Gasthaus tönte das Gesumm junger Stimmen wie ein Bienenschwarm. Mich zog es zuerst dichter ans Ufer, damit ich die unbegrenzte sonnige Weite des Landes in mich einatmen konnte. Ich riß die zwei anderen, Leni und Marianne, zum Gartenzaun, wo wir in den Fluß sahen, der graublau und flimmrig an der Wirtschaft vorbeiströmte. Die Dörfer und Hügel auf dem gegenüberliegenden Ufer mit ihren Äckern und Wäldern spiegelten sich in einem Netz von Sonnenkringeln. Je mehr und je länger ich um mich sah, desto freier konnte ich atmen, desto rascher füllte sich mein Herz mit Heiterkeit. Denn fast unmerklich verflüchtigte sich der schwere Druck von Trübsinn, der auf jedem Atemzug gelegen hatte. Bei dem bloßen Anblick des weichen, hügeligen Landes gedieh die Lebensfreude und Heiterkeit statt der Schwermut aus dem Blut selbst, wie ein bestimmtes Korn aus einer bestimmten Luft und Erde.

Ein holländischer Dampfer mit einer Kette von acht Schleppkähnen fuhr durch die im Wasser widergespiegelten

Hügel. Sie fuhren Holz. Die Schiffersfrau, umtanzt von ihrem Hündchen, kehrte gerade das Verdeck. Wir Mädchen warteten, bis im Rhein die weiße Spur hinter dem Zug aus Holzschleppern verschwunden war und nichts mehr im Wasser zu sehen als der Abglanz des gegenüberliegenden Ufers, der mit dem Abglanz unseres diesseitigen Gartens zusammenstieß. Wir machten kehrt zu den Kaffeetischen, voran unser wackliges Fräulein Mees, die mir gar nicht mehr drollig vorkam, mit ihrem ebenfalls wackligen Brustkreuz, das für mich auf einmal bedeutsam und unumstößlich geworden war und feierlich wie ein Wahrzeichen.

Vielleicht gab es unter den Schulmädchen auch mürrische und schmierige: In ihren bunten Sommerkleidern, mit ihren hüpfenden Zöpfen und lustigen Kringeln sahen sie alle frisch und festlich aus. Weil die meisten Plätze besetzt waren, teilten sich Marianne und Leni Stuhl und Kaffeetasse. Eine kleine stupsnäsige Nora, mit dünnem Stimmchen, mit zwei um den Kopf gewundenen Zöpfen, in kariertem Kleidchen, schenkte selbstbewußt Kaffee ein und teilte Zucker aus, als sei sie selbst die Wirtin. Marianne, die sonst ihre ehemaligen Mitschülerinnen zu vergessen pflegte, erinnerte sich noch deutlich dieses Ausflugs, als Nora, die Leiterin der Nationalsozialistischen Frauenschaft geworden war, sie dort als Volksgenossin und ehemalige Schulkameradin begrüßte.

Die blaue Wolke von Dunst, die aus dem Rhein kam oder immer noch aus meinen übermüdeten Augen, vernebelte über allen Mädchentischen, so daß ich die einzelnen Gesichter von Nora und Leni und Marianne und wie sie sonst hießen, nicht mehr deutlich unterschied, wie sich keine einzelne Dolde mehr abhebt in einem Gewirr wilder Blumen. Ich hörte eine Weile das Gestreite, wo die jüngere Lehrerin, Fräulein Sichel, die gerade aus dem Gasthaus trat, sich am besten setzen könnte. Die Dunstwolke verschwebte von meinen Augen, so daß ich Fräulein Sichel genau erkannte, die frisch und hell gekleidet einherkam wie ihre Schülerinnen.

Sie setzte sich dicht neben mich, die hurtige Nora schenkte ihr, der Lieblingslehrerin, Kaffee ein: In ihrer Gefälligkeit und Bereitschaft hatte sie Fräulein Sichels Platz sogar geschwind mit ein paar Jasminzweigen umwunden.

Das hätte die Nora sicher, wäre ihr Gedächtnis nicht ebenso dünn gewesen wie ihre Stimme, später bereut, als Leiterin der Nationalsozialistischen Frauenschaft unserer Stadt. Jetzt sah sie mit Stolz und beinahe sogar mit Verliebtheit zu, wie Fräulein Sichel einen von diesen Jasminzweigen in das Knopfloch ihrer Jacke steckte. Im ersten Weltkrieg würde sie sich noch immer freuen, daß sie in einer Abteilung des Frauendienstes, der durchfahrende Soldaten tränkte und speiste, die gleiche Dienstzeit wie Fräulein Sichel hatte. Doch später sollte sie dieselbe Lehrerin, die dann schon greisenhaft zittrig geworden war, mit groben Worten von einer Bank am Rhein herunterjagen, weil sie auf einer judenfreien Bank sitzen wollte. Mich selbst durchfuhr plötzlich, da ich dicht neben ihr saß, wie ein schweres Versäumnis in meinem Gedächtnis, als ob ich die höhere Pflicht hätte, mir auch die winzigsten Einzelheiten für immer zu merken, daß das Haar von Fräulein Sichel keineswegs von jeher schneeweiß war, wie ich es in Erinnerung hatte, sondern in der Zeit unseres Schulausfluges duftig braun, bis auf ein paar weiße Strähnen an ihren Schläfen. Es waren ihrer jetzt noch so wenig weiße, daß man sie zählen konnte, doch mich bestürzten sie, als sei ich zum erstenmal heute und hier auf eine Spur des Alters gestoßen. Alle übrigen Mädchen an unserem Tisch freuten sich mit Nora über die Nähe der jungen Lehrerin, ohne zu ahnen, daß sie später das Fräulein Sichel bespukken und Judensau verhöhnen würden.

Die älteste von uns allen, Lore – sie trug Rock und Bluse und rötliches onduliertes Haar und hatte schon längst echte Liebschaften –, war inzwischen von einem Tisch zum anderen gegangen, um selbstgebackenen Kuchen zu verteilen. In diesem Mädchen wohnten allerlei kostbare häusliche Begabungen zusammen, die sich teils auf die Liebes-, teils auf die Kochkunst bezogen. Die Lore war immerzu überaus lustig und gefällig und zu drolligen Witzen und Streichen aufgelegt. Ihr ungewöhnlich frühzeitig begonnener, von den Lehrerinnen streng gerügter leichtfertiger Lebenswandel führte zu keiner Heirat und sogar zu keiner ernsthaften Liebesbeziehung, so daß sie, als die meisten längst würdige Mütter waren, noch immer wie heute aussah, als Mitschülerin, kurzröckig, mit großem, rotem, genäschigem Mund. Wie konnte es da mit ihr so ein finsteres Ende nehmen. Freiwilliges Sterben durch eine Röhre Schlafpulver. Ein verärgerter Naziliebhaber hatte sie, da ihre Untreue Rassenschande hieß, mit Konzentrationslager bedroht. Er hatte lange umsonst gelauert, sie endlich mit dem gesetzlich verbotenen Freund zu überraschen. Doch trotz seiner Eifersucht und Strafgier war ihm der Nachweis erst gelungen, als kurz vor diesem Krieg bei einer Fliegeralarmprobe der Luftwart alle Einwohner aus Zimmern und Betten in den Keller zwang, auch die Lore mit dem verfemten Liebsten.

Sie schenkte nun heimlich, was uns aber doch nicht entging, ein übriggebliebenes Zimtsternchen der ebenfalls auffällig hübschen, pfiffigen, mit zahllosen natürlichen Löckchen geputzten Ida. Sie war ihr in der Klasse die einzige Freundin, da Lore sonst wegen ihrer Belustigungen ziemlich schief angesehen wurde. Wir munkelten viel über die fidelen Verabredungen von Ida und Lore, auch über ihre gemeinsamen Besuche der Schwimmanstalten, wo sie gelenkige Gefährten zum Freischwimmen trafen. Ich weiß nur nicht, warum Ida, die heimlich das Zimtsternchen nagte, nie von der Feme der Mütter und Töchter getroffen wurde, vielleicht, weil sie eine Lehrerstochter war und Lore eine Friseurstochter. Ida machte beizeiten Schluß mit dem lokkeren Leben, aber es kam auch bei ihr nicht zur Heirat, weil ihr Bräutigam vor Verdun fiel. Dieses Herzeleid trieb sie zur Krankenpflege, damit sie wenigstens den Verwundeten nützlich werden könnte. Da sie ihren Beruf mit dem Friedensschluß 1918 nicht aufgeben wollte, trat sie bei den Diakonissinnen ein. Ihre Lieblichkeit war schon ein wenig verwelkt, ihre Löckchen waren schon ein wenig grau, wie mit Asche bestreut, als sie Funktionärin bei den nationalsozialistischen Krankenschwestern wurde, und wenn sie auch in dem jetzigen Krieg keinen Bräutigam hatte, ihr Wunsch nach Rache, ihre Erbitterung waren immer noch wach. Sie prägte den jüngeren Pflegerinnen die staatlichen Anweisungen ein, die zur Vermeidung von Gesprächen und falschen Mitleidsdiensten bei der Pflege Kriegsgefangener mahnten. Doch ihre Anweisung, den frisch gekommenen Mull ausschließlich für Landsleute zu verwenden, nützte gar nichts. Denn an dem Ort ihrer neuen Tätigkeit, in das Spital weit hinter der Front, schlug eine Bombe ein, die Freunde und Feinde zerknallte und natürlich auch ihren Lockenkopf, über den jetzt noch einmal Lore fuhr mit fünf manikürten Fingern, wie nur sie allein in der Klasse welche hatte.

Gleichzeitig schlug Fräulein Mees mit dem Löffel an die Kaffeetasse und befahl uns, unseren Geldbeitrag zum Kaffee in den Zwiebelmusterteller zu werfen, den sie gerade mit ihrer Lieblingsschülerin um die Tische herumschickte. Genauso flink und beherzt hatte sie später für die von den Nazis verpönte Bekenntniskirche gesammelt, wo sie, an solche Ämter gewöhnt, zuletzt Kassiererin geworden war. Kein ungefährliches Amt, aber sie hatte ebenso frisch und natürlich das Scherflein gesammelt. Die Lieblingsschülerin

Gerda klapperte heute lustig mit dem Sammelteller und trug ihn dann zur Wirtin. Gerda war, ohne schön zu sein, einnehmend und gewandt, mit einem stutenartigen Schädel, mit grobem, zottigem Haar, starken Zähnen und schönen braunen, ebenfalls pferdeartigen, treuen und sanft gewölbten Augen. Sie jagte gleich darauf von der Wirtin zurück – auch darin glich sie einem Pferdchen, daß sie immer im Galopp war –, um die Erlaubnis zu erbitten, sich von der Klasse zu sondern und das nächste Schiff benutzen zu dürfen. Sie hatte im Gasthaus erfahren, daß das Kind der Besitzerin schwer erkrankt war. Da zu seiner Pflege sonst niemand da war, wollte Gerda die Kranke besorgen. Fräulein Mees beschwichtigte alle Einwände von Fräulein Sichel, und Gerda galoppierte zu ihrer Krankenpflege wie zu einem Fest. Sie war zur Krankenpflege und Menschenliebe geboren, zum Beruf einer Lehrerin in einem aus dem Bestand der Welt fast verschwundenen Sinn, als sei sie auserlesen, überall Kinder zu suchen, denen sie vonnöten war, und sie entdeckte auch immer und überall Hilfsbedürftige. Wenn auch ihr Leben zuletzt unbeachtet und sinnlos endete, so war darin doch nichts verloren, nicht die bescheidenste ihrer Hilfeleistungen. Ihr Leben selbst war leichter vertilgbar als die Spuren ihres Lebens, die im Gedächtnis von vielen sind, denen sie einmal zufällig geholfen hat. Wer aber war denn zur Stelle, ihr selbst zu helfen, als ihr eigener Mann, gegen ihr Verbot und gegen ihre Drohung, die Hakenkreuzfahne, wie es der neue Staat befahl, zum Ersten Mai heraushängte, weil man ihm sonst die Stelle gekündigt hätte? Niemand war da, um sie rechtzeitig zu beruhigen, als sie, vom Markt heimlaufend, die schauerlich geflaggte Wohnung erblickte, voll Scham und Verzweiflung hinaufstürzte und den Gashahn aufdrehte. Niemand stand ihr bei. Sie blieb in dieser Stunde hoffnungslos allein, wie vielen sie selbst auch beigestanden hatte.

Ein Dampfer tutete vom Rhein her. Wir reckten unsere Köpfe. Auf seinem weißen Rumpf stand in goldener Schrift »Remagen«. Obwohl er weitab trieb, konnte ich den Namen mit meinen kranken Augen glatt entziffern. Ich sah das Rauchgekräusel überm Schornstein und die Luken der Kajüte. Ich verfolgte die Fahrbahn des Dampfers, die sich in einem fort glättete und in einem fort neu entstand. Meine Augen hatten sich inzwischen in der gewohnten vertrauten Welt eingewöhnt, ich sah alles noch schärfer als bei der Durchfahrt des holländischen Schleppers. Es haftete diesem Dampferchen »Remagen« auf dem breiten stillen Strom, Dörfer streifend und Hügelketten und Wolkenzüge, eine durch nichts verlorene, durch nichts verlierbare Klarheit an, die durch nichts auf der Welt zu trüben war. Ich hatte auch bereits selbst auf dem Deck des Dampfers und in den Bullaugen die bekannten Gesichter festgestellt, die die Mädchen jetzt laut ausriefen: »Lehrer Schenk! Lehrer Reiß! Otto Helmholz! Eugen Lütgens! Fritz Müller!«

Alle Mädchen riefen miteinander: »Das ist das Realgymnasium! Das ist die Unterprima!« Ob diese Klasse, die wie wir ihren Ausflug machte, hier bei der nächsten Dampferstation halten würde? Fräulein Sichel und Fräulein Mees befahlen nach kurzer Beratung uns Mädchen das Aufstellen in Viererreihen, da sie auf jeden Fall das Zusammentreffen der beiden Klassen vermeiden wollten. Marianne, deren Zöpfe sich bei der Schaukelfahrt aufgelöst hatten, begann ihre Schnecken über den Ohren frisch aufzustekken, denn ihre Freundin Leni, mit der sie seit der gemeinsamen Schaukelei den Stuhl geteilt hatte, stellte mit besseren Augen fest, Otto Fresenius sei auch an Bord, Mariannes liebster Werber und Tänzer. Leni flüsterte ihr überdies zu: »Sie steigen hier aus; er zeigt mit der Hand.«

Fresenius, ein dunkelblonder schlaksiger Junge von siebzehn Jahren, der schon längst hartnäckig vom Schiff herwinkte, wäre auch zu uns herübergeschwommen, um mit seinem Mädchen vereint zu sein. Marianne hing den Arm fest um Lenis Hals, ihr war die Freundin, an die sie sich später überhaupt nicht mehr erinnern wollte, als man um ihre Hilfe bat, wie eine echte Schwester, in Freud und Not der Liebe eine gute Betreuerin, die gewissenhaft Briefe und heimliche Zusammentreffen vermittelte. Marianne, die immer ein schönes gesundes Mädchen war, wurde durch die bloße Nähe des Freundes ein solches Wunder an Zartheit und Anmut, daß sie wie ein sagenhaftes Kind von allen Schulmädchen abstach. Otto Fresenius hatte bereits daheim seiner Mutter, mit der er Geheimnisse teilte, seine Zuneigung verraten. Da die Mutter sich selbst an der glücklichen Wahl freute, meinte sie, daß einmal später, wenn man gebührend wartete, nichts einer Ehe im Wege stünde. Zum Verlobungsfest kam es dann auch, aber zur Hochzeit nie, denn der Bräutigam fiel ja schon 1914 in einem Studentenbataillon in den Argonnen.

Der Dampfer »Remagen« machte jetzt eine Drehung zum Landungssteg. Unsere zwei Lehrerinnen, die zur Heimfahrt der Mädchen das Schiff aus entgegengesetzter Richtung abwarten mußten, begannen sofort, uns abzuzählen. Leni und Marianne sahen gespannt dem Dampfer entgegen. Leni drehte so neugierig ihren Kopf, als ob sie ahne, daß auch ihre eigene Zukunft, der Ablauf ihres eigenen Schicksals, von der Vereinigung oder Trennung des Liebespaares abhänge. Wär es allein nach Leni gegangen statt nach Kaiser Wilhelms Mobilmachung und später nach den französischen Scharfschützen, die beiden wären sicher ein Paar geworden. Sie fühlte genau, wie gut die zwei jungen Leute an Herz und Körper zusammenpaßten. Dann hätte sich Marianne auch später nie geweigert, für Lenis Kind zu sorgen. Otto Fresenius hätte vielleicht schon vorher Mittel gefunden, der Leni zur Flucht zu verhelfen. Er hätte wahrscheinlich dem zarten schönen Gesicht seiner Frau Marianne nach und nach einen solchen Zug von Rechtlichkeit, von gemeinsam geachteter Menschenwürde eingeprägt, der sie dann verhindert hätte, ihre Schulfreundin zu verleugnen.

Jetzt kam Otto Fresenius, dem ein Geschoß im ersten Weltkrieg den Bauch zerreißen sollte, von seiner Liebe angespornt, als erster über den Landungssteg auf den Wirtsgarten zu. Marianne, die eine Hand nie von Lenis Schulter wegzog, gab ihm ihre freie Hand und überließ sie ihm. Nicht nur der Leni und mir, uns Kindern allen war es klar, daß diese zwei ein Liebespaar waren. Sie gaben uns zum erstenmal, nicht geträumt, nicht gelesen aus Dichtungen oder Märchen oder aus klassischen Dramen, sondern echt und wirklich, den richtigen Begriff eines Liebespaares, wie es die Natur selbst geplant und zusammengefügt hat.

Einen Finger noch immer in seinen gehängt, zeigte Mariannes Gesicht einen Ausdruck völliger Ergebenheit, der jetzt zum Ausdruck ewiger Treue wurde zu dem hohen, mageren, dunkelblonden Jungen, um den sie auch, wenn ihr Feldpostbrief mit dem Stempel »Gefallen« zurückkommt, wie eine Witwe in Schwarz trauern wird. In diesen schweren Tagen, in denen Marianne, die ich doch früher das Leben anbeten sah mit seinen großen und kleinen Freuden, ob es um ihre Liebe ging oder um die Wippschaukel, am Leben schlechthin verzweifelte, würde die Freundin Leni, um die sie jetzt ihren Arm gelegt hielt, die Bekanntschaft des Urlaubers Fritz machen, aus einer Eisenbahnerfamilie unserer Stadt. Während Marianne lange Zeit von einer schwarzen Wolke umhüllt war, in verzweifelter Anmut, in tieftrauriger Lieblichkeit, war Leni der reifste, rosigste Apfel. Die beiden Freundinnen waren dadurch eine Zeitlang auf die gewöhnliche menschliche Weise entfremdet, mit der Leid und Glück entfremdet sind. Nach dem Ablauf der Trauerzeit würde sich Marianne nach verschiedenen Treffen in Kaffeewirtschaften am Rheinufer, mit ineinandergehakten Fingern wie jetzt und dem gleichen Ausdruck ewiger Treue wie jetzt auf dem länglichen sanften Gesicht, eine neue Verbindung mit einem gewissen Gustav Liebig wählen, der den ersten Weltkrieg heil überstanden hatte und der später in unserer Stadt SS-Sturmbannführer werden sollte. Das wäre Otto Fresenius, selbst wenn er gesund aus dem Krieg gekommen wäre, nie geworden, weder SS-Sturmbannführer noch Vertrauensmann der Gauleitung. Die Spur von Gerechtigkeit und Rechtlichkeit, die seinen Zügen schon jetzt im Knabengesicht unverkennbar innewohnte, machte ihn untauglich für eine solche Laufbahn und solchen Beruf. Leni war nur beruhigt, als sie erfuhr, daß ihre Klassengefährtin, an der sie damals noch hing wie an einer Schwester, sich in ein frisches, neue Freuden versprechendes Schicksal gefunden hatte. Sie war genau wie jetzt viel zu töricht, um zu ahnen, daß die Schicksale der Knaben und Mädchen zusammen das Schicksal der Heimat, das Schicksal des Volkes ausmachen, daß darum über kurz oder lang das Leid oder Glück ihrer Klassenfreundin sie selbst beschatten oder besonnen könnte. Mir entging jetzt genausowenig wie Leni das lautlose, unaustilgbare Gelöbnis im Gesicht Mariannes, das leicht, wie zufällig, an den Arm des Freundes gelehnt war, die Bürgschaft unzerstörbarer Zusammengehörigkeit. Leni atmete tief auf, als sei es für sie ein besonderes Glück, Zeuge solcher Liebe zu sein. Ehe sie, Leni und ihr Mann, von der Gestapo verhaftet sein würden, sollte Marianne von ihrem neuen Mann Liebig, dem sie auch ewige Treue gelobt hatte, so viel verächtliche Worte über den Mann ihrer Schulfreundin hören, daß ihr selbst bald die Freundschaft mit einem für so verächtlich gehaltenen Mädchen entglitt. Lenis Mann hatte sich mit allen Mitteln gesträubt, in die SA oder SS einzutreten. Mariannes Mann, der stolz auf Rang und Ordnung war, wäre dort in der SS sein Vorgesetzter geworden. Wie er merkte, daß Lenis Mann den von ihm für so ehrenvoll gehaltenen Eintritt verschmähte, machte er die Behörden der kleinen Stadt auf den nachlässigen Untertan aufmerksam.

Nach und nach war die ganze Knabenklasse mit ihren zwei Lehrern gelandet. Ein gewisser Herr Neeb, ein junger Lehrer mit blondem Schnurrbärtchen, ließ nach einer Verbeugung gegen die beiden Lehrerinnen seinen scharfen Blick über uns Mädchen gehen, wobei er feststellte, daß Gerda, die er unwillkürlich suchte, nicht dabei war. Gerda pflegte und wusch noch immer im Gasthaus das kranke Kind der Wirtin, ahnte nichts von dem Knabenzustrom draußen im Garten, auch nicht, daß sie der Lehrer Neeb bereits vermißte, dem sie schon bei anderen Gelegenheiten durch ihre braunen Augen und durch ihre Hilfsbereitschaft aufgefallen war. Erst nach 1918, nach dem Abschluß des ersten Weltkrieges, als die Gerda schon selbst Lehrerin war und schon beide die Schulverbesserungen der Weimarer Republik unterstützten, sollten sie sich endgültig in dem jüngst gegründeten »Bund entschiedener Schulreformer« treffen. Aber die Gerda blieb den alten Zielen und Wünschen treuer als er. Nachdem er endlich mit dem Mädchen verheiratet war, das er wegen ihrer Gesinnung gewählt hatte, achtete er bald ein Zusammenleben in Frieden und Wohlstand höher als die gemeinsame Gesinnung. Deshalb hing er auch die Hakenkreuzfahne aus seinem Wohnzimmerfenster, denn das Gesetz bedrohte ihn im Unterlassungsfall, seine Stellung und dadurch das Brot für seine Familie zu verlieren.

Nicht nur mir war Neebs Enttäuschung aufgefallen, weil er in unserer Schar das Mädchen Gerda nicht sah, die er später so sicher finden und zu der Seinen machen sollte, daß er dadurch ihren Tod mitverschuldete. Else war, glaube ich, die Jüngste von uns allen, ein dickzöpfiges rundes Mädchen mit einem runden, kirschenroten Mund. Sie äußerte scheinbar beiläufig, gleichmütig, daß noch eine von uns, Gerda, im Gasthaus geblieben sei, um ein erkranktes Kind zu versorgen. Else, die ich und alle bald vergaßen in ihrer Kleinheit und Unauffälligkeit, wie man eben an irgendeinem Strauch eine bestimmte dicke Knospe vergißt, hatte noch gar keine eigenen Liebesgeschichten, liebte es aber, die der anderen ausfindig zu machen und darin herumzustöbern. Jetzt belehrte sie das Aufglänzen in den Augen des Herrn Neeb, daß sie richtig geraten hatte, sie fügte scheinbar zufällig hinzu: »Das Krankenzimmer ist gleich hinter der Küche.« Während die Else solchermaßen ihre Schlauheit erprobte, und sie konnte mit ihren glitzernden Kinderaugen Neebs Gedanken viel besser entziffern als mit erwachsenen, durch Erfahrung getrübten Augen, sollte ihre eigene Liebe noch lange auf sich warten lassen. Denn ihr künftiger Mann, der Schreiner Ebi, ging erst noch in den Krieg. Er hatte schon damals Spitzbärtchen und Bäuchlein und war viel älter als sie. Als er die immer noch runde und stupsnäsige Else nach dem damaligen Friedensschluß zur Schreinermeisterin machte, kam es ihm im Geschäft gelegen, daß sie inzwischen Buchhaltung auf der Handelsschule gelernt hatte. Beiden war die Schreinerei wichtig und ihre drei Kinder. Der Schreiner pflegte später zu sagen, für ihn laufe sein Handwerk gleich, ob in Darmstadt, der Provinzialhauptstadt, großherzogliche oder sozialdemokratische Ministerräte säßen. Auch Hitlers Macht und den Ausbruch des neuen Krieges sah er wie eine Art böses Naturereignis an, wie ein Gewitter oder wie einen Schneesturm. Er war damals schon ziemlich gealtert. Auch in Elses buschigen Zöpfen gab es manche graue Strähnen. Seine Meinung zu ändern fand er wohl auch keine Zeit, als bei dem englischen Fliegerangriff auf Mainz innerhalb fünf Minuten seine Frau Else, er selbst, seine Kinder und seine Gesellen das Leben verließen, mit seinem Haus und seiner Werkstatt in Staub und Fetzen verwandelt.

Während die Else, fest und rund wie ein Knödelchen, durch nichts anderes zu zersplittern als durch eine Bombe, in ihre Mädchenreihe hineinsprang, nahm Marianne ihren Platz in der äußersten Ecke der hintersten Reihe ein, wo Otto noch immer neben ihr stehen konnte, ihre Hand in seiner. Sie sahen über den Zaun weg ins Wasser, wo sich ihre Schatten mit den Spiegelbildern der Berge und Wolken vermischten und der weißen Mauer der Ausflugswirtschaft. Sie sprachen nichts miteinander, sie waren sich völlig gewiß, daß nichts sie trennen konnte, keine Viererreihen und keine Dampferabfahrt, nicht einmal später der gemeinsame Tod im geruhsamen Alter in einer Schar gemeinsam gezeugter und aufgezogener Kinder.

Der ältere Lehrer der Knabenklasse – er schlürfte dahin und räusperte sich, er hieß bei den Buben der »Greis« – kam über den Landungssteg in den Garten, von seinen Knaben umgeben. Sie setzten sich flink und gierig an den Tisch, den wir Mädchen eben verlassen hatten, und die Wirtin, die froh war, daß ihr krankes Kind noch immer von Gerda betreut wurde, brachte ihr frisches, blau-weißes Zwiebelmustergeschirr. Der Knabenklassenchef, Lehrer Reiß, fing seinen Kaffee zu schlecken an. Es klang, als schlürfe ein bärtiger Riese.

Umgekehrt wie es sonst geschieht, erlebte der Lehrer das Absterben seiner jungen Schüler im folgenden und im jetzigen Krieg, in schwarzweißroten und in Hakenkreuzregimentern. Er aber überlebte alles unbeschadet. Denn er wurde allmählich zu alt, nicht bloß für Kämpfe, sondern auch für auslegbare Äußerungen, die ihn hätten in Haft und Konzentrationslager bringen können.

Während die teils gesitteten, teils strolchigen Buben, die um den »Greis« herumbummelten, den Kobolden aus der Sage glichen, war der Mädchenschwarm drunten im Garten piepsig und elfig. Bei unserer Abzählung hatte man festgestellt, daß ein paar Mädchen fehlten. Lore saß in der Knabenklasse, denn sie blieb immer so lange wie möglich, heute sowohl wie ihr ganzes, übrigens durch Nazieifersucht schlecht beendetes Leben, in männlicher Gesellschaft. Neben ihr kicherte eine gewisse Elli, die ihren Tanzstundenfreund plötzlich entdeckt hatte, Walter, ein pausbäckiges Knäblein. Jetzt waren die zu seinem Kummer noch kurzen Höschen zu stramm über seinem festen Hintern, später würde er, ein zwar schon ältlicher, aber noch äußerst ansehnlicher SS-Mann, als Transportleiter Lenis verhafteten Mann für immer fortbringen. Leni stellte sich weiter sorgfältig schräg, damit Marianne die letzten Worte mit ihrem Liebsten wechseln konnte, ohne daß sie nur ahnen konnte, von wieviel künftigen Feindschaften sie hier im Garten umgeben war. Ida, die künftige Diakonissin, trottete pfeifend mit drolligen Tanzschritten zu uns herunter: die runden Kulleraugen der kleinen Burschen und die schrägen, behaglichen des alten Kaffeeschlürfers von Lehrer lagen erfreut auf ihrem Lockenkopf, um den ein Samtband gedreht war. Einmal im russischen Winter 1943, wenn ihr Spital unerwartet unter dem Bombardement liegt, wird sie genauso klar wie ich jetzt an das Samtbändchen in ihrem Haar denken und an das weiße, sonnige Wirtshaus und den Garten am Rhein und an die ankommenden Knaben und die abfahrenden Mädchen.

Marianne hatte die Hand ihres Otto Fresenius losgelassen. Sie hatte auch ihren Arm nicht mehr auf Lenis Schulter, sie stand in ihrer Mädchenreihe allein und verlassen im Nachdenken der Liebe. Trotz dieser irdischsten aller Gesinnungen stach sie jetzt von den anderen Mädchen durch eine beinahe überirdische Schönheit ab. Otto Fresenius kehrte zu dem Knabentisch zurück, Seite an Seite mit dem jungen Lehrer Neeb. Der betrug sich ohne Spott und Fragen wie ein guter Kamerad, weil er ja in derselben Klasse ein Mädchen suchte und weil er auch bei den Allerjüngsten Liebesunternehmungen achtete. Da diesen Jungen, den Otto, soviel rascher als den älteren Lehrer der Tod von seiner Liebsten reißen würde, blieb ihm im kurzen Leben Treue für immer gewährt und alles Böse erspart, alle Versuchungen, alle Gemeinheit und Schande, denen der ältere Mann zum Opfer fiel, als er für sich und Gerda eine staatlich bezahlte Stelle retten wollte.

Fräulein Mees, mit dem mächtigen, unzerstörbaren Kreuz auf dem Busen, bewachte sorgfältig uns Mädchen, damit keines vor der Ankunft eines Dampfers zu ihrem Tanzstundenfreund durchbrannte. Fräulein Sichel war auf die Suche nach einer gewissen Sophie Meier gegangen, fand sie auch schließlich auf der Wippschaukel mit einem Jungen, Herbert Becker, zusammen, der genau wie sie selbst schmächtig und bebrillt war, so daß sie eher Geschwistern glichen als einem Liebespaar. Herbert Becker jagte beim Anblick der Lehrerin davon. Ich sah ihn noch oft durch unsere Stadt jagen, grinsend und Grimassen schneidend. Er hatte noch immer das gleiche bebrillte, pfiffige Bubengesicht, als ich ihn vor wenigen Jahren in Frankreich wiedertraf, da er gerade aus dem spanischen Bürgerkrieg kam. Sophie wurde von Fräulein Sichel wegen ihrer Rumtreiberei ausgescholten, so daß sie ihre von Tränen feucht gewordene Brille putzen mußte. Nicht nur das Haar der Lehrerin, in dem ich auch jetzt wieder verwundert ein Gemisch grauer Strähnen feststellte, auch das Haar der Schülerin Sophie, jetzt noch so schwarz wie Ebenholz, wie das Haar Schneewittchens, sollte über und über weiß sein, als sie zusammen im vollgepferchten plombierten Waggon von den Nazis nach Polen deportiert wurden. Sophie war sogar völlig verhutzelt und veraltert, als sie in den Armen von Fräulein Sichel wie eine gleichaltrige Schwester überraschend abstarb.

Wir trösteten Sophie und putzten ihre Brillengläser, als Fräulein Mees in die Hände klatschte zum Abzug an die Dampferstation. Wir schämten uns, weil die Knabenklasse beobachtete, wie man uns aufmarschieren ließ, und weil sich alle über den schiefen wackligen Entengang unserer Lehrerin belustigten. Nur bei mir milderte sich der Spott durch die Achtung vor ihrer immer gleichgebliebenen Haltung, der auch die Vorladung vor das von Hitler in Szene gesetzte Volksgericht mit Androhung von Gefängnis nichts anhaben konnte. Wir warteten alle zusammen auf dem Landungssteg, bis unser Dampfer sein Seil auswarf. Mir erschien das Auffangen des Seiles durch den Bootsmann, das Winden des Seiles um den Pflock, das Aufstellen der Schiffsbrücke ungemein behende, der Willkomm einer neuen Welt, die Bürgschaft unserer Wasserfahrt, so daß alle Reisen über unendliche Meere von einem Kontinent zum anderen verblaßten und abenteuerlich wurden wie Kinderträume. Sie waren bei weitem nicht so erregend, so wirklichkeitstreu im Geruch von Holz und Wasser, im leichten Geschwank der Schiffsbrücke, im Knirschen der Seile wie der Antritt der zwanzig Minuten langen Rheinfahrt nach meiner Vaterstadt.

Ich sprang aufs Verdeck, um nahe am Steuerrad zu sitzen. Das Schiffsglöckchen läutete, das Seil wurde eingeholt, der Dampfer drehte. Sein weißer glitzernder Bogen von Schaum grub sich in den Fluß ein. Mir fielen alle weißen Schaumritzen ein, die alle möglichen Schiffe unter allen möglichen Breitengraden in die Meere gefurcht hatten. Die Flüchtigkeit und die Unverrückbarkeit einer Fahrt, die Bodenlosigkeit und die Erreichbarkeit des Wassers hatten sich mir nie mehr so stark einprägen können. Da stellte sich plötzlich Fräulein Sichel vor mich. Sie sah in der Sonne sehr jung aus in ihrem getupften Kleid mit ihrer festen kleinen Brust. Sie sagte zu mir mit blanken grauen Augen, weil ich gern fahre und weil ich gern Aufsätze schreibe, sollte ich für die nächste Deutschstunde eine Beschreibung des Schulausfluges machen.

Alle Mädchen der Schulklasse, die das Verdeck der Kajüte vorzogen, kamen um mich herum herauf auf die Bänke gestürzt. Aus dem Garten winkten und pfiffen die Knaben. Lore pfiff schrill zurück, sie wurde dafür heftig von Fräulein Mees ausgescholten, derweil die drüben im selben Takt fortfuhren zu pfeifen, Marianne beugte sich weit über das Geländer und ließ den Otto nicht aus den Augen, als könne schon diese Trennung für immer sein wie später die im Krieg 1914. Als sie ihren Freund nicht mehr erkennen konnte, legte sie einen Arm um mich und einen um Leni. Ich spürte zugleich mit der Zärtlichkeit ihres mageren bloßen Armes den Aufglanz der Sonne auf meinem Nacken. Ich sah jetzt auch zu Otto Fresenius zurück, der immer noch seinem Mädchen nachstarrte, als könnte er sie im Auge behalten und, da sie jetzt ihren Kopf an Leni lehnte, für immer an unverbrüchliche Freundschaft erinnern.

Wir drei sahen eng umarmt stromaufwärts. Die schräge Nachmittagssonne auf den Hügeln und Weinbergen plusterte da und dort die weißen und rosa Obstblütenbäume. Im späten Sonnenschein glänzten ein paar Fenster wie in einer Feuersbrunst. Die Dörfer schienen zu wachsen, je näher man kam, und, wenn man sie kaum gestreift hatte, zusammenzuschrumpfen. Das war der angeborene Wunsch nach Fahrt, den man nie stillen kann, weil man alles nur im Vorbeifahren streift. Wir fuhren unter der Rheinbrücke durch, über die bald im ersten Weltkrieg Militärzüge fahren sollten mit all den Knaben, die jetzt im Garten ihren Kaffee tranken, und mit den Schülern aller Schulen. Als dieser Krieg endete, rückten die Soldaten der Alliierten über die gleiche Brücke und später Hitler mit seiner blutjungen Armee, die das gesperrte Rheinland wieder besetzte, bis die neuen Militärzüge zum neuen Weltkrieg alle Knaben des Volkes zum Sterben rollten. Unser Dampfer fuhr an der Petersau vorbei, auf der einer der Brückenpfeiler ruhte. Wir winkten alle zu den drei weißen Häuschen, die uns von klein auf vertraut waren wie aus Bilderbüchern mit Hexenmärchen. Die Häuschen und ein Angler spiegelten sich im Wasser, dazu das Dorf auf der anderen Seite, das mit seinen Raps- und Kornfeldern über einen Saum rosa Apfelbäume in einem ineinandergeduckten Schwarm von Giebeldächern bis zu dem Kirchturmspitzlein auf dem Bergabfall in einem gotischen Dreieck anstieg.

Das späte Licht schien bald in eine Tallücke mit einer Eisenbahnspur, bald gegen eine entlegene Kapelle, und alles lugte rasch noch einmal aus dem Rhein, bevor es in der Dämmerung verschwand.

Wir waren alle im stillen Licht still geworden, so daß man das Krächzen von ein paar Vögeln hörte und das Fabrikgeheul aus Amöneburg. Sogar Lore war völlig verstummt. Marianne und Leni und ich, wir hatten alle drei unsere Arme ineinander verschränkt in einer Verbundenheit, die einfach zu der großen Verbundenheit alles Irdischen unter der Sonne gehörte. Marianne hatte noch immer den Kopf an Lenis Kopf gelehnt. Wie konnte dann später ein Betrug, ein Wahn in ihre Gedanken eindringen, daß sie und ihr Mann allein die Liebe zu diesem Land gepachtet hätten und deshalb mit gutem Recht das Mädchen, an das sie sich jetzt lehnte, verachteten und anzeigten. Nie hat uns jemand, als noch Zeit dazu war, an diese gemeinsame Fahrt erinnert. Wie viele Aufsätze auch noch geschrieben wurden über die Heimat und die Geschichte der Heimat und die

Liebe zur Heimat, nie wurde erwähnt, daß vornehmlich unser Schwarm aneinandergelehnter Mädchen, stromaufwärts im schrägen Nachmittagslicht, zur Heimat gehörte.

Ein Flußarm zweigte schon ab zum Floßhafen, aus dem frisch gefälltes, geschnittenes und geflößtes Holz nach Holland gebracht wurde. Die Stadt schien mir noch entfernt genug zu liegen, als könnte sie mich nie zum Aussteigen und Bleiben zwingen, obwohl mir ihr Floßhafen, die Platanenreihen und Warenspeicher am Ufer viel vertrauter waren als jegliche Einfahrt in fremde Städte, die mich zum Bleiben gezwungen haben. Ich erkannte nach und nach schon vertraute Straßenzüge und Dachfirste und Kirchtürme unversehrt und vertraut, gleich längst untergegangenen Orten in Märchen und Liedern. Der eine Tag Schulausflug schien mir alles zugleich entfernt und zurückgeschenkt zu haben.

Als jetzt der Dampfer seinen Anlegebogen machte und Kinder und Strolche sich müßig zu unserer Ankunft drängten, schienen wir nicht nach dem Ausflug, sondern nach jahrelanger Reise heimzukehren. Kein Loch, kein Brandschaden hafteten dieser vertrauten winkligen, wimmligen Stadt an, so daß sich meine Beunruhigung legte und ich mich daheim fühlte.

Die Lotte verabschiedete sich zuerst, kaum waren die Seile ausgeworfen. Sie wollte zur Abendmesse in den Dom, der schon bis zur Schiffsbrücke läutete. Die Lotte endete später im Kloster auf der Rheininsel Nonnenwerth, von wo man sie mit einem Trupp Schwestern über die holländische Grenze schaffte, aber das Schicksal kam ihnen nach. – Die Klasse verabschiedete sich von den Lehrerinnen. Fräulein Sichel erinnerte mich noch einmal an den Schulaufsatz, ihre grauen Augen blinkten wie feingescheuerte Kieselsteine. Dann teilte sich unsere Klasse nach den verschiedenen Wohnrichtungen in einzelne Schwärme auf.

Leni und Marianne gingen eingehängt auf die Rheinstraße. Marianne hatte noch immer eine rote Nelke zwischen den Zähnen. Sie hatte die gleiche Nelke in das Band von Lenis Mozartzopf gesteckt. Ich sehe Marianne immer weiter mit ihrer roten Nelke zwischen den Zähnen, auch wie sie den Nachbarinnen der Leni bösartige Antworten gibt, auch wie sie mit halbverkohltem Körper, in rauchenden Kleiderfetzen in der Asche ihres Elternhauses liegt. Denn die Feuerwehr kam zu spät, um Marianne zu retten, als das Feuer des Bombardements von den unmittelbar getroffenen Häusern auf die Rheinstraße übergriff, wo sie gerade bei ihren Eltern zu Gast war. Sie hatte keinen leichteren Tod als die von ihr verleugnete Leni, die von Hunger und Krankheiten im Konzentrationslager abstarb. Doch durch die Verleugnung überlebte das Kind Lenis das Bombardement. Denn es wurde von der Gestapo in ein abgelegenes Nazierziehungsheim gebracht.

Ich trottete mit ein paar Schülerinnen Richtung Christhofstraße. Zuerst war mir bang. Wie wir vom Rhein her in die Innenstadt einbogen, da legte sich's hart auf mein Herz, als ob mir etwas Unsinniges, etwas Böses bevorstünde, vielleicht eine heillose Nachricht oder ein Unheil, das ich über dem sonnigen Ausflug leichtfertig vergessen hatte. Dann verstand ich klar, die Christhofskirche konnte unmöglich bei einem nächtlichen Fliegerangriff zerstört worden sein, denn wir hörten ihr Abendläuten. Ich hatte mich überhaupt umsonst gegraut, auf diesem Weg heimzugehen, weil sich mir im Gedächtnis festgehakt hatte, dieser mittlere Stadtstreifen sei völlig von Bomben zerstört. Es ging mir auch durch den Kopf, daß jene Zeitungsphotographie sich geirrt haben möchte, auf der alle Gassen und Plätze abrasiert oder zerstört waren. Ich dachte zuerst, man hätte vielleicht auf Goebbels' Befehl, um über das Ausmaß des Angriffs zu täuschen, eine Scheinstadt mit äußerster Geschwindigkeit aufgebaut, in der kein Stein mehr wie früher auf dem anderen stand, die aber immerhin ganz kompakt und ansehnlich anmutete. Wir waren ja alle längst gewöhnt an solche Art Vorspiegelung und Betrug, nicht nur bei Bombenangriffen, sondern auch bei anderen Vorkommnissen, die schwer zu durchschauen waren.

Doch die Häuser, die Treppen, der Brunnen standen wie immer. Auch Brauns Tapetengeschäft, das mit der Familie in diesem Krieg verbrannt sein sollte, nachdem ihm im ersten Krieg durch ein Fliegerabwehrgeschoß nur die Schaufenster zertrümmert worden waren, zeigte die geblümten und gestreiften Tapetenauslagen, so daß die Marie Braun, die zuletzt neben mir gegangen war, rasch in das Geschäft ihres Vaters ging. Die nächste unter uns Heimkehrerinnen, Katharina, lief zu ihrer winzig kleinen Schwester Toni, die unter den Platanen auf einer steinernen Stufe vor dem Brunnen spielte. Der Brunnen und alle Platanen waren ja wohl längst zerschmettert, doch die Kinder vermißten gar nichts zum Spielen, denn auch ihre letzte Stunde hatte geschlagen in den Kellern der umstehenden Häuser. Dabei kam auch die kleine Toni in dem Haus um, das sie von ihrem Vater geerbt hatte, mit einem Töchterlein, winzig wie sie heute, die das Wasser aus dicken Backen blies. Auch Katharina, die große Schwester, die sie jetzt am Schopf packte, und die Mutter und die Tante in der offenen Haustür, die beide mit Küssen begrüßten, sie sollten alle noch miteinander im Keller des väterlichen Hauses umkommen. Katharinas Mann, Tapezierer, Nachfolger des Vaters, half währenddessen Frankreich besetzen. Er hielt sich mit seinem kurzen Schnurrbart, seinem Tapeziererdaumen für den Angehörigen eines Volkes, das stärker ist als die anderen Völker – bis ihn die Nachricht ereilte, daß sein Haus und seine Familie zermalmt worden waren. Die kleine Schwester drehte sich noch einmal um und spritzte auch mich mit dem letzten Wasser, das sie noch in der Backe aufgespeichert hatte. Ich lief den Rest des Weges allein. In der Flachsmarktstraße traf ich die bleiche Liese Möbius, auch ein Mädchen aus meiner Klasse, die wegen einer Lungenentzündung seit zwei Monaten keine Ausflüge mitmachen konnte. Jetzt hatte das Abendläuten der Christhofskirche sie von daheim weggelockt. Sie rannte an mir vorbei mit ihren zwei baumelnden, langen braunen Zöpfen, einen Zwicker in ihrem kleinen Gesicht, behend, als renne sie auf einen Spielplatz statt zur Abendmesse. Sie bettelte später bei ihren Eltern, mit Lotte auf Nonnenwerth ins Kloster eintreten zu dürfen. Als Lotte allein die Erlaubnis bekam, wurde Liese Lehrerin in einer Volksschule unserer Stadt. Ich sah sie noch manchmal zur Messe laufen mit ihrem bleichen, spitzen Gesichtlein, wie heute den Zwicker vorgeklemmt. Sie wurde von der Nazibehörde geringschätzig behandelt wegen ihrer Glaubenstreue, doch auch die Versetzung in eine geringe Schule für Schwachbegabte störte sie gar nicht, weil sie durch ihren Glauben an Verfolgungen aller Art gewöhnt war. Auch wurden die rabiatesten Naziweiber, die tückischsten, spöttischsten Nachbarn überaus sanft und mild, als sie beim Fliegerangriff um Liese herum im Keller saßen. Den Älteren kam dabei in den Kopf, daß sie schon einmal mit derselben Nachbarin Liese im selben Kellerloch gehockt hatten, als im ersten Krieg die ersten Geschosse krachten. Sie rückten jetzt dicht an die verachtete kleine Lehrerin, als ob die durch ihren Glauben und ihre Ruhe schon einmal den Tod beschwichtigt hätte. Die Frechsten und Spottlustigsten waren sogar geneigt, etwas von dem Glauben der kleinen Lehrerin Liese abzubekommen, die immer in ihren Augen verschüchtert und ängstlich gewesen war, doch jetzt wieder getröstet und zuversichtlich unter all den grauweißen Fratzen im künstlichen Kellerlicht hockte bei dem Bombenabwurf, der diesmal die Stadt fast gänzlich zerstörte, auch sie selbst und ihre gläubig-ungläubigen Nachbarinnen.

Die Läden waren gerade geschlossen worden. Ich lief durch die Flachsmarktstraße durch ein Gewimmel heimkehrender Menschen. Sie freuten sich, daß der Tag zu Ende war und eine geruhsame Nacht bevorstand. Wie ihre Häuser noch unversehrt waren von Geschossen, von der ersten großen Probe 1914 bis 1918 sowie von den jüngsten Haupttreffern, so waren auch ihre behaglichen, durch und durch vertrauten, mageren und dicklichen, schnurr- und vollbärtigen, warzigen und glatten Gesichter unversehrt von der Schuld ihrer Kinder und von dem Wissen dieser Schuld und Zusehen und Dulden dieser Schuld aus Feigheit vor der Macht des Staates. Dabei sollten sie doch bald genug bekommen an aufgeblähter Staatsmacht, an großspurigen Befehlen. Oder hatten sie gar Geschmack daran gefunden, dieser Bäcker mit dem gezwirbelten Schnurrbart und dem runden Bäuchlein, Ecke Flachsmarkt, wo wir immer den Streuselkuchen kauften, oder der Trambahnschaffner, der eben an uns vorbeibimmelte? Oder hatte der Friede dieses Abends mit den hastigen Schritten der Heimkehrenden, mit Glockengeläut, mit Feierabendtuten entlegener Fabriken, die bescheidene Behaglichkeit des alltäglichen Werktags, die ich jetzt wie ein Labsal genoß, für alle die Kinder etwas Widriges an sich, so daß sie bald die Kriegsberichte ihrer Väter begierig einsogen, sich aus dem bemehlten oder bestaubten Arbeitskittel in Uniformen hineinsehnten?

Ich hatte wieder einen Anflug von Angst, in meine eigene Straße zu biegen, als ob ich ahnen würde, daß sie zerstört war. Die Ahnung verflog bald. Denn schon in der letzten Strecke der Bauhofstraße konnte ich wie immer meinen Lieblingsweg heimgehen, unter den beiden großen Eschen, die sich von der rechten und linken Seite der Straße wie ein

Triumphbogen spannten, sich gegenseitig berührend, unzerstört, unzerstörbar. Ich sah auch schon die weißen, roten und blauen Kreisrunde von Blumenbeeten aus Geranien und Begonien in dem Rasen, die meine Straße durchkreuzten. Wie ich hinzutrat, wehte ein Abendwind, wie ich so stark noch keinen auf meinen Schläfen gespürt hatte, aus den Rotdornbäumen eine Wolke von Blättern, die mir zuerst von der Sonne beglänzt schienen, in Wirklichkeit aber sonnenrot gefärbt waren. Es war mir wie immer nach Tagesausflügen zumute, als hätte ich schon geraume Zeit nicht mehr das Sausen des Windes vom Rhein her, in meiner eigenen Straße eingefangen, angehört. Ich war durch und durch müde, so daß ich froh war, endlich vor dem Hause zu stehen. Nur kam es mir unerträglich schwer vor, die Treppe hinaufzusteigen. Ich sah bis zum zweiten Stock hinauf, in dem unsere Wohnung lag. Meine Mutter stand schon auf der kleinen, mit Geranienkästen verzierten Veranda über der Straße. Sie wartete schon auf mich. Wie jung sie doch aussah, die Mutter, viel jünger als ich. Wie dunkel ihr glattes Haar war, mit meinem verglichen. Meins wurde ja schon bald grau, während durch ihres noch keine sichtbaren grauen Strähnen liefen. Sie stand vergnügt und aufrecht da, bestimmt zu arbeitsreichem Familienleben, mit den gewöhnlichen Freuden und Lasten des Alltags, nicht zu einem qualvollen, grausamen Ende in einem abgelegenen Dorf, wohin sie von Hitler verbannt worden war. Jetzt erkannte sie mich und winkte, als sei ich verreist gewesen. So lachte und winkte sie immer nach Ausflügen. Ich lief so schnell ich nur konnte ins Treppenhaus.

Ich stutzte vor dem ersten Treppenabsatz. Ich war plötzlich viel zu müde, rasch hochzusteigen, wie ich noch eben gewollt hatte. Der graublaue Nebel von Müdigkeit hüllte alles ein. Dabei war es um mich herum hell und heiß, nicht dämmerig wie sonst in Treppenhäusern. Ich zwang mich zu meiner Mutter hinauf, die Treppe, vor Dunst unübersehbar, erschien mir unerreichbar hoch, unbezwingbar steil, als steige sie eine Bergwand hinauf. Vielleicht war meine Mutter schon in den Flur gegangen und wartete an der Treppentür. Doch mir versagten die Beine. Ich hatte nur als ganz kleines Kind eine ähnliche Bangnis gespürt, ein Verhängnis könnte mich am Wiedersehen hindern. Ich stellte mir vor, wie sie umsonst auf mich wartete, nur ein paar Stufen getrennt. Dann fiel mir zum Trost ein, falls ich hier aus Erschöpfung zusammenbreche, mein Vater könnte mich doch sofort finden. Er war gar nicht tot, denn er kam gleich heim, es war ja Feierabend. Er liebte nur, länger als meiner Mutter lieb war, an den Straßenecken mit seinen Nachbarn herumzuschwatzen.

Man klapperte schon mit den Tellern zum Abendessen. Ich hörte hinter sämtlichen Türen das Klatschen von Händen auf Teig in vertrautem Rhythmus, daß man auf diese Art Pfannkuchen buk, befremdete mich: die zähe Masse, statt sie auszurollen, zwischen zwei Händen plattzuschlagen. Ich hörte zugleich vom Hof her das zügellose Schreien von Truthähnen und wunderte mich, wieso man plötzlich im Hof Truthähne züchtete. Ich wollte mich umsehen, doch blendete mich zuerst das überaus starke Licht aus den Hoffenstern. Die Stufen waren verschwommen von Dunst, das Treppenhaus weitete sich überall in einer unbezwingbaren Tiefe wie ein Abgrund. Dann ballten sich in Fensternischen Wolken zusammen, die ziemlich schnell den Abgrund ausfüllten. Ich dachte noch schwach: Wie schade, ich hätte mich gar zu gern von der Mutter umarmen lassen. Wenn ich zu müd bin, hinaufzusteigen, wo nehme ich da die Kräfte her, um mein höher gelegenes Ursprungsdorf zu erreichen, in dem man mich zur Nacht erwartet? Die Sonne brannte noch immer stark, ihr Licht brannte nie schneidender, als wenn es schräg gerichtet war. Mir war es wie immer fremd, daß es hier keine Dämmerung gibt, sondern immer nur jähen Übergang von Tag zu Nacht. Ich nahm mich zusammen und schritt jetzt kräftiger aus, obwohl der Anstieg in einem unbezwinglichen Abgrund verloren war. Das Treppengeländer drehte und wölbte sich zu einem mächtigen, pfähleartigen Zaun aus Orgelkakteen. Ich konnte nicht mehr unterscheiden, was Bergkämme und was Wolkenzüge waren. Ich fand den Weg zu der Kneipe, wo ich nach dem Abstieg aus dem höher gelegenen Dorf gegessen hatte. Der Hund war weggelaufen. Zwei Truthähne, die vorhin noch nicht dagewesen waren, weideten jetzt auf dem Weg. Mein Wirt hockte noch immer vor dem Haus, und neben ihm hockte ein Freund oder ein Verwandter, genau wie er, erstarrt von Nachdenken oder von gar nichts. Zu ihren Füßen hockten einträchtig die Schatten ihrer Hüte. Mein Wirt machte keine Bewegung, als ich zurückkam, ich war es nicht wert, ich war schon in die gewöhnlichen Sinneseindrücke eingereiht. Ich war jetzt zu müde, nur noch einen Schritt zu machen, ich setzte mich vor meinen alten Tisch. Ich wollte in die Berge zurück, sobald ich ein wenig ausgeschnauft hatte. Ich fragte mich, wie ich die Zeit verbringen sollte, heute und morgen, hier und dort, denn ich spürte jetzt einen unermeßlichen Strom von Zeit, unbezwingbar wie die Luft. Man hat uns nun einmal von klein auf angewöhnt, statt uns der Zeit demütig zu ergeben, sie auf irgendeine Weise zu bewältigen. Plötzlich fiel mir der Auftrag meiner Lehrerin wieder ein, den Schulausflug sorgfältig zu beschreiben. Ich wollte gleich morgen oder noch heute abend, wenn meine Müdigkeit vergangen war, die befohlene Aufgabe machen.

Crisanta

Ihr fragt, wie die Menschen in Mexiko leben? – Von wem soll man erzählen?

Von Hidalgo? – Er ließ die Glocke der Dorfkirche von Dolóres läuten, und damit gab er als erster das Zeichen zum Aufstand gegen die Spanier. Dieselbe Glocke läutete nach der Befreiung jedes Jahr zum Nationalfeiertag auf dem Präsidentenpalais von Mexiko.

Soll man von Morelos sprechen? – Seine Herkunft war unklar. Neger- und Indioblut waren in ihm gemischt. Seine Jugend war elend. Seine Schulbildung dürftig. Er war ein erbärmlicher Dorfpfarrer. Da überwältigten ihn die Ideen, die Hidalgo mit Leben und Tod bezeugte. Er wurde gewaltig im Aufstand. Eine Handvoll Bauern wurde, von ihm geführt, zu einer Armee. Er übertraf an Einsicht und Voraussicht die Größten seiner Epoche.

Soll man von Juarez sprechen? – Er vertrieb zur Zeit Napoleons III. die neue, die französische Fremdherrschaft, die man seinem Volk aufgepfropft hatte. Er ließ den Kaiser Maximilian erschießen. Er verstand, die nationale Befreiung allein nützte den armen Bauern noch wenig. Er trat unerbittlich und unbestechlich gegen die eigenen Großgrundbesitzer auf. Die armen Bauern bekamen durch seine Gesetze Land.

Ich will nichts von diesen Männern erzählen und auch nichts von anderen großen Männern, die später in Mexiko lebten. Obwohl sie, fast unbekannt in Europa, nicht nur dort zu den Größten der Großen gehören. Ich erzähle nichts von Juarez und nichts von Hidalgo und nichts von Morelos. Ich erzähle euch von *Crisanta*.

Sie war vielleicht sechzehn Jahre alt, als sie von Pachuca nach Mexiko-Stadt auf Arbeit fuhr. Sie kannte ihr Geburtsjahr nicht genau. Sie kannte nur ihren Geburtstag. Sie war nach Allerheiligen, ihrem Geburtstag, Santa getauft, weil niemand da war, der einen anderen Namen vorschlug. Crisanta gefiel ihr besser. Sie hatte keine Eltern. Sie wußte nur, daß die Mutter bei ihrer Geburt gestorben war. Vom Vater wußte sie gar nichts.

Crisanta war aber besser dran als viele andere Mädchen ohne Vater und Mutter. Sie hatte, wie einen starken Ast, einen Menschen, an den sie sich halten konnte. Das war eine Frau namens Lupe González. Ihr Mann war Bergarbeiter in Pachuca, zwei Stunden von Mexiko-Stadt. Die González hatte selbst ein paar eigene Kinder. Die ältesten Söhne gingen auch schon ins Bergwerk. Sie war Crisantas Patin. Crisanta sprach oft von der González. Sie machte sich und anderen dabei klar, daß sie nicht allein stand im Leben. Die González hatte sie mit ihren Kindern aufgezogen. Sie war eine ruhige, schweigsame Frau. Warum Crisanta gerade in Pachuca geboren war, wußte die González selbst nicht genau, sonst hätte sie einmal etwas davon erzählt. Sie wußte auch nicht genau, warum sie das Kind in ihre Wohnung getragen hatte und in der Familie aufgezogen. Wahrscheinlich waren schon oft alle möglichen Kinder durch Zufall in ihrer Nähe hängengeblieben, die keinen Vater gehabt hatten, weil er tot war oder sich aus dem Staub gemacht hatte, und auch keine Mutter, durch den Tod oder durch sonst ein Unglück. Vielleicht war ihr dieses Kind besonders hungrig erschienen. Weil sie sich Tag und Nacht selbst um fünf Kinder zu plagen hatte, kam ihr die fremde Mutter besonders tot vor und das fremde Kind besonders lebendig.

Die Frau González ging an hohen Feiertagen in die Kirche. Ihr Mann ging nie. Sie kannte den Nationalfeiertag durch sein Feuerwerk und seine Musik. Sie hätte nicht genau sagen können, was er mit ihrem Volk zu tun hatte. Crisanta wußte aber durch diese Frau, daß sie am ersten November Geburts- und Namenstag hatte. Denn wenn sie Ende Oktober besonders frech war, sagte ihr ihre Pflegemutter: »Deine Teufel sind wieder losgelassen. Die Teufel ärgern sich immer über den Heiligen jedes Kindes. Bei dir sind die Teufel besonders wütend vor dem ersten November. Sie machen dann immer noch mehr Unfug.«

Crisanta hatte noch eine Erinnerung, von der sie nie jemand etwas erzählte. Diese Erinnerung war so sonderbar, daß es dafür keine Worte gab. Sie war einmal in ihrer frühesten Jugend an einem Ort gewesen, der keinem anderen auf Erden glich. Dort war ihr so wohl zumute gewesen wie nie mehr später. Als sei sie allein für sich von einem besonderen Himmel behütet. Wenn sie sich fragte, was es gewesen war, dann fiel ihr immer nur ein: Blau. Ein sanftes und starkes Blau, das es später nirgendwo gab. Die ganze Welt war vorbeigerauscht, doch nicht durch das Blau gedrungen.

Sie gab sich nie viel mit Träumen ab. Sie war ganz behend und munter. Sie dachte, sie sei wahrscheinlich mit ihrer richtigen Mutter woanders gewesen, bevor sie bei der González gelandet war. Sie fragte manchmal: »Wo ist meine Mutter hergekommen?« Darauf erwiderte die González: »Wer weiß?« Das war eine Antwort, die alle Leute auf alles gaben. Crisanta hörte auch auf zu fragen. Sie hing an ihrer Erinnerung. Sie dachte daran, wenn ihr bang war.

Jetzt war ihr bang. Die Frau González sagte plötzlich, Crisanta müßte auf Arbeit in die Stadt Mexiko. Die älteste Tochter wollte jetzt heiraten. Da mußte Crisanta die Matte räumen, auf der die zwei Mädchen zusammen schliefen.

Die Nachbarin, Frau Mendoza, hatte in Mexiko eine Tante, die stand einer Tortilleria vor. Wenn jemand das Vaterunser sagt, dann stellt er sich unter »täglich Brot« die Tortilla vor. Ein Klumpen aus Maismehl und Kalk wird zwischen den Händen plattgeklopft. Der Fladen wird heiß und steif auf einer Herdplatte. Das Händeklatschen schallt um die Mittagszeit durch die Straßen, eintönig, freudig. Dieses Brot hat keinen Geruch. Es wird nicht knusperig. Es wird in keinem Backofen fertig, sondern vor aller Augen. Es macht aber Lärm. Es ruft die Hungrigen selbst. Die Frau González hatte sich ihre Tortillas daheim mit den Töchtern geklopft. Crisanta brauchte diese Arbeit nicht mehr zu lernen. Sie konnte gleich ihre Stelle antreten.

Als sie zum letztenmal in Pachuca saß, bekam sie etwas Besseres als sonst in ihre Tortillas gewickelt. Nicht bloß Tomaten und roten und grünen Paprika und eine Portion Bohnen. Sie bekam auch Reste von Fleisch, das sonst für die Männer bestimmt war. Crisanta hatte als kleines Kind geheult, als sie zum erstenmal in ihre scharf gewürzte Tortilla biß. Dann brauchte sie den Geschmack wie Salz. Die Frau González gab immer acht, daß ihre Söhne sich nicht an Schnaps gewöhnten. Der Vater González trank viel. Unmäßig war er nicht. Er war in allem beherrscht und finster. Er hatte nachts beim Weggehen zu Crisanta gesagt: »Wir sehen uns morgen nicht wieder. Erst bei der Hochzeit. Da mußt du dabeisein, meine Tochter.« Er hatte sie umarmt. Im Hof stolzierte ein Truthahn, der für die Hochzeit bestimmt war. Crisanta war ein Stück mit dem Vater González die Straße hinuntergegangen. Er hatte sowenig wie seine Frau jemals darüber nachgedacht, warum Crisanta gerade in seine Familie verschlagen war. Warum er, gerade er, an ihr einen Vater vertrat, der Gott weiß wer gewesen war.

Crisanta fuhr im Autobus mit der Nachbarin. Sie vergaß

auf der Fahrt ihre Bangigkeit. Sie freute sich über all die Sachen, die die Braut ihr überlassen hatte, anstatt der jüngeren Schwester. Sandalen, ein buntgemustertes Kleid aus Kattun, ein Umschlagtuch: den Rebozo. Sie kannte viele Mitfahrende. Sie wußte, warum sie ein- und warum sie ausstiegen. Was für ein Markt, was für eine Krankheit, was für ein Familienfest. Es ging bergauf. Die Nachbarin zeigte ihr die Schneeberge. Die Gipfel sahen hier näher, dadurch erst recht unerreichbar aus. Sie fuhren durch ein Stück Wald. Es wurde ein wenig dunkler. Es roch gut. Crisanta kannte nicht soviel Wald. Sonst war beinahe alles wie daheim. Da und dort brannte ein Pfefferbaum rot auf den kahlen Hügeln. Ein paar Streifen bebauten Landes. Kakteen, unbewegt, in einer Brandung von Staub. Auch einzelne Landhäuser wie daheim, die Amerikanern und reichen Mexikanern gehörten. Mit Palmen und blühenden Gärten und sogar mit Tennisplätzen und Schwimmbassins. Crisanta freute sich, wenn sie viele leuchtende Blumen sah. Die Leute pflanzten in den Dörfern, wie die González daheim, sogar in Konservenbüchsen Blumen.

An einer Station stieg ein Junge mit einer Traglast zu. Er schleppte Tongeschirr, das seine Familie daheim gebrannt hatte, auf den Markt nach Mexiko. Er selbst, wie er sagte, wollte jetzt nicht mehr auf den Markt gehen, sondern in eine Fabrik. – »Warum?« – »Es ist besser für mich.« – »Warum? Familie ist immer besser. Ihr arbeitet zusammen, ihr verkauft zusammen.« – »Mein Onkel hat immer die Einnahmen unter uns aufgeteilt. Das gibt immer Ärger. Die Rechnung ist glatter nur zwischen mir und den Fremden.« – Die Leute im Autobus gaben auf sein Geschirr acht, damit ihm nichts zerbrach. Der Kontrolleur schimpfte: »Das ist hier nicht erlaubt. Halt einen Lastwagen an, der dich mitnimmt. Du bist jung genug. Wenn du keinen findest und auch kein Maultier hast, geh zu Fuß.« Der Junge erklärte ihm höflich, warum sie erst in der Nacht eingepackt hätten, warum er vor Mittag auf dem Mercedes-Markt sein müsse. Er schenkte dem Kontrolleur einen blauen Vogel aus Ton, der als Pfeife diente, für sein Kind.

Crisanta sah sich den Jungen an. Er gefiel ihr. Sie fuhr jetzt gern in die Stadt, weil der Junge auch hinfuhr.

Sie fuhren unter einem großen Schild weg. Auf dem stand geschrieben: »Willkommen im Distrito Federal.«

Das war eine schöne Begrüßung. Crisanta konnte sie nicht lesen. Sie war in keine Schule gegangen.

Wie konnte sie nur dem Jungen erklären, wo sie in der Stadt zu finden war? Der Junge sah sie manchmal rasch an. Sie senkte dann rasch ihre Augen. Er sah, wie dicht ihre Wimpern waren. Er war nicht viel älter als sie. Er hatte aber schon manches hinter sich. Er war ruhig, höflich, stolz. Sie fühlten sich noch nicht zusammengehörig, doch füreinander bestimmt, wer weiß. Frau Mendoza fragte den Kontrolleur, wo sie aussteigen müßten, um zu dem Platz Alvaro Oregon zu gelangen. Sie fügte hinzu, vielleicht um den beiden Kindern zu helfen, sie müßte dort dieses Mädchen bei ihrer Tante Dolóres in der Tortilleria abgeben.

Das neue Leben sah besser aus, als Crisanta geglaubt hatte. Wie lustig war die Tortilleria! Fünf Mädchen, deren Mäuler wie ihre Hände nie stillstanden. Das war etwas anderes, hier Tortillas zu klatschen als im Hof in Pachuca. In einem fort kamen Leute von der Straße herein. Der eine forderte ein halbes Dutzend Tortillas, der andere ein Dutzend, der nächste gleich drei Dutzend. Crisanta horchte hin, was sie schwatzten, schimpften, lachten. Hier wurde gleich jede Tortilla mit dem Geist der Familie gewürzt, für die sie geklopft worden war, wie mit rotem und grünem Paprika. Crisanta war hungrig auf viel Leben, hier war viel. Sie ärgerte sich, weil die Frau Mendoza zu lange mit ihrer Tante

Dolóres stritt, sie hätte zehn Peso mehr als Gehalt versprochen. Das Kind bekäme zehnmal soviel in einer Fabrik und zweimal soviel sogar als Packerin in der Glasbläserei, wo der Bläser ihr Schwager sei. Tante Dolóres war schließlich bereit, dem Mädchen umsonst einen Schlafplatz zu geben und das Essen abends in ihrer Familie. Frau Mendoza trat aus Treue zu der González für dieses törichte Mädchen ein.

Crisanta hatte schon einen Teigklumpen zwischen den Handflächen. Die Käufer standen schon Schlange, denn es war Mittag. Crisanta wollte nicht mehr von hier weg. Ihr Gehalt kam ihr hoch vor. Die Autobusfahrt nach Pachuca hin und zurück kostete nur einen Bruchteil. Wenn sie nicht einmal Geld zum Wohnen und Essen brauchte, dann konnte sie sich eine Schürze kaufen, wie sie die Mädchen trugen. Und Ohrringe, wie sie die Tante Dolóres trug. Das waren die Ohrringe, die sie brauchte, wenn sie der Junge besuchte, der im Autobus mit ihr gefahren war. Sie zweifelte nicht daran, daß er sie über kurz oder lang hier besuchen würde.

Crisanta gefiel es abends ausnehmend gut in der Familie der Tante Dolóres. Daheim war ihr Schlafplatz durch die Heirat der ältesten Tochter besetzt worden. Hier war einer für sie frei geworden, durch die Heirat der zweitältesten Tochter. Crisanta glaubte, auf solche Art verliefe das Leben immer. Hier war etwas voll, dort leer. Kein Mensch war allein in der Stadt. Er stand wie ein Baum im Wald, er stand nicht einzeln da wie ein Kaktus in einer Steppe.

Ihr neuer Schlafplatz war mit dem alten nicht zu vergleichen. Sie schlief hier in einem Bett. Sie hatte vormals nie in einem Bett geschlafen, nur auf dem Boden auf einer Matte. Sie hatte zuerst Angst, aus dem Bett zu fallen. Die dritte Tochter, die das Bett mit ihr teilte, schlief auf der Wandseite. Crisanta stellte sich vor, sie segele hoch über allen dahin durch die Nacht. Es gab in dieser Nacht auch bessere Sachen zu essen als bei den González. Oft Fleisch. Dick mit Gehacktem gefüllte Tortillas. So viel süßen Kaffee, wie jeder wollte. Die Familie war groß. Nicht gleich zu verstehen, was Kinder, was Schwiegersöhne, was Enkel waren. Das jüngste Kind der Tante Dolóres war jünger als ihr Enkel. Crisanta hielt zuerst den Vater für einen Schwiegersohn. Er kam nicht regelmäßig nach Hause. Die Tante Dolóres sprach manchmal mit Stolz von ihm, manchmal mit Verachtung. Er war ein kleiner, beweglicher Mensch, zappelig und listig, mit einem Schnurrbärtchen. War er daheim, sprach er bei Tisch mehr, als Crisanta ihr Lebtag den Vater González hatte reden hören. Er verdiente ganz gut als Vorarbeiter in einer Schuhfabrik, verbrauchte auch viel, weil er sich gern herumtrieb und trank. Seine Frau hatte nicht viel Gewinn von dem Mann, nur, was sie ihm mit Geschimpfe und Schlauheit bei seinen Besuchen abluchste. Und immerzu weiter kleine Kinder. Die Söhne aber gehorchten ihr. Die Mutter, die jeden Morgen auf Arbeit ging, die ganze Familie an sich band, gewissermaßen sogar immer noch den glitschigen Mann, alles instand hielt und kochte, gebar und stillte, das war ein fester Stamm mit zähen Wurzeln in jedem Winkel des Lebens.

Crisanta hatte an allem ihren Spaß. Ihr Leben war in Pachuca fast düster gewesen. Sie schrie und lachte an einem Abend hier mehr als bisher ihr ganzes Leben zusammen. Die Tante Dolóres erzählte auch viele Geschichten. Sie erzählte, als Crisanta vergessen hatte, die Stube zu fegen: »Es war einmal ein Mädchen, das heiratete einen sehr schönen Mann. Der Mann tat ihr jeden Gefallen. Er verbot ihr nur, die Stube zu fegen. Er sagte: ›Wenn du immer gut mit mir leben willst, dann laß den Dreck auf dem Boden liegen. Ich kann die Besen nicht leiden, ich kann das Fegen nicht ausstehen.‹ – Kam einmal die Mutter zu Besuch. Die schlug die Hände über dem Kopf zusammen, als sie all den Dreck auf dem Boden sah. Die Tochter entschuldigte sich, ihr Mann könnte keinen Besen vertragen. Als sie auf den Markt gegangen war, nahm die Mutter den Besen und fegte mal gründlich aus. Die Tochter kam heim und fing an zu jammern: ›Jetzt wird mein Mann bös auf mich sein.‹ Die Mutter fegte aber ruhig weiter. Da fing die Stube zu beben an, es knurrte und rumpelte, es wurde finster, es donnerte.

Als es wieder still war und die Sonne schien in die saubere Stube, da sagte die Mutter zu der Tochter: ›Nun siehst du's. Es gibt nur einen Mann, der nicht will, daß man den Dreck wegfegt. Du warst mit dem Teufel verheiratet, und es war ein Glück, daß ich kam, und du bist ihn rechtzeitig losgeworden.‹«

Die Tante Dolóres hatte sicher früher ganz gut mit ihrem Mann gestanden. Sie hatten bestimmt beide Spaß an vielen Geschichten gehabt, an saftigem Tratsch, an Witzen.

Er machte sich einmal nachts vom Sonntag auf Montag, als die Tante Dolóres fest schlief, an das Bett der Crisanta. Sie wachte rechtzeitig auf. Sie biß und kratzte. Die Tochter, die an der Wand schlief, fuhr hoch, die Tante fuhr auch hoch. Crisanta sagte: »Nichts, nichts, die Katze.« Die Tante Dolóres aber hatte gemerkt, daß neben ihr etwas fehlte.

Sie hätte wahrscheinlich Crisanta bald ausquartiert. Nicht nur ihres Mannes halber. Sie hätte sich auch nicht gefreut, wenn einer der Söhne etwas mit ihr begonnen hätte. Sie waren zwar nur geringe Leute, doch so gering wie Crisanta nicht, die weder Vater noch Mutter hatte und keine Familie, um eine Hochzeit auszurichten, und nichts besaß als ihr Kleid und ihren Rebozo. Sie brauchte aber ihre Familie gar nicht vor Crisanta zu behüten, denn etwas geschah, worauf Crisanta heimlich gewartet hatte.

Der Junge, mit dem sie im Autobus gefahren war, stand eines Morgens vor der Tortilleria. Crisanta erblickte ihn sofort. Seitdem es den Jungen seit der Fahrt zu dem fremden Mädchen hinzog, zuerst ganz flüchtig, dann stärker und seit dem Aussteigen unaufhaltsam, war ihm, was sie zueinander zog, soviel wie ein unerfülltes Versprechen. Er kam sich unzuverlässig und schwächlich vor, bis er es eingelöst hatte. Er hatte auch recht, wenn er annahm, das Mädchen, nach dem er sich sehnte, erwarte ihn unaufhörlich. Er stand vor Spannung gerade und steif da, aus einem beträchtlichen Abstand, die goldgrünen Augen gerade auf sie gerichtet. Er hatte zuletzt befürchtet, sie könnte schon ihre Stellung gewechselt haben. Jetzt stand sie da, wie er sie in Erinnerung hatte. Sehr klein zwischen den Tortillas klatschenden Mädchen, nicht besonders lieblich, nicht besonders zart, ein wenig verwildert, ein wenig rank. Sie fing bei seinem Anblick vor Freude zu zittern an. Er war zuerst etwas enttäuscht gewesen, obwohl er sie auch nicht in seiner Erinnerung mit Schönheit geschmückt hatte. Doch wie sie vor Freude zitterte, war er stolz. Ihr freches Gesichtlein wurde weich unter den Schatten der dichten Wimpern. Die Stunde erschien ihm unerträglich, die sie jetzt noch voneinander trennte. Er kaufte sich drei Tortillas, aber keine, die schon bereitlagen. Er wartete ab, bis Crisanta ein paar geklopft und von der heißen Platte genommen hatte. Er wartete kauend vor der Tür.

Crisanta gab auf die lustigen Fragen ihrer Gefährtinnen keine Antwort. Sie war auch den Rest der Arbeitszeit still.

Jetzt war dieser Mensch sogar gekommen, bevor sie sich von ihrem ersten Gehalt dieselben Ohrringe wie die Tante Dolóres kaufen konnte. Der Abend war kalt. Sie hatte keine Jacke, keine Strümpfe. Nur ihr Kattunkleid und ihren Rebozo, den sie sich um Kopf und Schultern wickelte. Der Junge packte sie mit zwei Händen und schob sie vor sich hinauf auf den Autobus. Der war von Arbeitern vollgepfropft, der Junge hing an der Außenwand. Crisanta hatte nicht geahnt, wie groß die Stadt war. Sie hätte sich allein ohne Schutz gefürchtet. Der Junge stellte sie wieder auf den Boden. Sie gingen ein langes Stück, er fragte: »Wie heißt du?« – »Crisanta«, und sie erzählte, warum sie so hieße. »Und du?« – »Miguel.« – Sie liefen durch ein paar lange Straßen. Der Staub war im Mondlicht wie Reif. Sie liefen durch eine Toreinfahrt in einen schmalen und tiefen Hof, der eine abgesonderte Gasse war mit Wohnungen rechts und links. Mit Holzkohlenöfen. Mit Pflanzen in Kübeln und in Konservenbüchsen. Mit einer Pumpe. Mit Metaten, gerieften Brettern, um Mais zu zerreiben. Mit einem Truthahn, der sich im Dunkeln als Herr aufspielte.

Crisanta hatte längst aufgehört, sich umzusehen. Es gab nichts mehr, was sie anging zwischen dem Hof und den Sternen. Der Junge schob sie in eine der Türen. Er bewohnte das Zimmer mit ein paar Freunden. Jetzt war nur einer daheim, der stand wortlos bei ihrem Eintritt auf. Er sah sich Crisanta noch einmal schnell im Hinausgehen an.

Sie hatten seit ihrer Trennung – das war die Zeit seit der Autobusfahrt – so heiß aneinander gedacht, daß sie jetzt keine Zeit mehr brauchten. Was vorher ihr Leben gewesen war, schimmerte nur noch manchmal ein wenig in das Zimmer, wie der Hof hinter der Tür. Wenn später noch etwas geschah – sie dachte aber nicht weiter. Das Glück hatte mit Zeit nichts zu tun. Warum soll es aufhören, wenn es mit Zeit nichts zu tun hat?

Miguel sagte, er müsse sie jetzt an den Autobus bringen, er habe Nachtschicht. Crisanta sah erst im Weggehen, daß noch jemand im Zimmer schlief, auf einer Matte zwischen den eisernen Bettgestellen. Miguel gab ihm einen derben Schubs. »Auf, Pablo, es ist Zeit!«

Crisanta klatschte von jetzt an ihre Tortillas geschwind wie nie. So gut wie nie war der Boden gefegt. Sie riß sogar anderen den Besen weg. Sie hatte immer Lust zu lachen.

Die Tante Dolóres war froh, daß Crisanta mit einem Fremden lief und nicht für ihren Mann in Betracht kam.

Miguel sagte nach einer Woche, Crisanta müsse von nun an allein zu ihm im Autobus fahren, er habe keine Zeit, sie an der Tortilleria abzuholen, er müsse jetzt abends in die Schule. Ob sie nicht auch schon für eine Schule bestimmt sei?

Denn um diese Zeit begann die Regierung eine große Kampagne, um möglichst viel Menschen, die noch nicht lesen und schreiben konnten, in Abendschulen zu schicken. In jedem Stadtviertel war eine Schule eröffnet. Beamte gingen von Haus zu Haus und schrieben den auf, der noch in keiner gewesen war. Sie kamen auch in die Wohnung der Tante Dolóres. Sie schrieben Crisanta auf. Dieselbe Woche kam auch eine Nonne mit einer Liste. Es war durch Gesetz untersagt, in geistlicher Tracht außerhalb der Kirche umherzugehen. Man sah aber gleich am Gesicht und am langen Rock: eine Nonne. Sie redete Tante Dolóres zu, die Kinder in ihre Schule zu schicken. »Denn wenn sie mal lesen können«, sagte die Nonne, »verlieren sie leichter ihr Seelenheil; sie können dann leichter etwas Verbotenes lesen.«

Die Jungen lachten abends in Miguels Zimmer, als Crisanta von dem Besuch erzählte. Sie blieben jetzt manchmal, wenn sie kam, und schwatzten und tranken und sangen. »Die Nonne hat recht«, sagte Pablo, »nur umgekehrt. Zum Beispiel ich, ich kann lesen, ich lese die Zeitung. Ich denke immer, wenn jemand den Schwindel liest und durchschaut ihn nicht, verliert er wirklich sein Seelenheil.«

Miguel sah seinen Freund Pablo, den er sehr liebte, nachdenklich an. Crisanta fühlte einen Stich Eifersucht. Es war ihr eine Sekunde lang, als sei es kälter geworden. Doch Miguel hatte kein Mädchen angestarrt, nur seinen Freund Pablo.

Er ging in die Abendschule seines Bezirks, und Crisanta

ging in die ihre. Zuerst kam ihr alles lustig vor. Es gab auch dort wieder eine Menge neuer Gesichter. Das regte sie auf und machte sie scheu. Zu jedem Gesicht gehörte sein Anteil Leben. All diese Arbeiter, Schuhputzer, Marktfrauen, Straßenhändler, Hausmädchen gehörten, um lesen und schreiben zu lernen, gerade in diese Abendschule. Sie waren auch alle neugierig, zu erfahren, warum Crisanta in ihrem Bezirk war. Das machte das Leben dicht. Sie rückten eng in den Bänken zusammen. Der Lehrer war jung und sanft. Man schämte sich vor ihm. Er machte Mut und war streng. Er war wie ein Pater. Er schimpfte, wenn man schon wieder dasselbe falsch gemacht hatte. Es war auch lustig, wie er die einzelnen A und O aus den Worten herausschüttelte und auf die Tafel schrieb. Die Buchstaben, wenn sie sich einzeln wichtig machten, sahen so rund oder spitzig aus, wie sie von vornherein klangen. Dann kamen aber auch andere Buchstaben, die anders hießen, als sie aussahen. Es war auch schwer, sie wieder zu ganzen Worten zusammenzuziehen. Dabei kamen Worte heraus, die man tausendmal täglich blindlings rief. Crisanta staunte den dicken alten Maurer an, der neben ihr saß. Er kannte bald alle Buchstaben. Er konnte sie schnell zu Worten zusammenziehen.

Miguel fand einen besseren Arbeitsplatz. Er wechselte auch seine Abendschule. Er ging dorthin zur gleichen Stunde, zu der Crisanta zum Unterricht hätte gehen sollen. Sie hatten zuerst zusammen über den Heften gelacht, wenn ihre G hüpften statt rollten. Pablo hatte ihnen geholfen. Er hatte nur Miguel gelobt. Er hatte sie böse angefahren. Sie wollte nicht dicht neben Miguel sitzen, nur um immerzu auf Hefte zu starren. Sie schämte sich auch vor Lehrer und Klasse, weil sie noch nicht gelernt hatte, die einzelnen Buchstaben zu Worten zusammenzuziehen. Sie schämte sich auch vor Miguel. Sie war von vornherein sicher gewesen, daß er genausogut wie der Maurer in ihrer Bank lernte. Miguel konnte bereits lesen, was auf der letzten Seite im Schulbuch stand, von einem Mann, der Juarez hieß.

Sie ärgerte sich, weil die Töchter der Tante Dolóres von ihrer Nonne zum Lobe bunte und goldene Bildchen geschenkt bekamen, die Jungfrau von Guadalupe. Obwohl Crisanta der Meinung war, sie stellten sich nur so, als ob sie die ganze Geschichte schon lesen könnten. Wie die Maria von Guadalupe einem armen Indio erschienen war. Zum erstenmal einem Mann, der nicht weiße Haut hatte. Und ihm Rosen geschenkt auf einem kahlen Berg, wo sonst nur Kakteen wuchsen. Das hatten die Töchter sicher so lange erzählt bekommen, bis sie es auswendig wußten. Sie rannte von jetzt an abends statt in die Schule zum Autobus, um zu Miguel zu fahren. Die Zeit zwischen zwei Zusammensein war wie Luft. Crisanta zählte die Minuten erst, wenn der Tag fiel. Wenn Miguel Crisantas Schritte hörte, zog er manchmal die Brauen zusammen, weil Pablo neben ihm saß und ihm aus der Zeitung vorlas. Seine goldgrünen Augen glimmten, sobald Crisanta an ihrem Tisch saß. Crisanta glaubte, alles sei noch genauso wie beim erstenmal in der Tortilleria.

Es war auch noch kaum Zeit vergangen. Sie hatte erst ein Monatsgehalt bekommen. Auf einmal erschien Frau Mendoza, die Hochzeit fände am nächsten Sonntag statt. Crisanta hatte inzwischen beinahe die Familie González vergessen. Sie war jetzt erregt, sie hatte jetzt Reue. Ein Hochzeitsfest kam ihr nicht mehr so gewaltig vor. Der Truthahn, den sie jetzt schlachteten – es war ihr auf einmal klar, daß sie in der Stadt oft gute Speisen gegessen hatte. Sie dachte jetzt Tag und Nacht an ihre Pflegemutter. Sie redete unaufhörlich von der Familie González. Sie kaufte Geschenke für ihr volles Monatsgehalt. Sie wählte die Farbe, die sie am liebsten hatte, unter den Kleidern aus, die morgens der Straßenhändler von seiner Stange verkaufte. Den gleichen Rebozo, den die Tochter der Frau González für sie abgelegt hatte, geblümte Taschentücher, Ohrringe, allerart Schmuck. Sie wollte die ganze Familie überschütten. Dann fiel ihr ein, daß sie schon ihr Fahrgeld verbraucht hatte. Die Mädchen in der Tortilleria erklärten ihr, sie könnte ruhig von Tante Dolóres Zuschuß verlangen. Die Tante Dolóres stellte sich großmütig. Sie war aber froh, Crisanta so lange wie möglich an sich zu knüpfen. Die Liebe hatte Crisanta flink und gehorsam gemacht. Ihr Freund konnte sie zu einem anderen Platz überreden.

Miguel hatte längst einmal seine eigene Familie besuchen wollen. Sie fuhren wieder zusammen im Autobus. Miguel versprach, sie am folgenden Tag bei den González abzuholen.

Der Willkomm war, wie ihn Crisanta erhofft hatte. Die Freude über ihre Geschenke wollte kein Ende nehmen. Crisanta selbst glänzte vor Freude. Alles war zur Hochzeit gedeckt. Es roch nach gebratenem Truthahn. Frau González hatte mehr Öl verbraucht als sonst in einem Jahr. Und wie sie schon alle beim Festmahl saßen, die Tür stand offen und immer mehr Gäste strömten herein, da schickte die Frau González, die sonst auf jedes Gramm achtgab, nach immer mehr scharfen und süßen Speisen und Schnaps. Sie ließ heute alles anschreiben. Sie redete auch den Männern nicht drein, die tranken. Heut war ein Tag, um aller Sorgen ledig zu werden. Da sollte es ihnen wie den Seelen zumute sein, die Christus aus der Hölle geführt hatte. Nachts mußten schon manche weg; sie tappten recht und schlecht auf die Straße, zum Lastwagen, der zum Bergwerk fuhr. Die meisten schliefen auf den Matten. Frau González kochte für alle Kaffee. Da hatten sie noch mehr Lust als gestern zum Singen und Gitarrespielen. Sie waren jetzt richtig auf den Geschmack des Festes gekommen. Crisanta war ganz in das Hochzeitsfest eingetaucht. Ihr Herz fing denn doch um die gleiche Zeit wie sonst an zu klopfen, als der Tag abkühlte und stillstand. Sie zupfte ihr Haar und ihr Kleid zurecht – da war auch schon Miguel.

Er stand sich sofort mit allen gut. Crisanta sah ihn unverwandt an. Er sah Crisanta nicht an. Er sprach mit den Männern. Er sagte: »Ich ging aus meiner ersten Fabrik in die Fabrik Reyes, Leder. Das tat ich, weil sie dort mehr zahlen. Sie zahlen mehr, sie verlangen mehr. Sie sagen dir nicht sofort: Wir verlangen mehr. Du merkst es. Du meinst zuerst, du schwitzt da wie dort deine acht Stunden ab. Nun, du kannst Wasser schwitzen, du kannst auch Blut schwitzen. Sie sagten mir dort, kurz vor mir sei eine neue Maschine angekommen, mit Zahnrädern, komisches Ding. Ein fremder Mensch sei mit der Maschine angekommen, der hat den Aufseher und die Maschine eingeschult, einen Morgen lang. Mit gelben Zähnen, ein fremder Mensch, mit blauen Augen, mit roten Haaren. Ein Gringo, der aber so wie wir sprach. Sie zahlen uns mehr, wie soll ich sagen, aber es kostet uns mehr. Und wenn du mal auf die Straße rennst und ißt ein Eis, oder du kommst mal später, es wird dir gleich abgezogen. Oder du hast ein Stück verpatzt oder bist nicht fertig, wenn der Aufseher nachzählt – gleich abgezogen.«

Frau González sagte: »Warum gehst du dann nicht wieder in deine Familie zurück, in eure Töpferei?«

Miguel sagte entschieden: »Nein.« – »Warum nicht?« Miguel dachte einen Augenblick nach. »Sie zahlen uns etwas, was ausgemacht worden ist. Sie ziehen uns ab, was ausgemacht worden ist. Wir haben nur nicht daran gedacht. Sie haben es aber schwarz auf weiß und lesen es vor, es war ausgemacht. Sie sind eine Räuberbande, kein Zweifel, nur man ist nicht allein. Wissen Sie, Frau González, daheim, in der Familie, da ist man immer beisammen, da ist aber trotzdem jeder, zum Beispiel ich – allein. Ich muß mich daheim durchschwindeln – allein. Ich mache etwas kaputt – allein. Ich mache etwas sehr gut – allein. Ich brauche mal was ganz Besonderes – allein.«

Die Männer hörten aufmerksam zu. Sie verstanden nicht ganz, was er sagte. Vielleicht, weil es anders bei ihnen zuging. Es war zwar fast dasselbe im Bergwerk, es war aber in der Familie anders. Miguel fuhr fort: »Wenn nicht viel verdient wird, ist es daheim ein Elend. Wie neulich der Reis plötzlich teurer wurde, haben wir in der Fabrik alle zusammen mehr Lohn verlangt. Wir haben alle zusammen die Arbeit weggeschmissen. Was hätten wir schon daheim tun können, als der Reis teurer wurde? Noch ein paar Töpfe mehr drehen, damit wir den Reis verdienen. Was? Sie haben uns dann in der Fabrik mehr Lohn gegeben, wahrhaftig. Sie haben auch keinen rausgeschmissen, sie haben auch keinem was abgezogen. Nicht, weil sie uns liebhaben, sondern weil sie selbst abliefern mußten, weil sie unsere Arbeit brauchten. Sie schmeißen sonst raus, sie ziehen sonst ab für jeden Dreck. Da nicht.« – »Nein?« – »Nein. Das war ein Streik. Wir gewannen.«

»Das wollten wir bei uns auch«, sagte der Schwiegersohn, »das hätte ich mitgemacht. Die meisten bekamen plötzlich Angst, sie würden dann doch noch rausgeschmissen.« Miguel fuhr fort: »Sobald ich lesen und schreiben kann, will ich weit fort. Ich will nach Campeche, zu meinem Onkel. Er sagt, wenn ich wirklich lesen und schreiben kann, will er mir dort eine Stelle verschaffen. Ich will hier nicht immer bleiben. Das Land ist groß, es gibt bei uns viele Städte. Ich will welche sehen.« Da sagte der alte González: »Es war hier in meiner Jugend noch viel schlechter. Es gab für uns kein Licht. Wir kamen nur über Tag, um zu schlafen. Wir haben uns auch zusammengetan. Wir sind auf die Stadt zu marschiert. Ich war so klein wie mein Kleiner. Sie haben uns auch nichts abgezogen, mein Freund, sie haben auf uns geschossen. Der alte Hund in seinem Präsidentenpalais hat vor uns Angst bekommen. Er hat so lange und so weich darin gesessen, er hat weggemußt.« Bei dieser Erinnerung glitzerten seine Augen wie die von Miguel bei der Erinnerung an den Streik.

Crisanta sah immerfort Miguel an. Er wußte mehr als die anderen. Er hatte viel vor. Dann brachen die Männer González zum Bergwerk auf. Der Vater ging allein mit dem neuen Schwiegersohn. Sie waren schon lange gut Freund. Der Junge war jetzt schon finster und schweigsam. Wenn nicht plötzlich etwas über ihn kam, die Liebe oder ein großer Zorn. Sie hatten beide jetzt keine Lust, ihre paar Worte auf Gedanken an ihre Gäste zu verschwenden. Sie grübelten über alles nach, was Miguel erzählt hatte. Der alte González sagte seufzend: »Er ist noch jung.« – »Ja«, sagte der andere, »und ganz allein. Da geht er, wohin er will.« Sie sprachen nicht von Crisanta. Sie bedachten nur beide flüchtig, was dabei für sie herauskam.

Crisanta dachte sich nichts. Sie hatte die Zeit nie gezählt. Sie zählte auch jetzt nicht. Das Leben breitete sich von selbst nach allen Richtungen aus. Sie ging mit Miguel an alle Enden der Stadt. Es war ihr, er schenke ihr Stücke Stadt. Sie ging mit ihm auf den Mercedes-Markt. Es war ihr, als hätte sich, was ein Volk sein Lebtag braucht an Kleidern und Schuhzeug, an Essen und Trinken, an Sätteln und Messern, an Strohhüten und Rebozos, an Töpfen und Krügen, an Schmuck und an Heiligenbildern, hier zusammengefunden. Sandalen und Reitstiefel wuchsen in Markthöhlen, auf Stangen gereiht, wie Bananen an Stauden. So viele buntgemusterte Stoffe, als hätten die Händlerinnen alle Gärten entrollt. In einer anderen Höhle wuchs Bast. Da gab es bastgeflochtene Reiter und Riesen bis zur Decke und aufeinandergeschichtete Körbe, turmhoch. Wie einer allein nicht beachtet wird und viele zusammen mächtig erscheinen, so hatte Crisanta nie auf den Marktkorb der Tante Dolóres achtgegeben, doch hier in der dämmerigen Höhle war sie bestürzt von dem rot und blau gescheckten Gebirge aus Marktkörben. So war es mit allen Dingen auf dem Mercedes-Markt. Mit allen Früchten. So war es auch mit den Töpfen, die Miguels Familie verkaufte. Es war eine ganze Schlucht voll Töpfe, und Miguels Familie, obwohl sie alle zusammen, Kinder und Enkel, Tag und Nacht kneteten, drehten, bemalten, glasierten, hatte hier nur eine Bude belegt. Crisanta erkannte die Töpfe wieder wie eine bestimmte Pflanze. An ihren Henkeln und ihrer Glasur. Sie lachten alle im Rücken der fremden Frau, die das Rezept wissen wollte, nach dem sie den Ton mischten; denn diese Töpfe zersprangen auch auf dem Feuer nie, als ob sie aus Eisen wären. Es war eine weiße spitzige Frau mit fahlen Haaren und Augen. »Da will sie noch für einen Peso unser Rezept zum Topf«, sagte Miguel; »soll sie sich im Warenhaus Aluminium kaufen.« Er sagte »unser Rezept«, obwohl er in die Fabrik ging.

Sie gingen zusammen ins Kino. Das Stück gefiel beiden so gut, daß sie einander vergaßen. Ein Mädchen, schön wie ein Engel, rutscht immer tiefer ins Unglück. Sie wird verführt und verlassen. Sie kommt von einer Hand in die andere. Sie hat Pech mit den Männern. Sie hat ein Kind, das kommt in ein Waisenhaus. Die Mutter wird elend und alt. Sie kommt ins Gefängnis. Als sie ihren Sohn in der Schule besucht, erkennt er die eigene Mutter nicht. Er hat inzwischen lesen und schreiben gelernt. Er hat studiert. Er wird Jurist. Er verteidigt vor Gericht eine unbekannte zerlumpte Frau. – Crisanta kam ganz betäubt auf die Straße. Sie dachte sonst nie an etwas, was schon vorbei war. Jetzt dachte sie immerfort an das Mädchen in seiner Jugend und Schönheit und in seinem Elend und Alter. Das war alles gleichzeitig, schon vergangen und immer da.

Miguel dachte immerfort an den Sohn. Es war gut, daß er nicht bei der Mutter geblieben war. Es war gut, daß er viel gelernt hatte.

Sie fuhren zum »Fest der Jungfrau« hinaus vor die Stadt nach Guadalupe. Ob sie an das Wunder glaubten, ob sie nicht daran glaubten, die ganze Stadt zog nach Guadalupe. Es war ein Wunder des Landes gewesen. Die Jungfrau war braun gewesen. Sie war einem Indio erschienen. Im Morgengrauen traten als Krieger verkleidete Tänzer als Spanier, als Mexikaner, mit Helmen, mit Federn, zum Spiel vor der Kirche auf. In Wirklichkeit war dabei so viel Blut geflossen, daß es erstaunlich war, wie viele heute noch lebten. In den Augen der kleinen Kinder und Frauen war immer noch eine Spur Schwermut, ein Rest Trauer. Das war wie der Bodensatz aus den Zeiten der Leibeigenschaft und darüber ein neuer Bodensatz aus neuen Leiden. – Miguel war freigebig. Crisanta hatte kein Geld, weil sie alles für Geschenke ausgegeben hatte. Er führte sie in alle Jahrmarktsbuden, er kaufte ihr viele Süßigkeiten. Das Fest war noch nicht auf der Höhe, und es waren noch immer Sterne am Himmel. Sie feierten auch im September zusammen den Nationalfeiertag, den »Ruf von Dolóres«. Crisanta hielt sich an Miguels Gürtel, um ihn im Gedränge nicht zu verlieren. Die Menge schäumte vor dem Präsidentenpalais, und auch die Raufbolde, die Betrunkenen gaben ein wenig acht, um die kleinen Kinder nicht zu zerstampfen, die nicht mehr in den Rebozo der Mutter zu noch kleineren schlüpften. Dann horchten sie alle schweigend auf die Glockenschläge der kleinen Glocke von Dolóres, die jetzt in der Hauptstadt das Fest ankündigen durfte, weil sie einst zur Befreiung geläutet hatte. Nach ihrem letzten Schlag schäumte das Volk, es tobte, jubelte, schrie. Als müßte man diese Nacht auch mit Schnaps und mit Messern feiern, mit Feuerwerk und Pistolen, was an Enttäuschung und Wirrwarr auf die Befreiung gefolgt war. Als müßte man all das teure Blut zusammen mit dem feiern, was durch Verrat, Verleumdung, Ehrgeiz und Habgier vergossen wurde.

Crisanta freute sich über alle Wege, die sie mit Miguel zusammen ging. Sie wäre mit ihm in die Fabrik gegangen, auf Feldarbeit, in die Töpferei, auch auf Hochzeiten und auf Feste. Sie wäre mit ihm in den Krieg marschiert, in Demonstrationen, in Prozessionen. Die Hauptsache, er ging vor ihr her. Er schob sie nicht mehr vor sich her. Er ging jetzt hochmütig, geradezu sicher, daß sie ihm folgte.

Er schickte sie einmal wieder heim, der Lehrer hätte versprochen, ihm etwas vorzulesen. Crisanta wartete vor dem Haus. Er schalt sie bei seiner Rückkehr. Crisanta erschrak, als Pablo sie fragte, ob sie ihr Examen in der Abendschule bestanden hätte. Sie war nie mehr hingegangen. Pablo durchschaute sie, lachte.

Miguel sagte einmal, er müsse jetzt bald aus Mexiko weg. Ein Fuhrmann hätte versprochen, sie auf seinem Lastwagen bis in die Stadt Oaxaca mitzunehmen. »Wie weit ist das?« – »Eine Nacht. Er kann uns plötzlich holen. Wir müssen dann von einer Minute zur anderen fort.«

Er hatte viel mehr Fragen erwartet. Pablo hatte ihm sogar geraten, Crisanta von ihrem Plan nichts zu verraten. Sie würde weinen. Sie würde ihn stören. Er könnte ihr doch nicht helfen. Miguel hatte zuerst erwidert: »Hör mal, wie dieser Alfonso nach Kalifornien auf Arbeit fuhr und seine Familie hörte nie mehr von ihm, da hast du selbst gesagt, das ist schlecht.« Pablo hatte gesagt: »Das ist etwas anderes. So einer wie du kann sich nicht gleich und für ewig beladen. Du mußt von hier fort.« Pablo hatte wahrscheinlich recht. Er wollte fort, und er wollte in ein anderes Leben. Er wollte nicht seine Tage verbringen wie der Mann der Tante Dolóres, wie der Vater González. Er wollte viel lernen. Er wollte viel sehen. Er brauchte eine ganz andere

Art Mädchen. Nur, warum war Crisanta nicht erschrocken? Auf einmal kam ihm der Gedanke, Crisanta hätte sich bei seinem Satz »Wir fahren« gar nicht Pablo und Miguel vorgestellt, sondern Miguel und Crisanta. Das bedrückte ihn, aber Pablo sagte: »Was glaubst du, meinst du, der Abschied würde ihr leichter, wenn er länger dauert?« Er dauerte auch nicht länger. Denn in der folgenden Nacht kam der Fuhrmann. »Los, Jungens, wenn ihr noch Lust habt.«

Als Crisanta am folgenden Abend um dieselbe Stunde in den Hof kam, sagte eine Frau, die auf dem Boden hockte und Mais zerrieb: »Zu wem willst du denn heute?« Crisanta erfuhr, Miguel und Pablo seien schon abgefahren. Die Jungens im Zimmer betrachteten sie teils spöttisch, teils mitleidig. Es gab zwei, die sie finster betrachteten. Crisanta verstand alles, sagte nichts. Sie stand steif auf den Füßen. Das Zimmer drehte sich um sie herum. Sie wartete, bis es wieder ruhig stand. Dann sagte sie ganz lustig, sie hätte das schon gewußt, sie hätte Miguel selbst zur Reise geraten. Sie sei nur gekommen, um etwas Vergessenes zu holen. Ein Junge rief: »Falls du was auf meiner Matte vergessen hast« – und ähnliche Sachen, die Jungens bei solcher Gelegenheit sagen. Crisanta blieb keine Antwort schuldig. Die Frau, die im Hof Mais zerrieb, horchte kopfschüttelnd auf ihr Gelächter. Crisanta verbeugte sich plötzlich und ging.

Es war Nacht. Es war kalt. Crisanta wollte nicht zu der Tante Dolóres zurückgehen. Sie wollte nie mehr zur Tante Dolóres. Sie wollte nicht in ihre Wohnung und nicht in die Tortilleria. Sie wollte auch nicht nach Pachuca. Sie wollte auch nie mehr zu den González. Sie wollte nichts gefragt werden. Sie wollte nirgends mehr hin. Sie lief in den Straßen umher. Sie setzte sich vor eine Tür, bis sie weggejagt wurde. Sie lief eine Weile umher. Sie setzte sich auf die Treppe einer Villa. Eine Gruppe von Musikanten kam durch die nächtliche Straße. Vor der Villa hielten sie, vielleicht weil der Liebhaber einer der Töchter sie herbestellt hatte. Sie packten ihre Gitarren aus, spielten und sangen. Es wurde in einem der Fenster hell, aus einem anderen beugte sich jemand heraus und schimpfte. Crisanta stand auf, als hätte die zornige Stimme ihr gegolten statt den Musikanten, die sich nicht stören ließen und hinter ihr weiterspielten. Crisanta ging die lange Straße hinunter. Sie setzte sich auf die Treppe vor ein großes öffentliches Gebäude. Sie fror. Es war windig. Sie kaute Sand. Sie schloß die Augen. Sie suchte in ihren Gedanken, krank vor Heimweh, den Ort, an dem sie sich einmal als Kind behütet und warm gefühlt hatte wie nie mehr später. Sie wußte noch, es war blau gewesen. Die Welt war dahinter vorbeigeströmt und nicht eingedrungen. Sie konnte sich aber nicht einmal mehr auf das Blau besinnen. Es war in ihr ebenso hohl wie außen, ob sie die Augen schloß oder offenhielt. Die Sterne waren ebenso einsam am Himmel wie die einzelnen Menschen vor ihr auf dem öden Platz. Sie trottete ein Stück weiter. Sie setzte sich wieder vor eine Tür. Sie wurde wieder verjagt. Es wurde Morgen. Sie war hungrig. Sie hatte nicht Kraft, nicht Lust zum Reden. Und Betteln hätte Reden erfordert. Sie stahl sich etwas auf einem Straßenmarkt. Auf diese Weise vergingen zwei, drei Tage. Sie bekam Lust auf Licht und auf Wärme. Sie hörte Musik aus einer Kneipe. Ein fremder Mann trat heraus und faßte sie an. Er war nicht blöde, der fremde Mann. Er sagte: »Wie siehst du denn überhaupt aus! Bevor du mit mir reingehst, Kleine, mach dich mal ein bißchen zurecht. Du hast ja ein ganzes Kornfeld auf deinem Rebozo.« Sie schüttelte sich, sie flocht ihre Zöpfe. So fing es an, so ging es weiter. Sie saß mal in schlechten Kneipen herum, mal in den Cafés in besseren Straßen. Mal nahm sie ein Reisender in ein Hotelzimmer mit, mal ein Straßenhändler in seine Bude. Sie half mal jemandem, einen Obsttransport auf Maultieren über Land zu bringen.

Sie schlief mal auf einem Lastauto mit einem ausländischen Chauffeur. Dann war es so sichtbar, sie war schwanger, daß sie eine feste Bleibe suchte. Sie stieß auf ein Mädchen, das mit ihr in der Tortilleria gearbeitet hatte. Das Mädchen sagte: »Du kannst bei mir niederkommen. Sie schreiben dich auf ihre Liste, und wenn du mal aufgeschrieben bist, dann lassen sie dich nie locker.« Das Mädchen sagte auch: »Meinst du, die ausländischen Frauen wären so dumm wie wir? Sieh mal, ich habe acht Geschwister. Ausländische Frauen warten nicht ab, bis es soweit ist, und man kann bestraft werden. Sie warten erst gar nicht ab, bis das Kind für alle zu sehen ist und auf eine Liste geschrieben wird. Sie machen schon Schluß, schlau wie sie sind, bevor es den Kopf ins Licht gestreckt hat. Es kommt erst gar nicht zur Welt.« Crisanta war diesem Mädchen dankbar. Es kam ihr gerissen vor. Es war auch ordentlich. Es nahm sie auf.

Das Mädchen sagte später: »Siehst du, wie gut, daß du mich getroffen hast. In einem Krankenhaus wäre das Kind sofort auf eine Liste geschrieben worden. Jetzt war das Kind nie da. Jetzt ist alles vorbei.« Darauf sagte Crisanta nichts. Sie war manchmal lustig. Sie stellte sich manchmal wie eine Verrückte an; sie schimpfte und weinte und schrie. Sie brachte dem Mädchen, wie sie es ausgemacht hatten, das erste verdiente Geld. Sie war aber ihrer neuen Arbeit bald leid. Immer Kreuzstiche sticken, immer dieselben Vögel. An ihrem letzten Arbeitstag stickte sie, um die Aufseherin zu ärgern, einen anderen Vogel, als ihr befohlen war, in Rot statt in Blau, auf den weißen Stoff, nach ihrem Einfall statt nach dem Muster. Dieser Vogel fand dann zwar großen Anklang: er brachte ein paar Dutzend Nachbestellungen. Aber Crisanta erfuhr davon nichts, denn sie hatte sich an das andere Ende der Stadt verzogen.

Sie sah jetzt wieder wie früher aus. Sie hatte wie früher Lust zum Lachen und Schwatzen. Sie war jetzt klüger im

Umgang mit Männern. Sie ging zum Friseur. Sie kaufte sich einen Mantel im Warenhaus. Sie wußte auch, Ausländer haben manchmal gern Mädchen, die aussehen, wie sie sich Eingeborene vorstellen: scheu, fröstelnd, mit einem Rebozo, mit Zöpfen. Sie wußte, daß ihre Wimpern in ihrem Gesicht das Schönste waren, und schlug, wenn sie etwas verlangte, die Augen nieder. Sie hatte manchmal einen Anfall von Haß, sie schloß sich dann ein und vergrub sich. Dann ließ die Verzweiflung von ihr ab. Sie bekam wieder Lust auf Licht und auf Wärme.

Sie traf den Maurer, der mit ihr in die Abendschule gegangen war. Er hatte ihr immer einen zähen, bedächtigen Eindruck gemacht. Den machte er immer noch. Er trug noch dieselben Kleider, viel abgewetzter. Crisanta fand, das Leben laufe immer weiter, ob man lesen und schreiben kann oder nicht. Was nützte es in dieser Welt einem Maurer, wenn er auch gelernt hatte, Buchstaben schnell zu Worten zusammenzuziehen? Der alte Maurer brachte sie in eine Gesellschaft von jüngeren Maurern. Sie blieb an einem von ihnen hängen. Sie bauten gerade am Stadtrand ein großes Haus. Die Baugesellschaft schickte ihre Arbeiter zu diesem und jenem Neubau, samt ihren Familien. Und wie die Zigeuner schlugen die Maurer jeweils auf einem neuen Gelände ihre Behausungen auf und siedelten um, wenn woanders ein Fundament gesetzt wurde. Der junge Maurer, der noch keine Familie hatte, nahm Crisanta in seine Hütte.

Die Familie González hatte sich längst gewundert, daß Crisanta nie mehr gekommen war. Frau Mendoza wußte von ihrer Tante Dolóres, daß Crisanta auch dort verschwunden war, mit Hinterlassung von Schulden. Eine Töpferfamilie wußte von Töpfern im Nachbarort, daß Miguel aus Mexiko fort war, ohne Crisanta. Da dachten sich die González den Rest dazu.

Frau Mendoza war bedrückt. Zwar, niemand kam auf den

Gedanken, gerade ihr einen Vorwurf zu machen. Sie hatte aber ein Schuldgefühl. Weil sie es gewesen war, die das Mädchen zuerst auf seine Arbeitsstelle gebracht hatte. Das Mädchen hatte durchaus kein Glück auf dem Weg gehabt, den es auf den Rat der Frau Mendoza einschlug. Es war nirgendwo angelangt. Da dachte die Frau Mendoza, es sei an ihr, das Mädchen zu suchen.

Crisanta hatte schon keinen guten Stand mehr bei ihrem Maurer. Die Maurersfrauen fingen schon an zu schimpfen. Es gab schon viel Unordnung. Das Lager wurde ohnedies abgebrochen. Sie trieb sich tagsüber auf dem Gelände herum. Sie sah aus der Ferne den Bauern zu, die, mit Maultieren oder zu Fuß, mit Obst und Gemüse oder mit anderen Waren beladen, von den Bergen zum Markt in das Tal von Mexiko stiegen. Bevor sie den Stadtrand erreichten, machten sie Rast. Sie zogen ihre Sandalen an, die sie unterwegs geschont hatten. Crisanta erblickte eine Töpferfamilie, die Frauen mit kleinen Kindern beladen, die Männer mit dem Geschirr. Es war ein Geschirr mit starker Glasur, denn es glänzte im Sonnenschein. Bei diesem Anblick fühlte Crisanta keine Erinnerung mehr, keine Trauer. Sie hatte nur ein vages Gefühl von Bekanntschaft mit dem Handwerk der Töpfer.

Doch einer der jungen Töpfer, der etwas tiefer herabstieg, um Wasser zu trinken, hatte Crisanta erkannt. So kam es, daß Frau Mendoza schon am folgenden Nachmittag durch eine der schönen Straßen am Stadtrand zwischen den weißen, neuen, bereits in bläulichen Blumen erstickten Häusern auf das Baugelände zu trottete. Sie fragte die Frauen nach Crisanta. Sie bekam so genau und zornig Bescheid, wie sie erwartet hatte.

Crisanta erschrak bei dem Anblick ihrer Besucherin. Sie war aber höflich und munter. Als ihr die Mendoza bedeutete, sie müsse sofort mit ihr auf den Autobus nach Pachuca, war sie genauso bestürzt wie glücklich. Es war ihr im letzten Jahr gelungen, jeden Gedanken an die González abzuschütteln, so daß man sagen könnte, sie hätte diese Familie vergessen. Sie hatte sich aber mit aller Kraft nicht mehr an sie erinnern wollen, um nicht dort nach Obdach fragen zu müssen und dabei Rede und Antwort zu stehen. Als sie nun laut befohlen bekam, etwas zu tun, woran sie nicht einmal zu denken gewagt hatte, gebrauchte sie keine Ausflucht, sondern tat, was sie gewohnt war. Sie gehorchte dem Menschen, der stärker war als sie selbst. Denn sie, Crisanta, war schwach, klein, unwissend.

Die Frau González machte von ihrem Erscheinen kein Aufhebens. Die Männer waren im Bergwerk. Crisanta schlief auf ihrem alten Platz auf der Matte neben der ältesten Tochter. Sie hatte noch weniger Raum als früher, denn die älteste Tochter war schwanger. Sie hatte inzwischen schon einmal geboren. Das Kind schlief in einer ausgestopften Kiste, die, mit Schnüren befestigt, von der Decke herabhing. Das war die einzige Veränderung im Zimmer und in der Familie. Crisanta merkte gleich, daß es hier viel zu eng war, als daß sie hätte bleiben können. »Ach, arme Kleine«, sagte die Frau González, »was wirst du jetzt tun? Und du bist wieder verfallen.« Crisanta hatte noch gar nicht daran gedacht. Die Pflegemutter sah ihr sofort an, daß sie wieder ein Kind erwartete. Da war es ein Glück für alle, daß Frau Mendoza bereits einen Rat wußte. Die Schwester der Schwägerin ihres Mannes war mit einem Mann verheiratet, der in der Stadt Mexiko Glück gehabt hatte. Sie hatten am Stadtrand eine Bude gepachtet, um an einer Haltestelle Limonade zu verkaufen. Sie suchten jemand, um die Frau abzulösen.

Zu dieser Arbeit brauchte Crisanta nichts anderes zu verstehen, als Orangen zu pressen und Gläser zu reinigen. Bevor Crisanta am nächsten Abend zurückfuhr, begleitete sie den alten González, der inzwischen daheim geschlafen hatte, ein Stück durch den Hof auf die Straße. Ein Truthahn protzte einsam mit seinem glühendroten Schmuck. Vater González sagte, der sei für die Hochzeit der zweiten Tochter bestimmt. Er fügte hinzu: »Da erwarten wir dich«, er fügte auch noch hinzu: »Dein Kind wirst du mitbringen, ich will es sehen.« Er sah sie einen Augenblick scharf an. Crisanta fühlte sich tief im Innern durch diesen Blick getroffen, der sie an Miguel erinnerte. Denn seine Augen waren genauso unerbittlich, genauso goldgrün.

Sie hatte jetzt keine Angst mehr, an Vergangenes zu denken. Sie dachte wieder an Miguel. Sie grämte sich, daß sie nicht früher nach Pachuca gefahren war. Dann hätte sie vielleicht früher auch schon in dieser Bude Orangen auspressen können. Das Kind, das sie jetzt erwartete, wäre das Kind von Miguel gewesen. Jetzt wußte sie nicht, wer sein Vater war.

Sie blieb einmal vor einem Kino stehen, um die Bilder zu betrachten. Sie erkannte die Menschen wieder, die sie im Film mit Miguel gesehen hatte. Sie dachte, ihr Sohn könnte auch ohne Eltern so klug werden wie der Sohn im Film. Er könnte lesen und schreiben lernen. Er könnte studieren. Er könnte sogar ein Doktor werden. Er könnte schlechterdings alles werden, wenn er zur Welt kommen könnte, wie es der Vater González wollte.

Ihr neuer Arbeitsplatz war nicht gut und nicht schlecht. Die Leute, bei denen sie angestellt war, benahmen sich weder grob noch freundlich. Sie waren ein wenig trocken, ein wenig genau. Sie hatten durch diese Gemütsart auch etwas gespart und das Pachtgeld zurückgelegt. Es war halb Gunst, halb Befehl, daß Crisanta, wenn die Frau verkaufte, in Blickweite, nahe der Haltestelle, selbst Äpfel und Zitronen verkaufte. Das tat sie auch noch, als ihr Kind geboren war. Sie wählte sorgfältig bei dem Großhändler für ihren geringen

Überschuß ein paar Dutzend kleine, doch blanke gelbe Äpfel, Zitronen, Tomaten, Knoblauch und manchmal Kräuter. Sie ordnete alles auf dem Boden neben den Schienen auf einem Zeitungspapier in regelmäßige, einladende Pyramiden. Sie hockte sich davor auf den Boden, das Kind in ihrem Rebozo.

Einmal kam ein Windstoß, der Straße und Menschen mit Staub bedeckte. Crisanta steckte ihren Kopf schnell unter das Tuch zu dem Kind. Die Menschen drängten undeutlich im Staub vorbei. Auf einmal fiel ihr der Ort wieder ein, an dem sie als Kind gewesen war. Das unvergleichliche, unbegreifliche tiefe und dunkle Blau. Das war der Rebozo, das Umschlagtuch der Frau González gewesen, und was dahinter strömte, ihr Volk.

Agathe Schweigert

Eine Frau namens Helene Denhöfer lebte zu Beginn des Jahrhunderts in der kleinen Stadt Algesheim, nicht weit vom Rhein. Sie hatte von ihrem Mann ein Kurzwarengeschäft am Stadtrand geerbt, das sie ausgezeichnet versah mit Hilfe ihrer Tochter Agathe. Das Mädchen bediente von klein auf die Kundschaft, sobald es die Schulaufgaben beendet hatte.

Die winzige Wohnung lag hinter dem Laden auf den Hof zu. Der Hof war in Gartenvierecke eingeteilt; ihr eigenes zu gießen und zu jäten war gleichfalls eine der Pflichten des Mädchens. Es hätte wohl sonst noch bläßlicher ausgesehen, noch schwächlicher.

In den Gesprächen von Mutter und Tochter kam nichts anderes vor als die Kundschaft und ihr Bedürfnis an allen Kleinigkeiten, die man Kurzwaren nennt, Bänder und Knöpfe, Nadeln und Litzen und Garne und ähnliche Dinge. Kaum wahrnehmbare Veränderungen in Herstellungsart und Mode waren ein Grund zu Erörterungen, ja zu Kopfzerbrechen, damit man schnell, aber mit ein paar Pfennigen Vorteil das Gewünschte verkaufe.

Die Kundschaft vergrößerte sich bei so viel Eifer und damit der Umsatz, freilich stets den bescheidenen Waren entsprechend. Dazu kam, daß sich mit den Jahren ein paar neue Straßen um den ursprünglichen Stadtrand legten. Eine Konservenfabrik war entstanden, ihre Spargel und Erbsen waren bekannt. Bahnlinien berührten Algesheim; das Städtchen erhielt einen neuen Rangierbahnhof. Bald bildeten mehrere Häuserblocks, meistens von Eisenbahnern und Eisenbahnarbeitern bewohnt, ein Anhängsel mehr als einen Vorort. Frau Denhöfer war zu allen freundlich, wenn sie auch im Herzen die alten Käufer bevorzugte, Handwerker, Geschäftsleute wie sie selbst und kleine Beamte.

Agathe freute sich auf die Schulentlassung, denn in Zukunft konnte sie ohne Behinderung der Mutter im Laden helfen.

Da im selben Sommer der erste Weltkrieg ausbrach, schien ihre Hilfe fast unerläßlich. Die Stadt war voll Soldaten, Tag und Nacht fuhren Truppentransporte über die Rheinebene nach Frankreich. Mit den Fahnen und mit der Marschmusik kam eine neue, hitzige, unbekannte Geschäftigkeit über ganz Algesheim, selbst über Frau Denhöfer. Fremde Menschen in Uniformen, alte Bekannte, die aber in Uniformen völlig verändert schienen, forderten ihren Bedarf an Knöpfen und Litzen und Garnen, goldenen und silbernen, an aller Art Kurzwaren, die mit Uniformen zusammenhingen, mit vaterländischen Festen und auch schon mit Trauerkleidern. Frau Denhöfer, in ihrem Geschäft von jeher gefaßt auf Veränderungen, ließ sich nicht so leicht schwindelig machen. Sie hob einen Notpfennig auf und auch ein kleines geheimes Warenlager, falls der Notpfennig schmelze. Und Agathe vertraute der Mutter. Sie sprach im gleichen eifrigen Ton mit den Käufern über Siege und über Generäle, und nach der Marneschlacht sprach sie beklommen.

Als mit den Niederlagen der Hunger kam, schien es zuerst, Frau Denhöfer und ihre Tochter seien an Einschränkungen gewöhnt, die neuen könnten ihnen nichts anhaben. Von einer Hamsterfahrt in die Dörfer bei frostigem Herbstregen kam aber Frau Denhöfer mit einem für ihre Kleinheit und Magerkeit erstaunlich wilden Husten zurück. Daraus entstand Lungenentzündung; sie starb.

An dem Leben der Tochter war dadurch nicht viel verändert. Die dünne, aber bis in die Todesstunde hartnäckige Stimme der Mutter fehlte ihr abends beim Kassemachen. So sehr glich die schmächtige, zuerst schwarz, dann grau gekleidete Agathe ihrer Mutter, sie war so eifrig und aufmerksam, daß auch die Käufer keine Veränderung merkten. Sie vergaßen manchmal den Tod der Mutter und sagten Frau Denhöfer statt Fräulein Denhöfer.

Agathe selbst schien immer weiter von denselben Sorgen und Mühen bedrängt. Sie öffnete, als die schwerste Notzeit gekommen war, die von ihrer Mutter für diesen Fall vorbereitete Kiste. Jetzt konnten die Leute schlechterdings jeden Lappen verwerten. –

Manchmal humpelte auf Krücken ein Landsturmmann namens Schweigert in den Laden. Seine Frau war an Grippe gestorben. Sie hatte die Nachricht von seiner schweren Verwundung noch empfangen, seine Heimkehr hatte sie nicht mehr erlebt. Schweigert sah düster aus, das mühsame Gehen auf Krücken war ihm zuwider. Sein bißchen Essen machte er sich allein zurecht in der einsamen Küche. Er war Eisenbahner gewesen, ein guter Kollege, hilfsbereit, witzig. Er sehnte sich wohl noch immer in seinem Herzen nach etwas Glück. Die Einsamkeit fraß an ihm. Obwohl ihm das Gehen schwerfiel, zerlegte er jeden kleinen Einkauf in winzige Kleinigkeiten. Statt ein halbes Dutzend Knöpfe, kaufte er dreimal zwei Knöpfe. Vor Ladenschluß kam er wieder: Die Nähnadel sei ihm zersprungen. Rangieren, das hätte er gelernt, aber Knöpfe annähen falle ihm schwer.

Agathe nähte ihm, ohne zu lächeln, zwei Knöpfe fest. Und er sah erstaunt ihren weißen glasfeinen Fingern zu. Seine Frau war gutmütig und vergnügt gewesen, aber breit und lärmig. –

Die letzten Niederlagen, die Oktoberrevolution in Rußland, die Flucht des Kaisers nach Holland, die Gründung der Weimarer Republik, der Einmarsch der Franzosen, die Kämpfe in Berlin und an der Ruhr – das alles gab Anlaß genug zum Grübeln und Fragen und Streiten. Überall und in Algesheim. Niemand kümmerte sich darum, daß Agathe Denhöfer den Franz Schweigert geheiratet hatte.

Es sollte auch niemand erfahren, ob diese Ehe schlecht oder mittelmäßig oder besonders glücklich geworden war. Denn sie war sehr kurz, und fast jeder Mensch trug damals sein eigenes, fast unerträgliches Kriegsleid. Franz Schweigert starb, wie ihn auch Agathe pflegen mochte, an den Folgen seiner schweren Verwundung.

Sie besorgte emsig wie vorher ihr Geschäft. Darin schien nichts verändert zu sein, bis auf die Anwesenheit des Kindes, ein stilles, sauberes Büblein. Bei jedem Sonnenstrahl schlug ihm Agathe den Stall, den noch Schweigert gebastelt hatte, im Hof auf. Sie gab ihm zum Spielen Reste von Litzen und goldene und silberne Knöpfe, an denen kein Bedarf mehr war. Manche Käufer verwechselten immer noch Agathe mit ihrer Mutter, Frau Denhöfer. Und sie hielten das Kind für den Enkel. Es kam auch manchmal vor, daß ein Fremder die schmächtige Agathe für ein Schulmädchen hielt und das Kind für ihren kleinen Bruder.

Sie rechnete so genau, wie ihre Mutter ihr's beigebracht hatte. Die Inflation hatte den Notpfennig verzehrt, Agathe begann von neuem zu sparen. Sie übernahm verschiedene Handarbeiten, ob Stricken, ob Stopfen, ihr war es gleich. Ganz langsam kam wieder etwas zusammen. Sie brauchte das Geld für den Sohn, der sollte etwas Besonderes werden, sie wußte noch nicht genau, was.

Bisweilen kam ein Gerücht von der Ruhr her oder aus Sachsen, von Hamburg oder von München. Sie kannte sich weder in der Zeit aus noch in dem Land, in dem Algesheim lag. – Einmal, frühmorgens, als sie vor Geschäftsbeginn ihr Ladenfenster säuberte, führten Polizisten einen wilden, immerzu in die Dämmerung schreienden Burschen an geketteten Händen zum Bahnhof, den Stadtrand entlang, damit die Begebenheit keine Wellen schlage. Agathe Schweigert war ganz verstört, ihr kam es vor wie ein böser Traum. Sie sagte nichts davon zu ihren Käufern, da diese auch nichts sagten.

Im selben Jahr saß ihr Sohn Ernst in der Schulbank, mit seinem blankgebürsteten Scheitel, mit seinen klugen Äuglein. Sie war fast enttäuscht, wie gut ihm die Veränderung schmeckte. Er spielte bald nicht mehr in ihrem Hofviereck, sondern in fremden Höfen. Er lernte leicht. Ein Freund, den er sich in der Schule zugelegt hatte, war ihr lästig.

Reinhold Schanz hieß der Freund. Ein grober Bengel. Er war das jüngste von vielen Geschwistern. Sein Vater hatte mit dem Schweigert auf dem Rangierbahnhof zusammen gearbeitet; das bedeutete viel für Ernst. Der Mutter aber war diese Familie Schanz fremd, ja befremdlich geblieben. Auch kaufte Frau Schanz von jeher in einem der anderen Geschäfte, die sich inzwischen in Algesheim aufgetan hatten.

Wenn Reinhold pfiff, war es um Ernst geschehen. Er sprang weg, oder er schlich sich weg durch fremde Höfe, zu ungelegenen Zeiten. Wenn er schließlich heimkam, war es schon dunkel, denn sie waren bis zum Rhein vorgedrungen. Das war es, was beide lockte, weil alles erst richtig am Ufer anfing, was überhaupt etwas wert war. Ernst begann nach seiner verspäteten, mit Besorgnis erwarteten Heimkehr rasch von ihren Erlebnissen zu erzählen. Dann ging auch der Schatten weg von dem Gesicht der Mutter, der ihn verwirrt hatte wie einstmals seinen Vater der Schimmer auf demselben Gesicht. Die Schweigert vergaß beim Zuhören all die ausgestandene Angst; ihr schien es, den Jungen seien Dinge begegnet, die Angst und Warten wettmachten. Sie hatten in dieser kurzen Zeit Schiffe und Menschen gesehen, die die Schweigert selbst niemals zu sehen bekam. Wann hätte sie auch die vielen Stunden Weg zu Fuß oder mit der Bahn zum Rhein machen sollen, wozu? Mit wem? Drei Schulausflüge in ihrer Kindheit waren verweht mit dem Staub jener heißen Sommertage. Ihr Mann war Invalide gewesen, ihre Mutter hatte bloß Geschäftsfahrten unternommen und zuletzt die tödliche Hamsterfahrt.

Ernst, während er gierig verschlang, was Agathe ihm vorgesetzt hatte, erzählte, bis in ihren Augen die Trauer völlig verschwunden war.

Trotz aller Abenteuer gelangen ihm seine Schulaufgaben, er wurde ein ausgezeichneter Schüler. Der Klassenlehrer kam eines Tages zu Frau Schweigert und sagte, der Junge sei für die höhere Schule geeignet, was ihr keine anderen Kosten verursachen würde als die für Bücher und Hefte.

Zu groß war die Freude, das Ziel geheimer Wünsche zu nahe gerückt, als daß sie sich gescheut hätte vor ein paar Lasten und Mühen mehr.

Die Anschaffungen waren, wie es sich zeigte, gar nicht einfach. Sie übernahm alle möglichen Nebenaufträge: Knopflöchernähen, Kunststopfen. Ernst brachte ihr gute Zeugnisse auch aus der neuen Schule.

Es war eine Enttäuschung, daß er den Reinhold Schanz, obwohl dieser nur acht Schuljahre machte, keineswegs aufgab. Er besuchte ihn erst recht, weil es lustig zuging unter so vielen Geschwistern und auch weil der Vater Schanz ihm mancherlei seltsame Vorkommnisse aus der Zeit seines Vaters erzählte.

Für die Familie Schanz war es, als die Krisenzeit kam, unmöglich, das Lehrgeld für den jüngsten Sohn, den Reinhold, aufzubringen. So kam er denn schließlich doch noch von Algesheim weg in eine Nachbarstadt, in die Werkstatt irgendeines Verwandten.

Da die Kundschaft durchweg ihre Einkäufe erschrekkend herunterschraubte, verdiente die Schweigert das Geld für Schuhe und Kleider und auch für die vielen Schulbücher vor allem durch Nachtarbeit. Ernst stieg vergnügt und ganz leicht von einer Klasse zur anderen. Er las ihr oft etwas vor mit seiner eindringlichen Stimme, und was sie hörte, auch wenn sie es nicht völlig verstand, erschien ihr all die Nachtarbeit wert.

Bei den Gesprächen über den Ladentisch verhielt sie sich still; sie wurde ohnedies nicht schlau aus den Meinungen. Über den Reichstagsbrand wurde von ihren Käufern kopfschüttelnd, erstaunt, manchmal mit einem gewissen Unglauben berichtet. Doch bald klang in vielen Gesprächen die Hoffnung auf eine Veränderung, auf feste Arbeit und reichlich Essen.

Agathe Schweigert hatte für Hitler so viel und so wenig übrig wie vormals für Kaiser Wilhelm oder den Präsidenten Ebert. Nur ihr Sohn Ernst ließ dann und wann eine spitze Bemerkung fallen, die von dem Vater Schanz stammen mochte, auf dem Umweg über Reinhold, den er, wie sich dabei erwies, immer noch hin und wieder traf. Obwohl ihr Reinhold zuwider war, horchte sie unbewußt auf die Meinung des Vaters. War der doch der einzige Mensch, von dem sie annehmen konnte, daß er ihrem Mann einstmals nahegestanden hatte. Sie brachte es aber nicht über sich, sowenig wie sie so was als Kind vermocht hätte, ihn anzusprechen, ihm Fragen zu stellen.

In ihrem kleinen Geschäft war eine Belebung spürbar. Sie erschrak, wenn Ernst ihr unbedacht die Meinung des Schanz wiederholte, das sei für die Katz, man werde schon sehen, was nachkomme. Es war ihr leid, daß sie nicht immerzu bis ins kleinste den Ratschlägen ihrer Mutter gefolgt war. Dann hätte sie sich eine Kiste mit Borten und Litzen und Tressen und Garnen aufbewahrt, die sie als unverwertbar zum Teil verschludert hatte. Wieviel weißes Zeug, sogar weißes Band war von einem Tag zum andern verlangt worden – in den Schulen hatten die Lehrerinnen aus den Fahnen die gelben Streifen herausgeschnitten und durch weiße ersetzt. Was ihr an den regen, beinahe erregten Bestellungen von allerlei Stücken in vorgeschriebenen Farben und Mustern wichtig dünkte, war die Möglichkeit, wieder ein bißchen Geld zurückzulegen. Ernst hatte unterdes sein Abitur gemacht. Er sollte in Frankfurt am Main Deutsch und Geschichte studieren, um Oberlehrer zu werden. Sie war über diese Aussicht glücklich und über den Abschied voll Kummer.

Die Briefe, die zuerst regelmäßig kamen, hielten sie aufrecht hinter dem Ladentisch und auch ein gewisser Stolz, daß ihm das Studium nur möglich war, weil sie ihr kleines Geschäft unerbittlich versah. Sie las sich seine Briefe abends vor, und dabei entstanden in ihrem Kopf die Menschen und Orte, die er beschrieb.

Bei seinem dritten oder vierten Besuch kam er ihr nicht mehr so fröhlich wie früher vor. Sein Gesicht war verärgert, es wurde ganz blaß vor Zorn, als er richtig sah, was die Mutter in ihrem Laden verkaufte, all das Zeugs, bestickt und bedruckt mit großen und kleinen und winzigen Hakenkreuzen. Er schimpfte zwischen den Zähnen. Sie sagte erschrocken: »Wenn ich nichts verkaufe, wie kannst du sonst weiterlernen?« Als er sich verabschiedete nach einem abgekürzten, bedrückenden Aufenthalt, gab sie ihrem Bedürfnis nach und strich ihm über sein schönes dichtes Haar. Er sah sie traurig erstaunt an. Sein Mund war gleich darauf wieder bitter.

Seine Briefe kamen bald seltener, sie wurden knapper und frostiger. –

Eines Abends, es war schon spät, hörte sie einen leichten Sprung in ihr Gartenviereck, jemand drückte die Klinke der Hoftür herunter, sie fuhr freudig hoch, weil sie dachte, das könne nur Ernst sein. Es war aber Reinhold Schanz. Ihr kam er noch rauher als früher vor. Er sagte: »Hier ist ein Brief von Ihrem Sohn. Bitte tun Sie, was drin steht.«

Ernst Schweigert schrieb: »Liebe Mutter, gib meinem Freund Reinhold das Geld für das nächste Semester. Hoffentlich hast Du's greifbar. Gib ihm auch meinen Wintermantel und meine zwei alten Hemden, selbst wenn sie noch nicht geflickt sind. Ich danke Dir sehr, liebe Mutter, Dein Ernst.«

Frau Schweigert sagte: »Warum nur?«, und Reinhold Schanz sagte: »Er ist in Gefahr, und er muß schnell weg.«

Frau Schweigert fiel der Mann mit geketteten Händen zwischen zwei Polizisten ein, den sie einmal frühmorgens erblickt hatte. – Das Geld war zur Hand; es war ja die Woche, in der sie es abzuschicken pflegte, und sie tat dazu, was in ihrer Tageskasse war; in die Manteltasche steckte sie Socken, und sie machte mit ihren geübten Fingern sehr schnell ein Wäschepaket. Sie fragte: »Wieso in Gefahr?«, und Reinhold Schanz antwortete: »Die haben was gegen Hitler verteilt, ein paar Studenten.« Er versuchte, den Mantel anzuziehen, der war ihm aber zu eng und zu kurz, so nahm er ihn über den Arm, und das Geld steckte er ein, und das Paket klemmte er unter die Achsel. Er nickte dankend. Er sagte noch: »Wenn jemand fragt, ich war gar nicht hier.« Dann ging er rasch fort.

Die Schweigert löschte das Licht. Sie saß im Dunkeln und horchte, als ob die Nacht ihr mehr erklären könnte als Reinhold Schanz.

Am nächsten Morgen war es gut vor den Augen der Käufer, daß sie von jeher nur wenig sprach und immer bläßlich und kränklich aussah. Von der Nachtwache war ihr nichts anzumerken und auch von der nächsten nichts und von der übernächsten. Sie war erst beruhigt, als ein Zettel unter die Hoftür geschoben wurde: »Alles ging gut, er ist weg.«

In derselben Woche kamen zwei von der Staatspolizei, die fragten sie, wo ihr Sohn sei. Sie sah sie traurig an mit ihren müden und grauen Augen und erwiderte: »In Frankfurt, wo er studiert.« Schließlich, nach bohrender Befragung und aller Art Quengelei, ließ man die Frau in Ruhe. Die kam ihnen gar zu dümmlich vor.

Sie versah wie in der Vergangenheit ihr Geschäft, nur war sie jetzt vom Warten verzehrt, die Zeit schien ihr aus Schubladen zu bestehen, die sie andauernd öffnen und schließen mußte. Vor Uniformen war ihr nicht bang, weder vor braunen noch vor schwarzen. Sie hatte ja von klein auf mit den tausend winzigen Kleinigkeiten zu tun gehabt, die unerläßlich waren zu ihrer Anfertigung. Wenn einer, was jetzt häufig geschah, großspurig ihren Laden betrat, würde er wohl so ein winziges Bestandteilchen fordern.

Ihr Ernst schrieb endlich aus Paris. Die Stadt sei wunderbar, und er könne ganz gut die Sprache verstehen, und er hätte alte und neue Freunde. Sie dachte: Jetzt muß er was anderes lernen, aber er lebt. Sie haben ihn nicht gefangen. – Saß sie abends in ihrem Hofzimmer, las sie, was Ernst inzwischen geschrieben hatte, sie überdachte auch, was er ihr gesagt hatte bei seinem letzten Besuch. Sie sah sein schönes Haar, seinen bitteren Mund. Und sie hörte den verächtlichen Ton in seiner Stimme, als er über den Krimskrams schimpfte, den sie verkaufen mußte. Jetzt erst recht. Algesheim war ja wieder voll Soldaten, seit die Wehrmacht auf der Rheinebene lag.

Was sie furchtbar erregte, war die Rücksendung eines Briefes mit dem Vermerk »Adressat unbekannt«. Sie zerwühlte ihr Bett in den kommenden Nächten, oder sie legte sich gar nicht schlafen. Ihr Warten war aber völlig fruchtlos, es gab keinen Boten, der eine Nachricht durch die Türspalte schob. Sie nahm alle Briefe des Sohnes wieder und wieder vor, viele waren es nicht. In einem Brief stand, vielleicht würde sie eine Zeitlang nichts von ihm hören. Doch diesem Brief war noch einer gefolgt. Ihr blieb nichts anderes übrig, als in die öde Zeit hineinzuwarten.

Als sie nachts wiederum einen Brief nach dem anderen vornahm, stutzte sie über den Stempel »Toulouse« auf einer Briefmarke. Der war ihr zwar gleich aufgefallen, da ihr nichts in und an seinen Briefen entging, jetzt begann sie darüber nachzudenken. Auf den Briefbogen war »Grappe d'Or« gedruckt. Wenn Ernst nicht mehr am alten Ort war, war er vielleicht in dieser Stadt, vielleicht in der »Grappe d'Or«, sicher war er einmal dort gewesen, hatte dort an einem Tisch nach Algesheim geschrieben, jemand mußte ihn dort kennen.

Ihr Gesicht flog rot an vor Nachdenken, und ihre Augen glänzten. In ihrem Innern hatte sich ein Entschluß zu regen begonnen.

Es fiel niemand auf, daß sie gesprächiger wurde, auch nicht, daß sie achtgab auf die Gespräche im Laden. Von jeher hatte ihr unter den Käuferinnen ein altes Fräulein gefallen, das in der ersten Schulklasse ihren Sohn unterrichtet und ihn beim Einkaufen manchmal gelobt hatte. Als das Fräulein atemlos bei Geschäftsschluß noch etwas kaufte, faßte sich die Schweigert ein Herz, sie versuchte sich im Schwatzen über dieses und jenes, ihr Erröten verbarg sie im Suchen und Ordnen. – Ihr Zutrauen wurde rasch belohnt; denn als sie sich überwand und fragte, was es mit der Weltausstellung in Paris auf sich hätte, über die sie oft reden höre, wußte die Lehrerin Bescheid. Ihr Bruder besaß einen Freund, auch ein Lehrer, der fahre hin, alles sei verbilligt, Reise und Aufenthalt, alles sei darauf zugeschnitten, sogar die Behörden hierzuland erlaubten diese Reise.

Da dem Fräulein die Absicht des Freundes ihres Bruders bemerkenswert dünkte, brachte sie ganz von selbst bunte Prospekte und erklärte sie weitschweifig, wie es sich für eine Lehrerin gehörte. Und die Schweigert horchte so aufmerksam, ihre Fragen waren so genau, daß die Lehrerin lächelnd bemerkte: »Frau Denhöfer« – sie hatte sich nie an den Namen Schweigert gewöhnen können –, »mir kommt's vor, Sie wären auf einmal reiselustig?« – »Kann schon sein«, erwiderte Agathe, gleichfalls lächelnd mit ihrem blassen Mund.

Verschiedene Vorbereitungen hatte sie gleichlaufend mit den Erkundigungen betrieben. Sie hatte sich einen kleinen Handkoffer angeschafft und ihre Ersparnisse abgehoben.

Als in Algesheim eine milde Sommernacht endete, die Sterne waren fast verblaßt, und einige Straßen waren noch farblos im Morgengrauen, in den Fensterscheiben am äußersten Stadtrand funkelte schon die Sonne, die über der Rheinebene aufging, verschloß sie ihr Kurzwarengeschäft. Sie trug die Schlüssel zur Aufbewahrung in die Wohnung der alten Lehrerin. Es war erleichternd, daß auch der Freund des Bruders zuerst nach Frankfurt am Main fuhr, so daß sie sich dort beide zum französischen Konsul begeben konnten.

Im stillen hatte sie nur darum gefürchtet, ob ihr die Heimatbehörde den Paß ausstellen würde. Doch seit der fluchtartigen Abfahrt des Sohnes waren schon fast zwei Jahre vergangen; der neue Beamte hatte sie gar nicht gekannt, er hatte nur ihren frischen Fragebogen besehen, der glatt und sauber ausgefüllt war.

Sowohl die Fahrt über die Rheinbrücke wie der verzwickte Weg vom Frankfurter Bahnhof zum Konsulat und wieder zurück und ihre nächtliche Fahrt nach Frankreich mit den Kontrollen auf beiden Seiten der Grenze ließ sie ohne besonderes Staunen, ohne Erregung über sich ergehen. Denn sie hatte schon im voraus daheim alle möglichen Reisevorfälle durchgehechelt, ihr Kopf war jetzt zu müde zum Denken und ihr Herz zum Erregen, sie war ihres Zieles sicher geworden. In dem vollen Abteil war sie ein Krümelchen unter kräftigen, lebhaften Menschen. Ein schönes, schwarzäugiges Kind, das nicht mehr stillsitzen konnte, sobald es in Frankreich Tag war, riß sich den Rock ein zum Ärger seiner Mutter. Die Schweigert griff ihr Nähzeug und stopfte den Riß; das Kind war endlich still vor Verwunderung.

Sie konnte kein Wort mit den Fremden sprechen, doch wurden ihr diese zum Beistand am Ostbahnhof von Paris. Der Plan der Schweigert war, hier zuerst in das Haus zu fahren, in dem ihr Sohn gewohnt hatte; die fremde Frau setzte sie in den Autobus und reichte ihr den Handkoffer und sagte noch einmal: »Merci.«

Sie fand das kleine Hotel auf dem linken Ufer der Seine. Zuerst war die Wirtin unfreundlich, sie musterte verdrießlich diese hagere Fremde. Die war kläglich dran an Kleidung, Aussehn und Worten. Doch als Agathe ihren Familiennamen aufschrieb, erinnerte sich die Wirtin an den Sohn, sie rief: »Ah, Ernest!«, aufrichtig erstaunt, daß solch dürftiges Wesen so einen lustigen, hübschen Burschen zur Welt gebracht hatte. Ihr war es selbst leid, daß er fort war, warum und wohin, das wußte sie auch nicht. Ein Mieter, der deutsch verstand, war gerufen worden. Zu dritt beratschlagten sie, Agathe zeigte den Briefumschlag aus Toulouse, man meldete auf ihre Bitte eine Verbindung am Telefon mit der »Grappe d'Or« an.

Sie nagte, wartend, ein wenig an ihrem Reisevorrat. Bald gab niemand mehr auf sie acht. Sie kraulte die Katze der Wirtin. Ihr Herz fing heftig zu klopfen an, als stünde ihr etwas Besonderes bevor. Als das Telefon läutete, war ihr

Sprung so jäh, daß die Katze von ihren Knien fiel und sich wütend sträubte.

Am Telefon in Toulouse erklang eine Männerstimme – vielleicht der Wirt der »Grappe d'Or«. Die Schweigert rief mehrmals den Namen des Sohnes, dazwischen rief sie: »Sa mère, seine Mutter!« Auf einmal schien es ihr, der Wirt in Toulouse hätte etwas begriffen, sie hörte ein Stimmengewirr, als frage er in das Zimmer zurück, und man gebe ihm einen Bescheid, und man berate hin und her. Dann kam eine andere Stimme, die irgendwie deutsch sprach: »Er ist nicht mehr hier, ich kann Ihnen nicht mehr sagen. Sie kommen her? Wann? Morgen schon?«

Die Schweigert seufzte, sie hatte geahnt, sie müsse bis nach Toulouse, und wenn sie es mußte, dann gleich.

In Algesheim hatte sie immer wieder versucht, sich etwas vorzustellen unter der Stadt, die ihrem Sohn überaus gut gefiel, es war ihr nicht gelungen. Jetzt, zwischen den Bahnhöfen von Paris, sah sie, durcheinandergeschüttelt, all die Bilder, die er in Briefen beschrieben hatte. Sie brauchte sich nichts mehr vorzustellen, sie brauchte sich auch nichts einzuprägen. Selbst in Gedanken wollte sie keine Sekunde verlieren. Sie fragte sich zum Billettschalter durch, sie wagte es kaum, einen heißen Kaffee zu schlucken, und im Zug wagte sie kaum zu schlafen.

Beißend hell war der Morgen in Toulouse. Manchmal tappte die Schweigert blind vor Erschöpfung die weiße Mauer entlang. Manchmal setzte sie sich auf ihren Koffer. Zum Glück war es beinahe dunkel, ja kühl in der Gasse, in der die »Grappe d'Or« lag. Über der Tür und über den Fensterrahmen standen, wenn auch verwaschen, abgebrökkelt, die Buchstaben, die sie vom Briefbogen kannte. Der Wirt betrachtete sie verwundert und mitleidig, auch mit ein wenig Belustigung. Er war fest und breit, und er hatte einen Schnurrbart. Und kümmerlich war die fremde Frau, aber sie war die Mutter des Jungen, der vor kurzem sein Gast gewesen war. Und er ließ den Mann rufen, der ihr gestern am Telefon auf deutsch geantwortet hatte.

Er erschien sofort, sogar atemlos. Er war jung, vielleicht so alt wie Ernst, mager und lang, sein Blick war gut – er rückte neben die Schweigert, um Auge in Auge mit ihr zu sprechen. Er nahm ihre Hand und strich ihr beruhigend über den Arm und hörte sich zuerst an, was sie von der Reise erzählte. »Ernst Schweigert war hier«, sagte er, »aber er ist nicht mehr hier. Sein letzter Brief ging vielleicht verloren. Er ist nach Spanien.« Frau Schweigert starrte ihn an, und wie sie fragte: »Wieso? Warum?«, begriff er, daß diese Frau mit seiner Auskunft nicht das geringste anfangen konnte. Und wie er sich auch anstrengen mochte, warum er selbst und seine Freunde, darunter Ernst Schweigert, in Internationalen Brigaden für die Spanische Republik zu kämpfen beschlossen hätten, wie er auch nach Worten suchte, um etwas davon zu erklären, er sah in dem fahlen Gesicht der Schweigert nur eine quälende Anstrengung, ein einziges Wort zu begreifen. Sie fragte immer wieder: »Wieso? Warum?« Zuletzt nicht einmal mehr mit der Stimme, die krank und heiser geworden war, nur mit den Lippen. Schließlich preßte sie den Mund zusammen, ihre blaugrauen Augen, die er dicht vor sich hatte, waren sehr hell geworden, fast weiß, ihre Pupillen winzig, als sehe sie in ein Licht. Sie zog den Arm unter seiner Hand weg und stand auf und sagte: »Da geh ich hin.« Er fragte, was sie dort anfangen wolle. Jetzt war sie es, die ruhig und geduldig erklärte, sie wolle ihren Sohn sehen, und als er behauptete, das sei unmöglich, erwiderte sie, doch, sie würde sicher nach Spanien fahren, wohin sie sonst fahren solle? Sie sprach in entschiedenem Ton, und er fragte sie schließlich etwas härter, was sie denn dort zu tun gedächte, um nicht der Spanischen Republik zur Last zu fallen. Herumhocken, ein hungriges Maul mehr und warten, warten? Da kam er schön an. Sie erwiderte gleichfalls härter, sie sei noch nie im Leben jemand zur Last gefallen, sie verstehe sich beinah auf jede Art Arbeit, Kriegszeit hätte sie auch schon erlebt, am Rhein kenne man so was, waschen und scheuern und stopfen und nähen und pflegen sei sie gewohnt. Nur, er müsse ihr helfen, diese Fahrt zu bewerkstelligen.

Inzwischen hatte der Wirt den Tisch gedeckt, er hatte Wein und Brot gebracht; wenn er die Sprache auch nicht verstand, er hörte die große Erregung heraus, und er dachte, seine Fischsuppe könne nicht schaden. Sie aßen und tranken zu dritt, beide betreuten die Schweigert, wie nie Menschen zuvor sie betreut hatten. Eine große Bangnis und ein großer Trost kamen zusammen in diesem Haus.

Der nächste Morgen erschien ihr nicht mehr so grell und heiß. Auch kam, wie er versprochen hatte, pünktlich der lange und magere Mensch, der über Ernst Bescheid gewußt hatte. Er führte sie durch die Stadt über einen weiten Platz, der gefegt war von Sonnenstrahlen, in eine Gasse, so eng und düster wie die Gasse der »Grappe d'Or«. Er sagte, hier sei das Haus, in dem man ihre Sache beraten würde. In engen Zimmern, die sie als eine Art Amt erkannte, mit Regalen und Pulten, schrieben und wühlten einige Männer und Frauen, die riefen sich Worte zu in verschiedenen Sprachen. Eine Frau sprach auf deutsch lange und leise mit dem Begleiter der Schweigert. Streng sah die Frau aus, sie trug eine Brille, darum dachte die Schweigert an die Lehrerin in Algesheim, bei der sie die Ladenschlüssel gelassen hatte, wie man an eine Traumperson denkt, das Schlüsselbund war so groß und wichtig wie das Gesicht mit der Brille.

Auf einmal drehte sich diese Frau zu ihr hin, sie fragte streng, was die Schweigert wolle und könne. Die Schweigert erwiderte klar und entschieden, sogar mit einem gewissen Stolz. Die bebrillte Frau, nicht unfreundlich, aber nüchtern und aufmerksam, gab ihr zuletzt einen Fragebogen, wie man einen auf jeder Art Amt den Leuten gibt.

In der folgenden Zeit gewöhnte sich die Schweigert daran, in einem Café unter den Arkaden im Schatten zu sitzen und den großen Platz zu betrachten. Der Wirt der »Grappe d'Or« war ganz verwundert, als sie rechtzeitig vor der Abreise ohne Zögern genau bezahlte. Und er stieß mit ihr an, und er betrachtete sie noch einmal erstaunt und mitleidig wie bei ihrer Ankunft, aber ohne Belustigung. Sie hatte Vertrauen zu ihm gefaßt und überließ ihm zur Aufbewahrung einen Rest ihres Geldes. –

Dicht vor der spanischen Grenze erkannte sie drei, vier Menschen wieder, die im selben Zug mit ihr gefahren waren. Ihr Herz war dumpf in dem langen Tunnel unter der Erde, der nach Spanien führte. Ihre Begleiter, meistens so jung wie ihr Sohn und der magere lange Mensch von Toulouse – aber es gab auch einen weißhaarigen, der mindestens so alt wie sie selbst war, und es gab auch ein blutjunges Mädchen –, nahmen sich ihrer an, als hätten sie's untereinander ausgemacht, trugen abwechselnd ihren Handkoffer, obwohl alle selbst beladen waren. Die Schweigert wunderte sich noch immer, wie sich solche fremden Menschen durch Gesten und Worte ständig miteinander verbanden. Auch sie wandte sich schließlich an diese Leute, als hätte sie lange zuvor unter ihnen gelebt, aber in Wirklichkeit hatte sie niemals unter solchen gelebt wie die, die mit ihr in dem dumpfen Tunnel auf die spanische Seite gingen.

Sie sah erstaunt, ohne Ängstlichkeit an dem Soldaten hinauf, der mit einem harten Gesicht unter der Fahne rotgoldviolett ihre Papiere prüfte. Er hatte eine Furche zwischen den Brauen, und er sah kurz herunter auf das Gesicht der Schweigert, das auch eine Furche hatte zwischen den Brauen. Nicht mehr fassungslos, aufs Geratewohl, sondern fest überzeugt, sie könne, wenn sie nur unumwunden darauf bestünde, ihr Ziel erreichen, gelangte sie schließlich durch viele Kontrollen nach Barcelona.

In der deutschen Abteilung der Interbrigaden erfuhr sie den Standort des Regiments, zu dem ihr Sohn gehörte. Sie schrieb ihm: »Jetzt bin ich hier.«

Man beriet noch, welche Arbeit man dieser Frau zuweisen könne, als eine Nachricht vom Regiment kam, der Sohn läge mit einem Streifschuß im Lazarett in Albacete. Man gab ihr zu dem Passierschein einen Brief, sie könne nach ihrer Ankunft eingesetzt werden an Ort und Stelle.

Im Zug, im Lastwagen, nie kam es ihr vor, als fahre sie weiter und weiter fort, vielmehr war sie des Glaubens, sie sei bald angelangt. Jeder Aufenthalt war ihr quälend. Nur, manche Nacht lag sie im Freien, sie sah in den ausgestirnten Himmel. Dabei vergaß sie das Warten hier unten. Sie hatte noch nie so viele, so funkelnde Sterne gesehen. Sie hatte nur einmal in Algesheim am Ende der Nacht die letzten paar Sterne gesehn, verblassende, kümmerliche, als sie endgültig wegfuhr. Hier gab es wohl immer nachts solchen Prunk. Und dann, auf der Fahrt, die violetten Berge! Und Dörfer in Felsspalten! Und eine Ebene, so froh, als sei nichts anderes als Sonne möglich! Und weiche, waldige Berge und Meer – alles kam, wenn man die Ladentür hinter sich abschloß! Oft zeigte sie ihren Passierschein vor, ganz froh, wenn man ihn forderte, sie spürte jedesmal Stolz und Genugtuung. Im Lastwagen oder im vollen Abteil, immer fand sich noch ein schmaler Platz, mehr brauchte sie nicht. Allerorts waren Soldaten und Bauersleute und selbst die Kinder heftig erregt. Manchmal blieb ein Blick an ihr hängen, ganz betroffen, manchmal schlang plötzlich jemand den Arm um ihre Schulter und rief ihr, als sei sie taub, das Wort »Teruel« ins Ohr. Es klang oft in den Gesprächen, »Teruel«, »Teruel«. Ob es ein Mensch oder ein Ort war, wußte sie nicht. Und immer wieder zeigte sie ihren Passierschein mit Stolz und mit strenger Miene.

Das Krankenhaus war vordem ein Schloß gewesen und der Park ein Schloßpark. Sie sah beklommen dahin und dorthin. Einige Soldaten übten sich auf Krücken, mit zusammengebissenen oder lachenden Zähnen. Andere lagen, dick verbunden, im Schatten. Von ihrem Sohn wußte sie nur: ein Streifschuß. Nicht schwer. – Was hatte das zu bedeuten? Sie besaß ihre eigenen Erfahrungen von unheilbaren Wunden. Jetzt, da ihr Ziel erreicht war, fing ihr Herz erst an, sie mit schweren Schlägen zu warnen. Sie stieg die große weiße Treppe hinauf mit ihrem Handkoffer.

Im Verwaltungsbüro, als man endlich begriff, wer sie war, gab man ihr einen Brief. Sie sah die Handschrift des Sohnes. Sekundenlang war sie so erleichtert, ihr lange entbehrtes Glück wieder vor Augen zu haben, daß die Enttäuschung nicht gleich kam.

»Wie ich froh war, Mutter! Wie ich auf Dich gewartet habe! Aber ich durfte nicht länger bleiben. Ich komme zu Dir, sobald ich kann. Sicher ganz bald. Wie gut, daß Du nicht mehr weit weg bist, niemand von uns hat es so gut wie ich. Wirst Du hier bleiben? Sie brauchen ja alle Hände, und Du, Mutter, kannst alles.«

Trotz ihres Kummers war sie stolz auf die weiße Schürze, die sie von nun an trug wie die Krankenschwestern, obwohl ihre Arbeit nur darin bestand, Wäsche im Stand zu erhalten. In der ersten Zeit war davon reichlich vorhanden. Bald aber hieß es, nicht nur viele gebrauchte Stücke auszubessern, sondern aus allerlei brauchbaren Resten ständig genügend Bettzeug bereitzuhalten.

Aus der deutschen Brigade wurden viele Verwundete gebracht. Die Schweigert machte sich in den Krankensälen zu schaffen, um ihre Gespräche zu hören, um zu begreifen, welcher Mütter Söhne sie waren. Und sie suchte jetzt auf der Karte, wo ihr Sohn lag.

Eine spanische Krankenschwester namens Luisa hatte sie bald nach der Ankunft gefragt, so gut es ging, ob Ernst Schweigert wirklich ihr Sohn sei. Jedes Land, dachte Agathe, gibt seinem Namen eine Silbe dazu. Ernest hieß er in Frankreich, und in Spanien heißt er Ernesto. Dieses Mädchen war zart; seine Haut war so weiß, daß es kaum zu begreifen war, sein Haar war so schwarz wie ein Amselgefieder. Frau Schweigert betrachtete die Bilder, auf denen ihr Sohn mit Luisa zu sehen war. Sein Arm war verbunden; er sah aber froh und gelassen aus, wie er daheim nie ausgesehen hatte.

Wenn Luisa einen Brief bekam, lief sie damit zu der Schweigert, und die Schweigert lief zu Luisa, wenn sie selbst einen Brief bekam.

Eines Tages erschien es ihr, als ob die Menschen bei ihrem Anblick zögerten, ja ihrem Blick auswichen. Etwas trieb sie, Luisa zu suchen. Die lag auf ihrem Bett und weinte. Die Schweigert berührte ihr Haar, da fuhr sie hoch und warf sich ihr an den Hals und weinte laut. Sie wiegte den Oberkörper der Schweigert, den sie fest umfaßt hielt, hin und her, doch die Schweigert hielt sich so steif, daß es war, als wiege sie ein Brett. Agathe Schweigert hatte bereits verstanden, daß Ernst gefallen war.

Später spürte sie mit gerunzelter Stirn, daß manch einer sie sanft berührte. Gute Worte wurden an ihr vorbei gemurmelt. In ihrem Innern und auch in ihrem Gesicht zog sich alles zusammen. Niemand erfuhr, ob sie nachts weinte.

Ihr eigenes Unglück war dicht gefolgt von den Unglücksschlägen auf die Menschen der Spanischen Republik. Während Frankreich keine Waffensendung durchließ, halfen die Italiener und Deutschen ungestört dem General Franco. Die Republikanische Armee war in zwei Teile zerrissen.

Im Krankenhaus lagen Verwundete auf jedem freien Stück

Fußboden. Der Krieg war so nahe gerückt, daß man ihn hinter den Bergen hörte. Man würde bald aufbrechen müssen. Agathe Schweigert war wie gefeit gegen Schrecken und Furcht. Sie hatte keinen Schlaf nötig. Ihre Hände brachten andauernd alles fertig, Soldaten verbinden, blutiges Zeug waschen, Bettzeug und Wäsche flicken.

Wie sie da umherlief, lautlos, aber mit ständig regen Fingern, rief es plötzlich aus einem Bett: »Frau Schweigert!« Sie brauchte sich, weil sie klein war, nicht einmal über den Mann zu bücken. In dem bleichen, hochmütigen Gesicht im weißen Verband erkannte sie Reinhold Schanz. Er war gar nicht erstaunt, sie hier plötzlich zu sehen, vielleicht weil ihm, von Wundfieber gequält, immerzu unwahrscheinliche Bilder vorschwebten, vielleicht, ganz einfach, weil ihm Ernst Schweigert selbst noch von der Ankunft der Mutter erzählt hatte. Und er zog sie auf seinen Bettrand und erzählte ihr schonungslos, aber Klarheit verschaffend und dadurch erleichternd, Ernst Schweigert sei vor seinen Augen gefallen. »Er hat nicht gelitten, Frau Schweigert, er hat einen guten Tod gehabt.«

Sie nestelte an seinem Hemd und an seiner Decke. – Da Reinhold Schanz transportfähig war, benützte man die nächste Gelegenheit, um ihn mit mehreren Kameraden wegzuschaffen. Am zweiten Morgen lag schon ein Fremder in seinem Bett.

Luisa fuhr mit einem der nächsten Transporte ab. Sie warf sich an den Hals der Schweigert und weinte laut. Dabei fühlte die Frau noch einmal statt ihres andauernden dumpfen Kummers einen Stich, der unerträglich gewesen wäre, hätte er länger als eine Sekunde gedauert. Niemand hatte es ausdrücklich angeordnet, niemand erstaunte sich, daß die Schweigert half bis zuletzt, und sie half auch die letzten Verwundeten verbinden und in die Wagen schleppen. –

In dem Flüchtlingsstrom, der über die Pyrenäen zog,

von Francos Soldaten auf der Erde und aus der Luft bis zur äußersten Grenze des Heimatbodens verfolgt, war die Schweigert allein mit ihrem kleinen leichten Handkoffer. Den trug sie aber jetzt auf dem Rücken wie einen Tornister. Es gab viele einzelne Menschen auf diesem Weg. Die hatten entweder gleich beim Aufbruch ihren Anschluß verpaßt, oder sie hatten die Ihren unterwegs bei einem Fliegerangriff aus den Augen verloren. Mütter suchten ihre Kinder, Kinder ihre Eltern, Bräute ihre Freunde. Agathe Schweigert suchte niemand, sie hatte niemand aus den Augen verloren. Sie nahm sich unterwegs eines kleinen Jungen an, der sich am Fuß verletzt hatte, sie verband ihn, er war eines von mehreren Geschwistern, Mutter und Großvater gelang es kaum, die Kinder zusammenzuhalten und auf der Flucht zu versorgen. Aus ihrem Kopftuch stellte die Schweigert eine Trage her, auf der die zwei größeren Knaben den Kleinsten eine Zeitlang abwechselnd schleppten. Bald kamen die Mutter – sie hieß Maria Gonzalez – und ihr Schwiegervater, der Großvater, ein düsterer, kräftiger alter Mann, gar nicht ohne die Schweigert aus. Sie versorgte die jüngsten Kinder, Alfonso, der älteste, half ihr viel, der war wie sein Großvater, düster und kräftig. Ob der Vater, ein Offizier in der Republikanischen Armee, gefangen oder gefallen war, wußte niemand.

Als all diese spanischen Menschen, für die ein Leben unter der Herrschaft Francos undenkbar war, die Pyrenäen herunterzogen, entstand eine fassungslose Verwirrung an der französischen Grenze. Doch die Behörden, von der Regierung angewiesen, faßten sich und sperrten in Lager ein, wen sie greifen konnten. Die Familie Gonzalez, die aus einem alten Mann bestand und einer Frau und Kindern und schließlich auch aus Agathe Schweigert, die andauernd helfend ein großes Stück mit ihnen gezogen war, gelangte in die Nähe von Perpignan.

Mitleidig, in Ehrfurcht vor so viel aus eigenem Entschluß ertragenem Leid, nahm eine Bauernfamilie die Familie Gonzalez auf. Sie gab ihnen eine Scheune als Unterkunft und brachte ihnen zu essen, was möglich war. Die beiden Frauen verdienten sich bald ihre Unterkunft. So lebten sie alle zusammen, betreut von diesen französischen Bauern und ihnen zugleich eine Erntehilfe bis in den Herbst hinein. Der Weltkrieg brach aus. Zuerst lag die französische Armee der deutschen Wehrmacht an der Maginot-Linie starr gegenüber. Eine Ahnung bemächtigte sich der Menschen, daß das, was im Vorfrühling geschehen und in Spanien wie ein Ende erschienen war, den Anfang unerhörter Schrecken und Leiden auf dem ganzen Erdteil bedeuten könne.

Die Familie Gonzalez fror schon in ihrer Scheune; durch mancherlei Arbeit beschafften die beiden Frauen Decken und Kinderzeug. Sie waren froh, wenn sie im Bauernhaus in der warmen Küche beim Schälen, beim Nähen und Flicken helfen konnten. Niemand gab auf die Schweigert acht. Die war so stumm wie ihr Schatten, nur ihre Finger waren immer geschmeidig und rege.

Inzwischen hatte die Frau Gonzalez Nachricht von ihrem Mann erhalten. Er war interniert in einem Lager an der Küste, das nur einen halben Tag entfernt lag. Sie besuchte ihn bald. Die Schweigert hörte sich stumm, ohne etwas zu äußern, die Freude über das Wiedersehen an.

Eines Tages rief die Gonzalez: »Da ist auch für Sie ein Brief!« Diese Handschrift hatte Agathe noch nie erblickt. Im selben Lager, in dem der Mann der Gonzalez eingesperrt war, war auch Reinhold Schanz eingesperrt. An einem der öden Gefangenschaftstage, da jeder Brief etwas Neues für alle bedeutete, hatte Gonzalez dem Schanz von der fremden Frau erzählt, die mit seiner Familie in der Nähe von Perpignan lebte. Als Reinhold Schanz nach manchen Rückfragen festgestellt hatte, daß diese Frau keine andere sein könne als die Mutter seines gefallenen Freundes, schrieb er ihr einen Brief.

»Ich bin so allein auf der Welt, Frau Schweigert, wie Sie. Bis auf die Genossen und Freunde. Im Sommer war es hier glühend heiß. Jetzt geht ein kalter Wind. Meine Malaria macht mir wieder zu schaffen. Ich weiß nicht, ob Sie das könnten, mir etwas Chinin zu beschaffen. Verzeihen Sie bitte.«

Bis jetzt hatte die Schweigert dahingelebt. Sie las ein paarmal den Brief und dachte nach. Wenn der Wirt der »Grappe d'Or« in Toulouse brav und anständig war, dann war gewiß ihr Geld noch unberührt. Sie schrieb ihm. Frau Gonzalez stellte verwundert fest, daß etwas wie eine Erregung in die Schweigert gekommen war. Kurz darauf traf ein Brief des Wirtes ein. Er schickte das Geld zurück.

An einem Wintermorgen, sie hatte den Nachtzug benutzt, um rechtzeitig anzukommen, stand sie vor dem Lagertor, durchweht und verfroren. In ihrem Handkoffer lagen ein Päckchen Chinin und auch etwas warmes Zeug für den Reinhold Schanz. Erstaunt, ungehalten betrachtete sie die Baracken hinter dem Stacheldraht. Es war ein Glück, daß sie den Nachtzug genommen hatte. Denn da sie von keiner Behörde eine Erlaubnis besaß, brauchte sie Zeit, um sich hier Einlaß zu verschaffen.

Die Garde mobile am Tor wollte sie durchaus nicht ins Lager lassen. Da sie den Mann aber nicht verstand und nur immer denselben Namen sagte, holte er seinen Vorgesetzten. Mit diesem begab sich dasselbe, und er führte sie vor den Leutnant. Der Leutnant sagte sich, daß die armselige Frau ihm bestimmt keinen Schaden bringen könnte. Auf seinen Befehl führte man sie in die leere Besuchsbaracke, und man holte den Reinhold Schanz.

Er sah rauh und verwildert aus. In seinem Gesicht lag ein

großer Stolz. Um seinen Mund lag ein Zug von Spott über alles, was sich seinem jungen Leben entgegenstemmte. Dann ruhte sein Blick nachdenklich auf der Schweigert. Er dankte ihr für die Dinge, die sie aus dem Handkoffer nahm. Er hätte ihr gern über den Kopf gestrichen, aber er wagte es nicht recht.

Eines erzählte dem anderen, wie sein Leben verlaufen war, seit sie sich im Lazarett getroffen hatten. Ein Soldat erschien und rief: »Fini!« Die Schweigert stand zögernd auf, der Soldat wartete vor der Tür, Reinhold brachte sie ein paar Schritte heraus. Im hellen Sonnenschein wehte ein eisiger Wind. Sie nahmen Abschied voneinander; da drehte er sich noch einmal um. Er bückte sich und sagte schnell: »Bald fahren die Gonzalez' ab, viele fahren bald ab. Damit uns die Nazis nicht fangen, wenn der Krieg auch hierher kommt.«

Der Soldat rief noch einmal: »Fini!« Er wartete aber ein wenig. Ihn dauerte die alte Frau, die da im eisigen Wind stand, zum Umblasen leicht und klein, und zu dem Mann hinaufsehen mußte, wie er sich auch bückte. Reinhold Schanz fuhr fort: »Ein paar Länder in Südamerika versprechen uns Asyl und Arbeitserlaubnis, auch die Schiffsbillette wird man uns schicken. Es helfen sich gegenseitig die Freunde der Spanischen Republik. Jetzt stellen wir eine Liste auf, wer mit uns fahren soll. Und Sie, Frau Schweigert, Sie sind die Mutter von Ernst, und Sie haben auch viel selbst getan. Sie sollen darum mit uns fahren. Wo sollen Sie auch sonst hin? Doch nicht zurück nach Algesheim?«

»Nein, nein«, sagte Agathe Schweigert, »ich will mit euch.«

Im Frühjahr 1941 schlief ich auf einer Antillen-Insel in einer Baracke mit vielen spanischen Frauen. Wir warteten alle auf Schiffe, um in die Länder zu fahren, die uns Asyl versprochen hatten.

Die spanischen Frauen sangen oft, sie waren erregt in Leid und Freude, in Sicherheit und Ungewißheit. Unter ihnen saß eine kleine dünne Frau, grau waren ihr Haar und ihr Gesicht, sie sah anders aus als die spanischen Frauen, sie war auch immer stumm.

Einmal, als sie einem Kind einen Knopf annähte, entfuhr ihr auf deutsch: »Halt still!«

Ich fragte sie, woher sie stamme, und sie erwiderte: »Aus dem Rheinland, aus Algesheim.«

Wir saßen an diesem Abend lange zusammen. Bald darauf fuhr ich ab. Ich weiß nicht, ob sie noch lebt. Hier steht, was ich von ihr weiß.

Das Schilfrohr

Ein kleines Anwesen an einem See hinter Berlin gehörte schon lange vor dem Krieg der Familie Emrich.

Sie bauten hauptsächlich Gemüse an. Ihr einstöckiges, gut gehaltenes Haus war vom Ufer durch einen schmalen Rasen getrennt, der einzige Streifen unausgenutzten Bodens. Das Ufer war flach, es fiel ganz allmählich ab, dicht stand das Schilf, wie fast überall um den See herum. Vom Bootssteg führte der mit Kiesel bestreute Weg zu der Glasveranda, mit der man in einer Zeit des Wohlstandes das Haus erweitert hatte. Meistens wurde der Weg benutzt, der von der Landstraße her durch die Gärtnerei ins Haus führte. Von dem kleinen Vorplatz gelangte man sowohl in die Wohnstube wie in die Küche, aus der Küche stieg man durch eine Luke in den Keller. Die Kellertür nach der Seeseite wurde nicht mehr benutzt, sie war mit allerhand Vorräten verstellt, und auch das Kellerfenster war so verstellt, daß es kaum Tageslicht durchließ.

Die Familie Emrich hatte früher im nächsten Dorf auch eine Wirtschaft besessen und die Schmiede, die ihr gegenüber lag. Dort hatte man Pferde beschlagen und Pflüge und Ackergerät repariert.

Kurz vor dem Krieg war Vater Emrich an den Folgen eines Huftritts verstorben. Man sagt: »Ein Unglück kommt selten allein.« Vielleicht war er eine Spur weniger achtsam als sonst gewesen, verstört durch den Tod seiner Frau, der ihn kurz zuvor überrascht hatte. –

Die beiden Söhne wurden eingezogen. Der Krieg verlängerte ihren Dienst ins Ungewisse. Einer erlebte den Einmarsch in Polen, der andere die Landung in Narvik.

Inzwischen hatten entfernte Verwandte Wirtschaft und Schmiede gekauft. Die einzige Tochter, Marta Emrich, besorgte das Anwesen. Sie setzte ihren Ehrgeiz darein, möglichst alles selbst zu erledigen. Nur manchmal nahm sie eine Hilfe auf Taglohn, zum Beispiel um das Haus zu streichen, damit es ordentlich aussähe, wenn einer der Brüder auf Urlaub käme. Sie besorgte nicht nur zum größten Teil die Gemüsegärtnerei, sie tapezierte die Zimmer, und sie teerte das Boot, das meistens unbenutzt am Steg lag. Vom See aus wirkte das weiße Haus mit Heckenrosen freundlich und einladend.

Marta mühte sich ab vom ersten Sonnenstrahl bis zur Dunkelheit, nicht nur weil sie sparen wollte, um keine Schulden zu machen, da die Geschwister schon ihre Einkünfte aus der Wirtschaft und aus der Schmiede eingebüßt hatten, nicht nur weil sie sich sagte, dazu bin ich da, sondern auch, um ihr Alleinsein zu vergessen.

Ein Bauernsohn aus dem nächsten Dorf, ihr Großvetter, der als ihr Verlobter gegolten hatte, war einer der wenigen Toten an der Maginot-Linie. Durch ihn wären vielleicht Wirtschaft und Schmiede wieder mit dem Besitz der Emrich verbunden worden. Zwar hatte man noch keine öffentliche Verlobung gefeiert, doch als die Nachricht »Gefallen« eintraf, fühlte sich Marta verlassen und beinahe hoffnungslos. Sie hatte nie viel Worte gemacht, jetzt wurde sie ganz verschlossen.

Sie war kerngesund und gewohnt, sich in allen Lagen allein zu helfen. Sie war sechsundzwanzig Jahre alt, im dritten Kriegsjahr. Sie war grobknochig, mit breitem und flachem Gesicht. Mit den Ereignissen in der Welt stand sie durch die Feldpostbriefe der Brüder in Verbindung und durch verschiedene Veranstaltungen im Dorf. Sie hißte die Fahne bei jedem Sieg wie die Nachbarn.

Ihr jüngerer Bruder fiel an der Ostfront. Obwohl er ihr Lieblingsbruder gewesen war, gutmütiger als der ältere, fühlte sie diesen Tod nicht so stark wie den des Verlobten. Er kam ihr mehr vor wie eine Urlaubssperre auf ungewisse Zeit. –

Im Spätsommer 1943, an einem regendunstigen Abend, sonderte sie im Keller Kartoffeln und Rüben aus, um Futter für den Morgen zu richten.

Sie hörte plötzlich ein leises, ungewohntes Geräusch im Schilf und dann in der Hecke. Ihr war es, als sei ein Schatten vorbeigeflitscht. Blitzschnell ging es ihr durch den Kopf, daß man das Haus für leer halten könnte, weil kein Licht, bis auf die Kellerfunzel, brannte. Sie rief laut: »Wer ist denn da?«

Da niemand antwortete, stieg sie durch die Luke hinauf in die Küche, und sie ging durch die kleine Stube in die Glasveranda und von dort ins Freie.

Auf dem schmalen Landstreifen zwischen See und Haus stand ein fremder junger Mensch; er war, soweit sie es erkennen konnte, ganz ordentlich angezogen. Seine Gesichtszüge konnte sie in der Dämmerung nicht unterscheiden. Er fragte rasch: »Wohnt hier eine Frau Schneider?« Marta erwiderte: »Gibt es hier nicht«, und sie fügte hinzu: »Auch nicht im Dorf.« Sie musterte den unbekannten Mann und fragte dann: »Wie sind Sie denn hergekommen?« Er erwiderte: »Mit dem Boot.« – »Wieso?« fragte Marta, denn sie sah durch die Dämmerung durch, daß kein zweites an ihrem Steg lag. »Ach«, sagte der Fremde, »ich bin längst vorher ausgestiegen. Ich hoffte, sie wohnt schon im zweitnächsten Dorf, die Frau Schneider, und dann hab ich mich durchgefragt.«

Man hörte ein Motorrad auf der Landstraße. Er faßte

Marta an der Hand, er sagte leise, aber fest: »Verrat mich nicht, wenn jemand fragt.«

Marta zog ihre Hand zurück, sie sagte böse: »Ach so, du hast was ausgefressen.«

Das Motorrad hielt nicht an, es fuhr weit fort. Der fremde Mensch faßte sie wieder an der Hand, er sagte schnell mit leiser, heißer, eindringlicher Stimme: »Ich hab nichts Schlechtes getan. Im Gegenteil.«

Jetzt hörten sie ein Motorgeräusch auf dem See. Der Mann fuhr fort: »Seh ich denn wie ein schlechter Mensch aus?«

Sie versuchte wieder, sein Gesicht zu erkennen, als ob ein Gesicht je für den Mann, der es trägt, gebürgt hätte. Das wußte sie auch; denn sie hatte lange genug allein gelebt und mit allerlei Menschen umgehen müssen. Sie glaubte aber, mit dieser Art von Gesicht hätte sie niemals etwas zu tun gehabt.

Das Motorboot hatte sich schon entfernt. »Warum sind die dann hinter Ihnen her? Wenn Sie nichts angestellt haben?«

Er sprach, ohne zu stocken, weiter, sehr schnell, immer im gleichen heftigen Ton: »Man hat etwas gegen den Krieg verteilt, da, wo ich in Arbeit bin. Und heute sind sie auf mich verfallen.« – »Na, hören Sie mal«, sagte Marta, »wenn da was dran ist gehören Sie wirklich eingesperrt.«

Der fremde Mann sprach, ohne zu stocken, im gleichen heißen Ton über all ihre Worte weg. Seine Stimme war zugleich flehend und drohend. Sie hätte vielleicht, sagte er, niemand im Krieg verloren und nie auf einen gewartet, bis die Nachricht gekommen sei: »Gefallen.« – Darauf erwiderte Marta, und beide drückten sich nebeneinander an die Mauer, er gehöre für so ein Gerede eingesperrt, ja, eingesperrt, wenn nicht ins Zuchthaus, dann in ein Irrenhaus. Er fragte, ob man warten solle, bis alle Männer gefallen seien, er habe nicht gewartet, er nicht, und jetzt seien die hinter ihm her. Er sagte: »Haben Sie denn kein Herz im Leib? Sie. Lassen Sie mich ausschnaufen hier in der Hecke, Sie brauchen gar nichts davon zu wissen.«

Sie hatte vielleicht einen Augenblick gezögert. »Gehn Sie rein ins Haus, gehen Sie!« sagte er. »Sie haben gar nichts von mir gemerkt. Sie wissen nichts von mir. So gehen Sie doch schon.«

Dann wandte sich Marta ab und ging zurück, als ob sie kein Wort miteinander gesprochen hätten, und machte sich an die unterbrochene Arbeit. –

So fing es an. Sie stand nur früher als sonst auf, um nachzusehen, ob er noch in der Hecke saß. Sie hoffte etwas, er hätte sich inzwischen davongemacht. Sie wäre sogar bereit gewesen, am ersten Morgen, sich einzubilden, niemand sei vorbeigekommen. Er saß aber zusammengekauert am alten Platz. Sie ging wortlos ins Haus, kam nochmals zurück und brachte ihm etwas Warmes. Sie sah zu, wie er gierig schluckte, sich verschluckte, sich, von Husten geschüttelt, in die Hand biß, damit nichts zu hören sei. Dann sah er sie an, es war jetzt hell genug, um sein Gesicht zu erkennen. Er sagte nichts, er bewegte nur etwas die Lippen und sah sie an mit seinem festen Blick. Sie sagte nichts, sie ging ins Haus zurück, als habe niemand da gehockt, sie ging ihrer Arbeit nach wie alle Tage. –

In diesem Sommer half ihr ein Junge im Tageslohn. Er kam aus dem Dorf, er hinkte seit einer Kinderlähmung. Er erzählte Marta, die Polizei sei auf der Suche nach einem Taschendieb, sie hätten in jedem Dorf rund um den See herum gewarnt. Nachmittags, es war früh dunstig, bedeutete Marta dem Fremden, ihr durch die Kellertür zu folgen. Sie hatte schon ihren Wintervorrat an Holz und Kohle gelagert. Sie machte jetzt einen winzigen Unterschlupf frei, sie sagte nichts, als sei ihr Tun und Lassen erst wirklich, wenn sie dazu etwas äußere.

Der kleine Tagelöhner war enttäuscht, als der Monat August zu Ende ging und Marta ihn nicht für den Monat September bestellte. Doch niemand wunderte sich, es war längst bekannt, daß Marta Emrich allein mit jeder Arbeit zu Rande kam, ja geradezu darauf erpicht war, allein zu Rande zu kommen.

Was es an lautloser Kleinarbeit gab, an Schälen und Schnitzeln, auch bisweilen an Reparaturen, besorgte der Flüchtling – er hieß Kurt Steiner – in seinem Unterschlupf zwischen den Holzstapeln. Manchmal ließ Marta die Kellerluke offen, sie schaltete ihr Radio ein. Nach und nach faßte sie Mut, hinunterzusteigen, sie hörte sich seine Erklärungen an. Ihm fielen viele Beispiele ein, um ihr das Gehörte verständlich zu machen, Ereignisse aus der Welt und aus seinem eigenen Leben. Sie kamen Marta, die nur ihr eigenes Dasein kannte, wie Märchen und Sagen vor. Anfangs war sie ganz benommen von seiner eindringlichen Stimme, dann horchte sie auch auf den Sinn seiner Worte, sie widersprach ihm und fragte und dachte nach.

Einmal nachts, als alles ringsum erstarrt war im Winterschlaf, in Eis und Schnee, führte sie ihn herauf ins Haus. Auf Augenblicke, im Schein der Taschenlampe, sah er die Stube, auf die sie stolz war. Und frisch und gut war ihr Bett.

Zitternd, an ihn geschmiegt, verfolgte sie nachts durch die Ladenritzen einen Luftangriff auf Berlin.

Nach und nach wurde Marta Emrich vertraut mit den Gedanken ihres Gefährten Kurt Steiner. Sie war davon überzeugt, daß ihre Handlungsweise gut und richtig gewesen war. Sie würde dasselbe noch einmal tun mit Wissen und Wollen.

Sie empfand nur ein Schuldgefühl, weil sie die Nachricht, ihr älterer Bruder Karl sei an der Ostfront in Gefangenschaft geraten, mit einer gewissen Erleichterung aufnahm. Denn sie hätte sich keinen Rat gewußt, wie sie Kurt

Steiner verbergen könnte, wenn der Bruder auf Urlaub gekommen wäre. Karl war besonders schroff und hart, ja tückisch. Er war einer von denen, die mit Freuden selbst einen Flüchtling am Genick packen würden. –

Im Frühjahr kam eine neue, eine furchtbare Gefahr. Über den Zaun erzählte ihr eine Bauersfrau, die Dörfer rund um den See würden abgesucht nach desertierten Soldaten. Kein Keller, kein Garten, kein Busch würde dabei ausgelassen, erzählte die Nachbarin, halb angstvoll, halb gehässig.

Kurt Steiner erbleichte, als ihm Marta davon berichtete. Er stieß hervor: »Jetzt war alles umsonst, jetzt ist alles aus.« Er brütete. Er sagte mit leeren Augen: »Ich muß weg, sonst wirst du auch noch geschnappt.«

Plötzlich fiel Marta eine Geschichte ein, die ihr jüngerer Bruder, ihr Lieblingsbruder, einmal in einem bunten Heft gelesen und den Geschwistern erzählt hatte. Irgendwo in dieser Geschichte, sie wußte nicht mehr, wo sie spielte, hatte sich jemand gerettet, sie wußte nicht mehr, vor wem und warum, indem er unter das Wasser getaucht war und durch ein Schilfrohr geatmet hatte, solange sie nach ihm suchten. Kurt Steiner sagte, das sei erfundenes Zeug, das sei in Wirklichkeit gar nicht möglich. Marta sagte: »Doch, es kann möglich sein, versuch's!« Er sagte: »Das kann ich nicht, nein, das geht nicht.« Marta sagte: »Du mußt, du mußt!«

Und sie drängte ihn, es auszuprobieren, sofort, bevor sie noch kämen, nichts anderes bliebe ihm übrig, und deshalb sei es wohl möglich. Und sie zwang ihn, ins Wasser zu kriechen, und sie schnitt ein geeignetes Schilfrohr ab. Und es war noch nicht Nachmittag, da wurde es ernst mit ihren Proben. Das nächste Haus war umstellt worden und fruchtlos durchsucht; jetzt kamen sie in das Emrich-Haus, sie stiegen auch von der Küche durch die Kellerluke. Marta erschrak, als die den Hohlraum zwischen den Holzstapeln fanden, sie könnten womöglich eine Spur, ein Härchen, ja einen Schatten entdecken. Sie stöberten aber nur wild und grimmig herum.

»Wen sucht ihr denn?« fragte Marta, die sich in all ihrer Furcht ein Gramm Spott bewahrte. »Mein jüngerer Bruder ist gefallen, mein älterer ist in Gefangenschaft.« – »Halt's Maul«, sagte die Feldpolizei, »ein Weib hat nicht bloß Brüder.« Marta spürte die Todesahnung; dann dachte sie: Ob er's durchhält, ob er Luft kriegt?

Nachdem sie fruchtlos auch rund ums Haus gesucht hatten, zogen sie fluchend ab ins nächste Haus. Kurt Steiner kroch schließlich zurück in sein Kellerloch, das kam ihm fast wohnlich vor. Sie mußten aber dauernd auf eine neue Razzia gefaßt sein. Er war am Verzweifeln, er sagte, der Tod sei ihm lieber als die unerträgliche Spannung. Er könne auch keine Razzia mehr ertragen, nur durch das Schilfrohr atmend.

Marta redete heftig auf ihn ein, jetzt sei das Ende des Krieges ganz nahe, gerade dafür hätte er sich in solche Gefahr begeben, er müsse das Ende des Krieges miterleben. – Bald erfuhren die beiden, die Dörfer würden abermals durchgekämmt, sie hätten damit nachts begonnen.

Sie beschwor den Kurt Steiner, es noch einmal zu wagen. Was habe er alles gewagt, damit endlich Frieden sei! Und da wolle er elend verrecken drei Minuten vor Torschluß. Und er nahm es noch einmal auf sich, von ihrem Drängen bezwungen, es gelang ihm noch einmal, als sie wirklich kamen und suchten, durch das Schilfrohr zu atmen. –

Nach ein paar Wochen war Berlin eingenommen. Der Krieg war zu Ende. Die beiden im Emrich-Haus weinten und lachten, sie aßen zusammen ein Freudenmahl, und sie tranken Wein, und sie legten sich in das weiße kühle Bett wie gewöhnliche Eheleute; kein Motorengeräusch erschreckte sie mehr.

Die ganze Gegend war derartig überschwemmt von

Flüchtlingen, die Häuser waren so vollgestopft, daß niemand sich über Kurt Steiner wunderte, einer von vielen Fremden, die aufgetaucht waren. Nun, da ihr Herz ruhig war und alle Gefahr überstanden, hütete Marta ihre Beete streng vor den Tritten der Soldaten und vor den Kindern der Flüchtlinge.

Kurt Steiner sah lächelnd zu, wie sie sich mühte, das Ihre wieder in Ordnung zu halten in dem heillosen Durcheinander. Er sah sie nun, wie sie jeden Tag aussah, grobknochig, mit flachem und breitem Gesicht.

Nach einer Woche sagte er, nun müsse er in die Stadt, um seine Freunde wiederzusehen.

Sie war verbissen in ihre Arbeit; dabei ließ sich leichter warten, da er gar zu lang wegblieb. Und endlich, unversehens, hörte sie seine Stimme. Er war mit mehreren Menschen gekommen, in einem russischen Militärauto. Er brachte einige Freunde an, die er wiedergefunden hatte. Auch zwei Offiziere kamen. Einer sprach ganz gut deutsch, und er fragte Marta genau aus. Offenbar hatte ihnen Kurt Steiner viel über seine Flucht erzählt und über sein Versteck, und als der Offizier nun immer wieder Bescheid wissen wollte, ob sich alles genau so verhalten hätte, erwiderte Marta kurz: »Gewiß. So war es.« Die Offiziere betrachteten sie erstaunt, mit warmen Augen. Dann zeigte Kurt Steiner seinen Freunden das Versteck im Keller und auch die Stelle am Ufer, an der er mit dem Schilfrohr während der Fahndung ausgeharrt hatte. Er verschwieg nicht, was er Marta verdanke. Sie hätte ihm nicht nur das Leben gerettet, sie hätte ihm dauernd Mut zugesprochen.

Marta hörte sich alles stumm an. Sein Ton war ihr fremd. Als sie etwas zum Essen richten wollte, denn sie hatte verschiedenes gehamstert, sagte Kurt Steiner: »Wo denkst du hin? Im Gegenteil. Wir haben dir ein Eßpaket mitgebracht. Wir fahren gleich alle wieder zurück.«

»Du auch?« fragte Marta. »Gewiß, ich muß«, sagte Kurt Steiner, »jetzt hab ich in Berlin eine Arbeit, eine gute, in der neuen Verwaltung.« Er strich ihr wie einem Kind übers Haar. Er rief noch einmal im Weggehen: »Ich laß bald von mir hören!« Marta horchte dem Auto nach. Ihr Herz war früher leichter geworden, wenn sich das Motorengeräusch entfernt hatte, jetzt wurde es schwerer.

Sie hatte von klein auf ihre Gedanken für sich behalten. Sie besaß gar nicht die Fähigkeit, sich auszusprechen. Den Leuten, mit denen sie umgehen mußte, um Gärtnerei und Haus zu besorgen, war ihre Einsilbigkeit bekannt. Es fiel niemand auf, daß sie jetzt noch weniger Worte machte. –

Eines Tages erschien Kurt Steiner, um zu fragen, wie es ihr gehe. Er bot ihr allerlei Hilfe an. Marta erwiderte, was sie allen erwiderte: »Ich werd allein fertig.« Und als er ihr seine Dankbarkeit nochmals leidenschaftlich versicherte, sagte sie: »Schon gut, Kurt.« Sie machte sich steif, als er sie zum Abschied an sich ziehen wollte. –

Ihr Bruder Karl kam aus der Gefangenschaft. Er war grober und schroffer denn je. Er fand für die Schwester kein einziges gutes Wort; er ärgerte sich über jede Veränderung in der Gärtnerei. Das Haus fand er zwar gut im Stande, aber er lobte nichts; es schien ihm freilich geeignet, um mit einer Frau aus ordentlicher Familie hineinzuziehen, einer Bauerntochter aus dem nächsten Dorf. Marta mußte ihr Zimmer abtreten, sie erhielt eine schmale Kammer. Das junge Paar nutzte Marta aus. Ihr Bruder war geradezu darauf erpicht, alles, was sie in seiner Abwesenheit bewirtschaftet hatte, von Grund auf zu verändern. Das tat er auch, weil er in Wut geriet über das »Soll«, die neuen Abgaben, um zu beweisen, daß es unmöglich sei, den Überschuß zu erzielen, der »freie Spitzen« hieß. –

Marta rief sich manchmal im stillen ins Gedächtnis zurück, was ihr Kurt Steiner erklärt hatte, obwohl er seit langem nicht mehr aufgetaucht war. Er hatte gesagt, so einer will immer mehr Land, er will auch fremdes Land, er braucht den Krieg.

Eines Sonntags, als sie still und allein auf der kleinen Bank saß, die ihr Bruder auf der Seeseite für seine Frau aufgestellt hatte – das Paar war zu den Schwiegereltern ins Dorf –, fuhr ein Motorboot auf den Steg zu. Kurt Steiner sprang heraus, und er half einer jungen Person beim Aussteigen. Marta verstand sogleich, daß diese ungefähr so beschaffen war, wie sich Kurt seine Frau vorstellen mochte. Er begrüßte Marta vergnügt, er sagte, er hätte noch einmal den ganzen Fluchtweg zurücklegen und seiner Freundin erklären wollen. »Und hier ist auch gleich die Marta zur Stelle«, endete er. Diesmal erlaubte er Marta, Kaffee zu kochen, er hatte ihr echte Bohnen mitgebracht. Sie saßen eine Stunde beisammen. »Was wir erlebt haben, du und ich«, sagte er und nahm ihre Hand, »kann man nie im Leben vergessen.« – »Gewiß nicht«, erwiderte Marta. »Wenn du etwas brauchst, komm zu uns«, sagte Kurt, und er schrieb ihr auf, wo sie in Berlin wohnten.

Als der Bruder und seine Frau heimkamen, waren sie ungehalten, weil Marta inzwischen Gäste bewirtet hatte. Sie schnüffelten den Kaffeegeruch. Die Schwägerin schimpfte, weil Marta das Service benutzte, das zu ihrer Mitgift gehörte. Dann wurden sie neugierig, wollten durchaus erfahren, was für Leute Marta besucht haben könnten. Marta erwiderte: »Noch vom Krieg her, Bekannte.«

Inzwischen war in den Dörfern etwas gegründet worden, was »Gegenseitige Bauernhilfe« hieß. Der Bruder schimpfte: »Die können mich – in so was tritt einer wie ich nicht ein.« Marta sagte: »So einer wie du, nein.« Sie radelte abends ins Dorf. In der Wirtschaft, die ihren Verwandten gehörte, gab es manchmal eine Versammlung. Dort hörte sie zu. Schüttelte auch mal den Kopf, wenn ihr etwas gegen den Strich ging.

Der Bruder sagte: »Wenn du dich da herumtreibst, kannst du gleich anderswo wohnen.«

»Mich kannst du nicht rausschmeißen«, sagte Marta, »der Vater hat's uns Kindern vermacht. Auszahlen kannst du mich aber, wenn du Lust hast.«

Dazu hatte Karl durchaus keine Lust. Er war erbost und erstaunt. Was diese Marta sich für einen Ton zugelegt hat.

Von nun an wurde Marta mal so, mal so behandelt. Mal tückisch-freundlich, mal als Aschenbrödel. Obwohl ihr vor jeder Heimkehr bangte, war sie erleichtert, wenn sie davonradeln konnte in ihre Bauernversammlung. Doch satt wurde ihr Herz davon nicht. Ihr Leben war bitter.

Sie sehnte sich danach, den Kurt Steiner wiederzusehen. Sie konnte und konnte nicht abwarten, bis er von selbst kam. Sein Gesicht, das ihr anders dünkte als alle ihr bekannten Gesichter, schnell einmal vor sich zu haben mit seinem hellbraunen Haarschopf, mit seinem festen Blick. Und seine Stimme zu hören. Sie hatte viel zu fragen. Ihr schien, er könne alles auf Erden erklären. Er war verheiratet, und er hatte wohl schon ein Kind. Er könnte unwillig werden, wenn sie plötzlich erschien. Er hatte sie aber selbst mit seiner Braut besucht, ihr aufgeschrieben, wo sie in Berlin wohnten.

Da ihr Bruder in amtlichen und schriftlichen Sachen äußerst unsicher, Marta aber seit Jahren gewohnt war, alles allein zu erledigen, fand sich eine Gelegenheit. Marta erbot sich zum Besuch der Bauernbank in Berlin, ohne daß sie sich anmerken ließ, wieviel ihr an dieser Reise lag. Dem Bruder war es nur recht.

Sie kannte die Fahrt genau und kam pünktlich an. Von der Bank fuhr sie nach Weißensee zu dem Haus, in dem

Kurt Steiner wohnte. Als sie die Treppe hinaufstieg, dachte sie: Soll ich? Soll ich nicht?

Aber im zweiten Stock an der Wohnungstür stand ein fremder Name. Sie suchte umsonst die übrigen Türen ab. Schließlich fragte sie eine Frau, die gerade vom Markt kam, wo denn hier ein Kurt Steiner wohne. Die Frau sagte: »Der ist schon längst weg.« – »Wohin denn?« Die fremde Frau zuckte die Achseln. Da Marta angstvoll beharrlich mit ihren Augen fragte, beschrieb die Frau spöttisch mit der Hand einen weiten Bogen.

Dann ging Marta zur Haltestelle. Sie war müde. Ihr war trübe zumute. Sie dachte auch: Er hätte mir's schreiben können. Als trage sie plötzlich schwer an ihrer Enttäuschung, waren ihre Schultern schlaff, auch ihre Mundwinkel hingen. Je näher der Autobus ihrem Dorf kam, desto mehr Gesichter erkannte sie. Sie raffte sich auf, weil ihr war, die Leute starrten sie an. Sie hörte, daß einer zum anderen sagte: »Die war auch dort in der Wirtschaft, ganz allein.« Sie dachte: Ihr hättet ja dem Kurt Steiner schön mitgespielt. Zur Gestapo hättet ihr den geschleift. Dann dachte sie voll Leid: Er ist jetzt für immer fort.

Sie ging von der letzten Haltestelle ins Haus. Wenn sie nicht ständig die Zähne zusammenbiß, würde die ganze Trübnis gleich wieder über sie schwappen. Sie zeigte dem Bruder die Bankpapiere, und da er nichts davon verstand, verstand er auch nichts zu rügen als nur: »Warum bist du nicht früher gekommen?«

Auf einmal empfand sie im Innern eine Genugtuung. Sie besaß etwas Eigenes, davon gab sie nichts preis. Was ihr, nur ihr gehörte, war keine Sache, sondern etwas Erlebtes. Darauf war sie stolz mit Fug und Recht. Sie straffte sich. –

An die Gärtnerei stieß ein Stück verwahrlostes Land. Die ehemaligen Besitzer waren entweder im Krieg geblieben, oder sie waren aus Angst auf und davon. Die Gemeinde überließ dieses Stück einem Umsiedler namens Klein. Auf der Flucht hatte Eberhard Klein seine Frau verloren. Seinen einzigen Sohn versorgte er selbst. Er war düster, recht hilflos. Er war zwar Gärtner gewesen, er hatte aber immer mit guter Erde zu tun gehabt. Er konnte sich nicht befreunden mit dem mageren Boden am See. Und auch nicht mit der Gemütsart der Leute, die so karg wie ihr Boden war.

Emrich war scharf darauf aus gewesen, das Stück zu erwerben, das nun Eberhard Klein bebaute. Darum zeigte er dem Klein die kalte Schulter. Und stellte der ihm eine Frage, gab er ihm dürftig Auskunft oder gar falsche. Klein glaubte zuerst, Marta sei von derselben Sorte. Mancher hatte ihm gesagt, sie sei grob, sie sei mürrisch. Doch einmal gab sie ihm ganz freundlich von selbst über den Zaun einen Rat, der das Beschneiden von Tomaten betraf. In der Bauernversammlung brachte sie, wenn auch scheu, eine vernünftige Meinung vor. Eberhard Klein horchte verwundert. Er dachte: Das sind genau meine Gedanken. Er fing auch an gewahr zu werden, wie gut und ruhig ihre Augen waren. –

Sie wurde bald seine Frau und seinem Kind eine gute Mutter. Sie lebten friedlich, einer Meinung, was die äußere Welt betraf und ihre eigene Arbeit und ihre kleine Familie. –

Einmal erhielt Marta aus Düsseldorf eine Karte von Kurt Steiner. Er schrieb, er würde sie nie vergessen. Eberhard Klein fragte, wer der Mann auf der Karte sei. Marta erwiderte: »Manchmal haben wir uns geholfen, in der schweren Zeit, im Krieg.« Sie fügte hinzu: »Er hat mir mal echten Kaffee verschafft.« Klein fragte nichts mehr, und sie sagte nichts mehr.

Wenn sich jemand nach Marta erkundigte, das kam selten vor, dann hieß es: Sie ist die Schwester vom Emrich.

Jetzt hat sie den Eberhard Klein zum Mann. – Wer mit den Kleins einer Meinung war, sagte vielleicht noch: Die ist ordentlich.

Was hätte man andres sagen können, da man nichts andres wußte?

Susi

Wir spielten als Kinder jeden Sommer zusammen, Susi und ich. Denn in den Ferien fuhr ich mit meinen Eltern immer nach Kronbach. Dort wohnten wir in dem Anbau des Hauses, das Susis Eltern gehörte. Es war das letzte Haus in der Dorfgasse, die Fenster hingen über dem wiesigen Abhang, und hinter dem Tal begann der Wald. Ich kannte nichts, was mir besser gefiel als dieser Wiesenabhang und dieser Wald, größtenteils Buchen, ein Streifen Fichten. Susis Vater, der Bauer Mangold, und Paul, sein Sohn, hatten zusammen ihr Haus durch den Anbau erweitert, der jedes Frühjahr frisch geweißt und im Sommer vermietet wurde. Er war meine Ferienheimat, er war eine Zeitlang meine richtige Heimat, aber immer nur kurz, solange die Ferien dauerten. Ich glaube, ich habe als Kind vor Freude gezittert, wenn wir die Kleinbahn nach Kronbach bestiegen.

Paul Mangold holte uns mit seinem Vater, manchmal auch mit seinem kleinen Bruder, dem Fränzchen, an der Station ab; sie legten unser Gepäck auf den Karren, der so sonderbar dünn in einen hineinknirschte; etwas wächst mit der Zeit über dem Knirschen zu, und Jahre später, bei einem unerwarteten Ruck, auf den man gar nicht gefaßt war, platzt die Naht auf, so daß es wiederum knirscht, wie früher, dünn, tief, doch trocken und bitter.

Nach diesem Empfang an der Bahn, der in Wirklichkeit vollkommen herrlich war, ging es bergauf ins Dorf. Die Gasse stieg noch ein wenig an. Und vor der Haustür stand, uns erwartend, Frau Mangold mit ihrer Tochter Susi.

Susi hatte den Kopf geneigt, sie lächelte freudig, ein wenig listig. Sie war kräftig und schmal, ihr Haar war braun, ihre Haut gebräunt. Sie war vielleicht zwei Jahre älter als ich. Das weiß ich, denn sie kam vor mir zur Schule. Sie mußte Aufgaben machen, sie mußte trotzdem viel in der Wirtschaft helfen und im Gemüsegarten. Ich half der Susi, und ich lernte viel bei der Hilfe, damit wir schnell zum Spielen kamen, wir liefen bergab in die Wiesen hinein, und die Heuschrecken hüpften um unsere Beine, manchmal gab es schon im August Herbstzeitlose. Wir saßen über dem Bach auf einer Brücke aus Steinen, die bloßen Füße im Wasser. Auf Susis Haar lag ein Schimmer, ich öffnete langsam ihre Zöpfe und suchte nach den Fäden, aus denen der Schimmer kam, es gab aber in den Zöpfen nur braune und rötliche und gelbliche Fäden. Schließlich raffte Susi ihr Haar zusammen und flocht ihre Zöpfe frisch. Jetzt war der Schimmer wieder da, auf ihrem Scheitel und auch auf ihren Augen. Ich hatte damals noch nicht begriffen, wie schön Susi war, so schön, daß es einen verwirrte.

Wir planschten im Wasser herum. Wir fingen Heuschrekken, Schmetterlinge zu fangen widerstand uns. Wenn die Ferien zu Ende waren, und es hieß abreisen, weinten wir beide. Im nächsten Jahr fing dann wieder alles von vorn an, mit dem Knirschen des Karrens, das aber in Wirklichkeit nicht trocken und bitter war, sondern Freude verheißend.

Doch später kam eine Zeit, in der wir nicht mehr die Ferien in Kronbach verbrachten. Wir blieben zu Hause, oder wir fuhren woandershin. Ich weiß es nicht mehr genau. Was vorher geschehen ist, weiß ich ganz genau und für immer. Was später geschah, ist mir unklar.

Ich war schon erwachsen, da fuhr ich noch einmal auf gut Glück mit der Kleinbahn nach Kronbach. Niemand holte mich ab. Ich ging allein die steile Dorfstraße hinauf.

Paul Mangold, der älteste Sohn, wohnte jetzt mit seiner

eigenen Familie im Anbau. Seine Mutter war inzwischen gestorben. Der Vater hatte wieder geheiratet. Fränzchen war ein großer, schlaksiger Bursche. Weit fort nach Frankreich sei Susi mit ihrem Mann gezogen, erzählte mir Paul. Wäre diese Trennung nicht gewesen, hätte die Mutter wahrscheinlich länger gelebt. Sie hatte übermäßig an Susi gehangen.

Ich fragte, ob Susi glücklich geworden sei. Und Paul erwiderte: »Nun ja, wie man's nimmt.«

Ich ging auf einem Umweg durch die Wiesen, um zu sehen, ob es schon Herbstzeitlose gäbe, zur Bahnstation zurück.

Im ersten Weltkrieg machten wir keine Ferienreisen. In den Städten und Dörfern lagen Soldaten. Sogar in Kronbach. In dieser Zeit hat der Bauer Mangold einen kleinen Ausschank in seinem Anbau eingerichtet. Denn der Dorfkrug reichte nicht mehr aus. Der Dorfkrug und der Mangoldsche Ausschank waren zuerst voll feldgrauer deutscher Soldaten; dann waren sie voll bläulichgrauer Besatzungssoldaten. Aus diesem und jenem Grund gab es übermäßig viel Einquartierung, und dann war es wieder still, und dann gab es wieder Einquartierung. Die Kleinbahn fuhr aus Kronbach weiter nach größeren Ortschaften, in denen die meisten wohnten. Doch machte es den Besatzungssoldaten Spaß, zur Abwechslung mal etwas in Kronbach zu trinken.

Susi bediente meistens, weil ihre Mutter schon damals nicht immer fest auf den Beinen war. Auf Susis Gesicht, das nicht mehr so stark gebräunt war wie ihre Arme, lagen die Schatten dichter Wimpern. Sie stellte schnell auf den Tisch, was verlangt wurde. Ihr Vater oder ihr älterer Bruder gab hinter der Theke acht. Ein Gast sagte zum andern: »Die ist mal schön«, oder: »Guck mal, das ist ja 'ne wahre Schönheit.« Sie wurde aber nie angefaßt man lachte kaum mit ihr, man war bei ihrem Anblick eher erstaunt.

Ein junger Soldat, der ziemlich spät und zum erstenmal kam, betrachtete ihren braunen glatten Arm, als sie das Glas vor ihn hinstellte. Der Arm war rund und fest, aber schmal. Er hatte eine Rille unter der Beuge. Der junge Soldat sah an ihr hoch, er sah ihren Mund, ihre dichten Wimpern, ihre runde Stirn. Er bekam Angst, sie würde sogleich vom Tisch weggehen, und er griff nach ihrem Arm. Sie sah ihn an, und er ließ ihren Arm verwundert los. Er trank sehr langsam, er sah sie andauernd durstig an. Am nächsten Abend kam er wieder und auch am übernächsten. Wenn er abends Dienst hatte, kam er am hellen Tag.

Sie sah ihn groß an, ohne zu lächeln und ohne zu blinzeln; weil er nicht genau wußte, wie man auf deutsch sagt, ich muß dich wiedersehen, schrieb er auf einen Zettel: »Ich muß dich immersehen.« Über diesen Zettel, den sie schnell einsteckte und hinterher sorgsam aufhob, lachten sie später noch oft, solange ihnen zum Lachen zumut war.

Im Buchenwald über dem wiesigen Abhang, den man vom Mangoldschen Haus sehen konnte, hatte der Holzschlag begonnen. Durch die Lücken im Waldsaum sah man einige Stellen Himmel. Denn der Hügel fiel hinter dem Wald steil ab in ein zweites wiesiges Tal. Als Kinder hatten wir dort auf der Sonnenseite Brombeeren gepflückt. Und Susi ging mit ihrem Korb hinüber nach Brombeeren. Jean, so hieß der Soldat, half ihr beim Pflücken. Sie ruhten sich zwischen den Holzstapeln aus. Ihr Kopf lehnte an seinem Arm. Zuerst fuhr sein Mund über ihr sonnenwarmes Haar. Sie sprachen unbeholfen miteinander. Aus seinem Leben erfuhr sie dieses und jenes. Seit langem war er ein Waisenkind. Seine Patin, die Großtante, hatte Mutterstelle an ihm vertreten. Sie hatte ihn immer beschützt, sie erwartete ihn. Er hatte Kellner gelernt, und auch die

Wirtsleute, bei denen er in Stellung gewesen war, in St. Cloud bei Paris, im Pavillon Bleu, erwarteten ihn. Sie waren ihm gut gesinnt. Er küßte Susi auf den Arm und auf den Hals, sie schubste ihn von sich weg, nicht schroff. Plötzlich fiel ihm sein Dienst ein, er bekam einen gewaltigen Schreck, er mußte zur Bahn rennen. Susi sah ihm nach, sie ging benommen heim, ihr kam es vor, der Bruder Paul starre ihr auf den Arm und auf den Hals.

Die nächsten Wochen kam Jean nicht mehr in den Ausschank. Susi ging, wann es ihr paßte, zu ihm hinauf in den Holzschlag, im Sonnenschein und im Mondschein. Sie war nur ruhig, wenn sie bei ihm war, und auch er war nur ruhig, wenn sie kam. Alle anderen Stunden waren wertlos.

Aber die Mutter sagte: »Hör mal, Susi, ich kann es nicht glauben von meiner Tochter, was man sagt, ich will es nicht wahrhaben.« Susi sah ihre Mutter an und sagte: »Doch, es ist wahr.«

Der Vater war hinzugetreten. Er spannte die Brust, um zu brüllen. Der Zorn blieb ihm im Halse stecken. »Stimmt das, Tochter?« – »Ja«, sagte Susi, »es stimmt, und ich hab niemand so lieb wie ihn.« Sie fügte hinzu: »Seid ruhig, ich bring ihn zu euch ins Haus.«

Am nächsten Nachmittag kam Jean mit ernstem Gesicht zu den Eltern. Sie setzten sich an den Tisch, er sprang bald auf, tat der Mutter diesen und jenen Handgriff. Doch ihr Gesicht blieb bekümmert. Der Vater Mangold fragte ihn aus, und er sprach von seinem Kellnerberuf, von seinem Lohn. Zusammen mit den Trinkgeldern verdiente er allerhand.

Von nun an half er, wenn er frei war, bald in der Küche, bald im Garten. Keine Art Arbeit war ihm fremd. Er war auf dem Land großgeworden. Und die Erde hinter der Grenze war von der gleichen Sorte wie hier. Er erzählte viel von seiner Patin, der Tante Eveline, von ihrem Birnbaum.

Dutzende Flaschen hingen an seinen Ästen. Denn die Patin stülpe die Flaschen schon über die kleinen Birnen und binde sie fest, so daß sie in den Flaschen reiften, jede im eigenen kleinen Treibhaus, zuletzt, wenn sie dick und reif seien, müsse man die Flaschen zerschlagen.

»Unsere Mollebusch-Birne«, sagte der Bauer, »die hat's auch in sich, auch ohne Flaschen.«

Nachts sagten die Eltern zueinander: »Das scheint doch ein braver Junge zu sein. Schließlich, viel anders war's bei uns auch nicht.«

Sie dachten beide damals noch von sich selbst, was sie vereine, sei für jetzt und immer, bis daß der Tod euch scheidet. *Immer* sei das Leben schlechthin, dachten beide. Herr Mangold ahnte nicht, daß er ein neues Weib nehmen würde für sein Bett, seine Küche, seinen Ausschank, seine Felder und seinen Garten, wenn der Tod sie geschieden hatte.

Susi lächelte froh, weil sie merkte, wie ihr Jean den Eltern gefiel. Die Kümmernisse verschwanden aus dem Gesicht der Mutter. Nur Paul schimpfte manchmal auf den Bräutigam. Im ersten Besatzungsjahr, da hatte man solchen Mädchen, die bei einer Liebschaft mit Franzosen ertappt wurden, die Zöpfe abgeschnitten. Das war aber lange her. Und voriges Jahr hatte die einzige Tochter des Bürgermeisters von Sassenheim nach Dijon geheiratet.

Manchmal, wenn die Mutter vom Stall heraufkam, roch es bereits nach Braten, der Tisch war wie am Sonntag gedeckt. Jean servierte, jedem extra, bitte Madame, und bitte Monsieur, alle lachten, selbst Paul.

Obwohl kein Grund mehr dagegen sprach, sich im Haus zu treffen, saßen die zwei am liebsten im Holzschlag. Doch das Holz wurde abgefahren. Auf den Abhängen wuchsen Herbstzeitlose. Auch Jeans Dienst ging zu Ende. Er sagte mit neuer Heftigkeit: »Du und ich, wir gehören zusammen, für immer.« Und er suchte in ihrem bräunlichen Haar nach den einzelnen Fäden, die es so stark zum Schimmern brachten.

Er bat die Eltern, als er wegfahren mußte, man möge ihm Susi mitgeben, damit er sie seiner Patin, der Tante Eveline zeige, die wie eine Mutter zu ihm sei; er bezahle selbst hin und zurück.

Der Vater gab schließlich nach. Die Mutter blieb unwillig, stumm. Doch kaufte sie blauen und braunen Wollstoff, und sie nähte für Susi zwei Kleider. Es ging auf November.

Susi war reiseerregt. Ihr war es nicht bang vor der Fahrt. Von Kronbach zur Grenze war es nicht weiter als von der Grenze nach Courcelle. Sie wäre mit ihm bis ans Ende der Welt gezogen. Nur, als sie schon im Zug stand und zur Mutter hinuntersah und die Kleinbahn losruckte, da weinte sie laut auf. Warum, das wußte sie nicht, es hatte plötzlich in all ihrem Glück aus ihr herausgeweint. Jean erschrak. Er zog sie schnell weg. Ihre Augen küßte er trocken, und er griff ihre Schultern und ihre Brust in dem braunen Wollkleid. Da vergaß sie auch bald ihren Kummer. Sie lachte ebenso froh, vielleicht noch froher als Jean. Spätabends kam man in Courcelle an.

Auf den ersten Blick war sie der Großtante Eveline gut. Im Häuschen brannte ein offener Kamin; so was gab es daheim nicht. Jean zeigte ihr den in dieser Jahreszeit kahlen Birnbaum, an dem die Flaschen hängen würden. Manchmal redete er so heftig und schnell auf die Patin ein, daß Susi kein Wort davon begriff, obwohl sie die Sprache ganz gut verstand. Tante Eveline preßte ihre Lippen zusammen, während Jean sprach. Sie gab ihm manchmal ganz schroff Antwort, aber mit Susi war sie überaus lieb und gut.

Susi war es nicht bang mit der Patin allein in dem warmen Häuschen, während Jean nach Paris fuhr, um bei seinem ehemaligen Patron vorzusprechen. Sie schrieb ihren Eltern, alles sei gut, noch besser, als sie sich's vorgestellt hätte, die Tante Eveline sei sehr gut, und Jean versichere sich seines Arbeitsplatzes, sie könne unmöglich plötzlich weg.

Schließlich kam Jean aus Paris. »Ja, mein Lieb, ich behalte die Stelle«, sagte er fröhlich. Ihr schien er nicht ganz so fröhlich, wie er sprach. Er saß manchmal nachdenklich bei der Tante, wenn aber Susi ins Zimmer trat, sprang er auf und war wieder fröhlich, und die Tante war immerfort gut mit ihr.

Jean sagte: »Nein, nein, ich laß dich nicht heimfahren, nie mehr. Du bleibst mit mir, mein Lieb, für immer und ewig.« – »Ja, gewiß«, sagte Susi verwundert, »nur besser wär's, ich fahr noch mal heim.«

Dann überlegten sie hin und her. Und sie schrieb zuletzt: »Jean hat schon Wohnung gemietet, in Boulogne sur Seine. Das liegt zwischen Paris und St. Cloud, und er hat seine Arbeit in St. Cloud. Bitte schreibt mir nach Boulogne sur Seine, Rue de la Gare 12. Jetzt ist es für mich zu schwer, die Reise hin und zurück. Jean könnte nicht mit mir fahren. Er braucht mich auch sehr für die Wohnung und für seine Wäsche und für seinen Anzug, damit gleich alles gut klappt.«

Der Vater schrieb ungehalten zurück, ihnen gefalle das gar nicht, nur Standesamt, ihre einzige Tochter. Hier hätten sie sich auf die Hochzeit gefreut, in der Kirche und nachher daheim ein Hochzeitsessen.

Als Jean diesen Brief gelesen hatte, sah er Susi prüfend an. Susi sagte nur, das mit dem Standesamt könnten sie bald mal machen, und wenn er eingelebt sei auf seinem Platz, könnten sie beide zusammen heim auf Urlaub. Jean sagte eifrig: »Ja.«

Er sah gut aus in seinem schwarzen Anzug. Susi rieb und nähte und bürstete ständig an ihm herum. Er hatte ein ruhiges, junges Gesicht, seine Hände waren geschickt. Die Gäste konnten ihn gut leiden. Manchmal brachte er ihr ein

Geschenk heim für ein unerwartetes Trinkgeld. Dann lachte sie froh. In ihrer Wohnung gab es nur die allernötigsten Möbel und fast kein Bettzeug und fast kein Geschirr.

Hinter Boulogne, auf der Seine-Halbinsel, lag die große Autofabrik Renault. Von den Fenstern aus sah man die vielen Lichter. Susi konnte sich nicht satt sehen.

Jeans bester Freund Viktor war Vorarbeiter bei Renault. Er kam oft herauf, brachte stets eine Flasche Wein. Susi hörte gern zu, wenn die zwei sich ernstes und lustiges Zeug erzählten. Viktor sprach gern Politisches; Jean erzählte von seinen Gästen, er konnte alle nachahmen. Darüber lachten sie viel. Doch Susi ärgerte sich, wenn die zwei Freunde die Köpfe zusammensteckten und ihr Gespräch abbrachen, sobald sie eintrat.

Sonntags hatte Jean oft Arbeit, manchmal Tag und Nacht. Da war es Susi bang. Sie war froh, wenn Viktor nach ihr sah. Viktor faßte manchmal nach ihrer Hand, aber sie zog die Hand schnell weg. Seine Augen waren gut, manchmal traurig.

An einem Wintersonntag, als Jean wieder auf Arbeit war, saß Viktor lange stumm neben ihr, und er sah sie an mit guten, traurigen Augen. »Hör mal, Suzanne« – so nannte er sie –, »ich muß dir was sagen. Ich hab solche Angst, weil Jean dir noch immer nichts gesagt hat, du hörst's doch noch von Fremden, von Schwätzern –«

Susi legte ihr Nähzeug in den Schoß. Sie wurde unter der Haut, die immer noch bräunlich war, ganz bleich, sie fühlte an Viktors Stimme, daß gleich etwas Schlimmes kam.

»Er hat schon eine Frau, weißt du, Suzanne, eine Frau in Véziny. Als er noch ganz jung war, im ersten Kriegsjahr, hat er sie heiraten müssen. Ihr Vater, ein Böser, Strenger, der sich wunder was dünkt mit seinem Installationsgeschäft, der hat nicht lockergelassen, und dann kam Jean noch mal auf Urlaub, und kurz und gut, sie haben zwei kleine Mädchen, und diese Leute sind fromm, und so was wie Scheidung gibt es bei denen nicht. Das hat Jean gewollt, aber er hat es nicht durchgesetzt, er hat nur dich lieb, verstehst du. Die Frau ist ihm ganz eins, er weiß erst jetzt, was das heißt, jemand liebhaben, und du darfst ihn jetzt nicht im Stich lassen, sonst verzweifelt er. Er fährt ja nur höchstens einmal im Vierteljahr nach Véziny, denn die kleinen Mädchen, was können die auch dazu? So mußt du es nehmen. Er hat ja nur dich lieb, ich hab es dir auch nur sagen müssen, damit du es nicht von Fremden hörst, die alles in den Dreck ziehen, und wenn dir das geschehen würde, er könnte es nicht ertragen und ich auch nicht, Suzanne.«

Darauf sagte Susi nichts; ihr Mund war fast weiß geworden.

Viktor sagte eifrig: »Wollen wir ausgehen? Soll ich dir hier einen Kaffee kochen?« Nach einer Pause sagte er: »Er hat es dir nicht sagen können. Er hat dazu nicht den Mut gefunden.«

»Nein«, sagte Susi, »und du, bitte, geh jetzt.«

Viktor ging zögernd aus dem Zimmer. Er horchte hinter der Tür. Er hörte gar kein Geräusch. Sie weinte wohl nicht.

Sie wartete, bis es sicher war, Viktor war fort. Dann packte sie ihre Siebensachen zusammen. Jean hatte gesagt, er würde Sonntag erst spät zurück sein. Sie fuhr an den Ostbahnhof. Der Nachtzug fuhr in ein paar Stunden. Und morgen mittag, dachte sie, bin ich in Kronbach.

Das war nicht schlecht, und das war nicht gut. Nie mehr würde etwas richtig schlecht, nie mehr richtig gut sein. Sie setzte sich in einen Wartesaal. Als es Abend war, ging sie hinaus auf den Bahnsteig.

Der Zug war noch nicht eingelaufen. Es war zwischen zehn und elf. Auf einmal kam Jean die Treppe heraufgestürzt; er sah sich wild um; er erblickte sie. Er schlang beide Arme um ihren Leib, er sagte: »Ich laß dich nicht los, nie, nie. Und du willst auch nicht von mir, so etwas Furchtbares willst du nicht.«

Als Susi ganz starr blieb, sagte er: »Du hast doch selbst gesagt, für immer. Und ich, ich auch, ja. Mir hat's an Mut gefehlt, ich hab Angst gehabt, du läßt mich trotz allem allein. Aber du läßt mich nicht allein, nie. Versprich es. Hat dir Viktor alles erklärt? Er ist, weißt du, ein guter Freund; er fuhr gleich hinaus nach St. Cloud, denn ich war ja in Arbeit, und er sagte, laß dich vertreten, sag, jemand sei krank, du mußt sofort zu ihr. Du warst aber, als ich heimkam, schon fort. Da hab ich mir einen Reim drauf gemacht, wo du hin bist, der Nachtzug war aber noch nicht weg, Gott sei Dank. Ach, Susi, wenn du mich liebhast, wirklich, dann darfst du nicht den Mut verlieren, du nicht.«

Susi bewegte die Lippen, er spürte, sie wurde ein wenig locker in seinen Armen. Er wiegte sie immerfort hin und her. Es war auf dem Bahnsteig dampfig, es war dunkel, bis auf die Bahnlichter. Die vielen Passagiere in ihren eigenen Abschiedssorgen sahen nur flüchtig auf sie hin.

Sie gaben dann das Billett zurück. Sie fuhren nach Boulogne sur Seine. Susi hatte noch nichts gesagt. Er küßte sie auch nicht, er lag still neben ihr. Sie schliefen beide erst gegen Morgen ein.

Viktor, der Freund, war froh am nächsten Abend, als sie zu dritt aßen und tranken.

Sie war so still in den folgenden Wochen wie in ihrer ersten Liebeszeit. Sie stellte ihm keine Fragen. Nach Hause schrieb sie, sie sollten nicht böse sein, wenn sie die Reise wieder verschieben müsse. Denn jetzt spare Jean, um eine Wirtschaft zu pachten.

Man hatte ihm eine angeboten in Meudon. Da, wo ein Neubau entstand. Es gab viele Maurer als Kunden; kleine

Beamte und Geschäftsleute würden folgen, wenn der Häuserblock eingerichtet war. Jeans Herz hing daran, selbst Wirt zu werden.

Sein Patron, obwohl er ihn ungern ziehn ließ, hatte ihm gutmütig die Anzahlung vorgestreckt. Jean besorgte allein mit Susi die ganze Wirtschaft. Viktor und einige Freunde hatten ihnen beim Tapezieren geholfen, auch beim Putzen und Einrichten, denn das Lokal war schmierig, verwahrlost. Sie weihten es lustig ein, bezahlten selbst, diese Freunde, was sie aßen und tranken.

Da beide wußten, wie man mit Gästen umgeht, und da ihre Küche billig und gut war, waren die Tische voll besetzt. Mit Leichtigkeit gaben sie Jeans Patron die Anzahlung zurück, und auch die ersten Raten zahlten sie glatt ab.

Viktor bat Jean, ihm das kleine Lokal für einen Parteiabend zu überlassen und, als es dort allen gefallen hatte, ein zweites und ein drittes Mal. Jean war zwar nicht auf Politik aus, es hätte ihm aber widerstanden, seinem besten Freund abzusagen für diesen Zweck, wenn auch die Bestellung gering war und die frühe Schließung manchen ständigen Gast verdroß. In diesem Jahr, und gerade in dieser Gegend, hatte das »Feuerkreuz« einen starken Anhang. Bei der dritten Zusammenkunft der Parteigruppe überfielen sie das Lokal. Sie schmissen die Teller an die Wände, die schöne Tapete war gleich verdreckt, es gab eine wütende Prügelei. – Zwar versuchte nun Viktor mit seinen Freunden erst recht, den Schaden gutzumachen und die Unkosten zu ersetzen und selbst anstelle der Gäste zu kommen, die der Vorfall abgeschreckt hatte, doch der Besuch des Lokals nahm im ganzen ab. Jean und Susi hatten jetzt ihre Mühe, die Raten aufzubringen. Dazu verzögerte sich der Neubau. Die als Gäste erwarteten Mieter fehlten. Weil es auch an Baumitteln fehlte, blieben die Maurer aus, die gern hie und da bei ihnen etwas verzehrt hatten, unter dem sanften Gesicht der Frau.

Jean lieh wieder beim alten Patron. Der sagte: »Ich geb's dir ja, Jean, nur hab ich Angst, du kommst auf den Hund. Werd dein Lokal lieber rechtzeitig los, ohne Schulden, ich wüßte da jemand, der springt ein. Und wir sind nur froh, wenn du wieder zu uns auf Arbeit kommst.«

Jean war betrübt; er ließ sich aber beraten. Und auch Susi sah's ein. Sie hatten nun mal kein Glück gehabt.

Er war längst wieder Kellner im Pavillon Bleu, da fand sie beim Ausbürsten in seinem schwarzen Anzug die Photographie der zwei kleinen Mädelchen. Die sahen ganz zierlich und pfiffig aus. Sie verstand auch, daß er an ihnen hing. Nur, das Herz tat ihr weh. Es tat ihr besonders weh, daß sie selbst keine Kinder hatten.

Sie merkte es seinem Gesicht an, wenn er zu ihr sagte, ich muß heute abend in St. Cloud bleiben, ob es sich so verhielt oder ob er wieder einmal nach Véziny fuhr. Er war aber immer, immer gut und behutsam zu ihr, wie am ersten Tag in Kronbach. Wie weggewischt war ihr Kummer, wenn er ihr übers Haar strich.

Einmal, überraschend, erschien Paul, der ältere Bruder. »Die Mutter schickt mich, sie sehnt sich nach dir. Sie ist gar nicht richtig auf dem Posten. Fahr wenigstens du einmal hin, Paul, hat sie gesagt, und erzähl mir, wie's Susi geht.« Susi freute sich mit dem Bruder. Sie hätten mit ihren Plänen Pech gehabt, erzählte sie ihm, da müßten sie wieder von vorn anfangen. Sie wußte, das sei ihren Leuten noch verständlich, sie würden sich aber furchtbar grämen, wenn sich herausstelle, daheim, bei der Anmeldung, sie sei noch die Susi Mangold, unverheiratet.

Jean, als er heimkam, bereitete ein festliches Abendessen für den unerwarteten Gast. Wie Paul auch äugte, er merkte immerzu, die Liebe war richtig, und eins war gut zum anderen. Der Haushalt war ordentlich, wenn auch, mit dem vollen Tisch verglichen, ein bißchen dürftig.

Viktor kam einen Sprung herauf, um auf Pauls Wohl anzustoßen. Das stand ihm wahrhaftig zu, denn er hatte, ohne daß Susi es ahnte, dem Freund gehörig geliehen, damit das Festmahl zustande käme. – Es war im letzten Jahr schwierig geworden, Geld zu verdienen, auch der Pavillon Bleu war nicht andauernd voll. Wenn auch noch reiche Gäste kamen, sie knauserten mit den Trinkgeldern; das hatte Jean manchmal erwähnt.

Davon merkte Paul nichts. Obwohl er daheim erzählte, Susi sei vergnügt und gesund, wurde die Mutter die Sorge nicht los, ob sie nun irgend etwas erriet oder ob ihr die Krankheit das Herz schwer machte.

Susi erschrak, als Paul bald darauf schrieb: »Komm, wenn du die Mutter noch sehen willst.« Sie ließ alle Bedenken sein, sie scherte sich diesmal auch nicht darum, daß Jean ganz verzagt war, sie fuhr allein nach Kronbach.

Sie stieg von der Kleinbahn herauf ins Mangoldsche Haus. Sie merkte schon in der Tür, an den Gesichtern und Stimmen, der nächste Tag wäre zu spät gewesen. »Setz dich auf mein Bett«, sagte Frau Mangold ohne Vorwurf, mit geradezu leuchtenden Augen.

Nach einer Weile fragte sie mühsam: »Hast du ihn immer noch arg lieb?« – »Ja, Mutter«, sagte Susi. Frau Mangold streichelte ihren Arm, das hatte sie nie im Leben getan. Sie sprach nicht mehr viel. Ihre Augen leuchteten auch nicht mehr. Sie starb bald nach Susis Ankunft.

Ihr Tod und ihr Begräbnis machten einen Wirrwarr im Dorf, so daß niemand viel auf Susis Papiere achtgab. Sie zog still wieder ab. An ihrem Vater und an ihren Brüdern hing sie nicht so stark wie an der Mutter. Das war ihr klargeworden. Und auch, daß sie jetzt niemand mehr auf Erden besaß als ihren Jean.

Der hatte ihr bei der Rückkehr auf den Tisch und ans Bett Blumen gestellt wie einer Braut. Jeden Tag frische, verriet ihr Viktor, als Gewähr, daß sie komme. So war doch noch in ihm eine Bangnis, er könne die Frau verlieren durch eigene Schuld.

Es machte ihnen nichts aus, daß das Geld manchmal knapp war. Jean hatte viel weniger Arbeitsstunden. Sie richtete immer ein kleines Mahl aus allem Erdenklichen und aus nichts. Manchmal schickte die Großtante Eveline Schinken und Wurst; sie schickte im Herbst einen Korb Birnen.

Einmal saß Susi am Fenster und nähte. Und Jean, nach der Nachtarbeit, lag auf dem Bett. Sie hörte ihn leise stöhnen; sie glaubte zuerst, im Schlaf. Doch später kam er schlecht hoch. Er ging auch widerwillig und angestrengt auf Arbeit. Es tat ihm weh, wenn er sich bückte, sie zog ihm Kleider und Schuhe an und aus. Einmal unterbrach er die Arbeit; als er vor der Zeit heimkam, war sein Gesicht gelblich, entstellt.

Viktor brachte ihn zum Arzt. Er verriet aber nicht, was ihm fehlte, auch Viktor nicht. Er lag Stunden und Tage auf dem Bett. Er aß fast nichts, Arzneien durften sie ihm nicht kaufen, er, der so sanft war, sagte erbittert: »Wozu? Das nützt alles nichts.«

Da kein Geld zur Miete da war, ging Susi zur Frau des Patrons und bat um die Arbeit, die Jean gemacht hatte, oder um eine andere. Von nun an reinigte sie die Säle im Pavillon Bleu, und sie deckte die Tische; manchmal bediente sie Gäste. Die Mädchen und Frauen, die auch dort in Arbeit standen, waren neugierig auf Jeans Freundin. So schön, wie das Gerücht gewußt hatte, kam sie ihnen nicht vor. Ihr Haar, sicher, war immer noch eine Pracht. Und aufrecht und stolz war ihr Gang. Sie hätten ganz gern, nicht allzu böse, an Jeans Freundin herumgestichelt. Ob es denn wahr sei, er hätte schon mal geheiratet in Véziny? Sie antwortete ruhig, das sei möglich, sie rede darüber nie mit Jean, jetzt sei er zu krank zum Reden. Ob sie denn wisse, fragten die Leute, arbeitslos sei er nie gewesen, keine Stunde, der Pavillon Bleu sei immer besetzt, er habe aber schön Geld verspielt, mit Pferdewetten. – Das hatte Susi nicht gewußt, das traf sie stark. Sie erwiderte mehr sich selbst als den geschwätzigen Mädchen, er sei schon recht lange krank, ein bißchen Freude hätte ihm wohlgetan. Das Pferdewetten sei so ein bißchen Freude.

Sie sagte auch nichts daheim. Sie wollte ihn nie mehr erzürnen, sie wusch vorsichtig seinen armen Leib. Viktor brachte den Arzt herauf, und Jean drückte Susis Hand, als ihn die Hände des Arztes quälten. Er lag stundenlang wortlos da, nur stöhnend. Wenn sich Susi über ihn beugte, kam etwas Helles in sein Gesicht. Er sagte einmal: »Dir hätt ich am liebsten den Himmel heruntergezogen, und wir hatten nicht mal ein bißchen Glück.« Susi sagte: »Wir waren aber doch immer glücklich.«

Der Arzt befahl, ihn ins Krankenhaus zu bringen. Wenn Susi in den Saal kam, suchte sie schon in der Tür seinen Blick, und sie lief an sein Bett und beugte sich tief herunter, damit er ihr Haar anfühlen konnte. Das tat ihm immer noch gut. Nach ihrem vierten Besuch sah Viktor, der stets auf sie wartete, ihr am Gesicht an, was geschehen war. Sie ließ sich gedankenlos unterfassen.

Viktor half ihr ein schönes Begräbnis zu richten, er suchte mit ihr einen Sarg und einen Grabstein aus. Sie hatte das Geld, das dazu nötig war, bei der Wirtin im Pavillon Bleu geliehen. Sie versprach es abzuzahlen übers Jahr, von ihrem Lohn.

Kaum saß Susi allein im leeren Zimmer, im schwarzen Kleid, mit ihrem unnütz reichen Haar, da klopfte es ziemlich stark.

Die fremde Frau, die in der Tür stand, gleichfalls in schwarzem Kleid, sagte: »Ich weiß, Jean ist gestorben. Ich will ein schönes Begräbnis für meinen Mann.«

»Jean ist schon begraben«, sagte Susi, »so schön wie möglich.«

Die fremde Frau sagte: »Dann geb ich Ihnen zurück, was Sie vorgelegt haben, sofort.«

Susi sagte: »Nein, danke.«

»Ich will es«, sagte die fremde Frau, »es ist meine Sache.«

»Nein«, sagte Susi, »meine.«

Die fremde Frau ließ nicht locker. »Ich will kein schäbiges Grab.«

Susi stand aufrecht da. Sie sagte: »Er hat ein sehr schönes Grab.«

»Ich muß«, sagte die Frau, »sein Grab den Kindern zeigen.«

»Gewiß«, sagte Susi, »das müssen Sie.«

Die Wirtin im Pavillon Bleu wußte, was sie an Susi hatte. Die war geschickt und zuverlässig. Susi putzte und nähte und bediente die Gäste. Sie zahlte jeden Monat einen Teil ihrer Schulden. Alle Leute, die Jean gekannt hatten, merkten, wie fest sie zu ihm stand, wie hoch sie ihn immer noch hielt.

Das alles erzählte mir Susi in einer Nacht im Krieg im verdunkelten Zimmer, von Anfang bis Ende. Der Anfang – das war ihre erste Begegnung im Ausschank des Vaters. Und die Begleichung der letzten Begräbnisschulden war das Ende, sofern es ein Ende gab.

Sie hatte später in ihrem großen Alleinsein schließlich eingewilligt, Viktor zu heiraten. Der hatte sie aufrichtig lieb. Der war inzwischen Meister geworden im Renault-Werk. Es gab eine echte Heirat, ordentlich, auf dem Papier. –

Kurz vor dem Krieg war ich auf beide gestoßen. Ich hatte »Susi!« gerufen, ich weiß nicht, woran ich sie erkannte, denn sie war eine ernste, feste Frau. – In der Besatzungszeit, als ich mich verstecken mußte und nicht recht wußte, wo und wie, fiel mir ihre Wohnung ein.

Viktor öffnete, denn sie war beim Einholen. Auf meine Frage, ob ich eine Nacht hier schlafen könne, erwiderte er: »Suzannes Freunde sind meine.«

Er legte sich schlafen, als Susi zurückgekommen war und wir etwas gegessen hatten. Dann saß ich mit Susi zusammen. Wir erzählten uns alles, was wir erlebt hatten, dabei verging unsere Bangigkeit. Erst jetzt erfuhr ich, daß Viktor ihr zweiter Mann war. Ich wiederholte, was er zu mir gesagt hatte, als ich hergekommen war.

»Glaubst du vielleicht«, sagte Susi mit unerwarteter Heftigkeit, »Jean hätte dir etwas anderes gesagt? Er hätte dich aufgenommen, auch in der größten Gefahr. – Wir hatten einmal eine kleine Wirtschaft, die hat er Viktors Genossen überlassen. Die Feuerkreuzler hatten ihm dann alles in Stücke geschlagen; meinst du, das hat ihm was ausgemacht? Meinst du, er hätte sich nur mit einem Wort beschwert? Nachher, als wir allein waren? – Und später, als er einmal beim Servieren hörte, was die Herren im Schilde führten, einen Anschlag nämlich auf die Druckerei, da ist er weggerannt und hat Viktor benachrichtigt. Damals waren viele ohne Arbeit, und Jean hätte durch so was ums Haar seine verloren. Das hat ihm aber nichts ausgemacht. Er war so.«

Ich sagte: »Ich hab ja nicht gewußt, daß er Jean hieß, der, mit dem du weg bist von zu Hause. Du hast ihn sicher sehr liebgehabt.«

»Ja, sehr«, sagte Susi, ihre Heftigkeit war verbraucht. Sie war so still wie früher.

Das Versteck

Die Schiffe, mit denen Kolumbus zum drittenmal von Haiti nach Spanien fuhr, um der Königin Bericht zu erstatten, waren wiederum nicht mit Gold beladen, wie man gehofft hatte, sondern mit rötlichen und hellen, in Europa noch unbekannten Hölzern, mit Samen und Früchten, mit Ballen von Gewebe.

Vor allem hatte Kolumbus den ausdrücklichen Wunsch der Königin erfüllt: Er brachte ihr zwölf sehr junge Mädchen, die er in seinen Berichten paradiesisch an Anmut und Schönheit genannt hatte.

Die Königin Isabella wollte diese Mädchen am spanischen Hof erziehen und sie aufwarten lassen zum Staunen ihrer Gäste. Die anmutigsten wurden bestimmt als Geschenke für einige Adlige, die sich um die Krone besonders verdient gemacht hatten.

Wie Fliegende Fische schnellten die Mädchen in ihren Tänzen aneinander vorbei unter der Abendsonne, an Deck des Admiralsschiffs. Die Schönste unter ihnen war daheim Toaliina gerufen worden, der Name war ihr geblieben. Oft drängten sich die Gefährtinnen um sie zusammen. Sie zeigten sich den Inselbewohnern, die an der Küste nahe der Landungsbrücke die Abfahrtsmanöver verfolgten, von Spaniern bewacht. An Deck bestaunten Schiffsleute aus einiger Entfernung die Tänzerinnen. Es war ihnen verboten, eines der Mädchen, wenn auch noch so flüchtig, zu berühren.

Die Anker wurden eingezogen. Die Küste verdunstete schnell mit einem tiefen Atemzug.

Toaliina stieß einen Vogelschrei aus. Sie schwang sich über die Reling. Sofort sprangen alle Mädchen ihr nach. Mit gleichmäßigen Stößen strebten sie dem Küstenpunkt zu, den sie vor kurzem verlassen hatten. Von dort kam über das Meer dieser und jener Ruf, der eine Warnung sein konnte oder ein Ansporn.

Ein besonders geschickter Schiffsjunge sprang Toaliina nach. Sie machte blitzschnell eine Drehung und biß ihn in die Hand. Inzwischen wurden mehrere Boote heruntergelassen. Die Mädchen bildeten einen Zug. Toaliina schwamm an der Spitze. Schon setzten die Seeleute ihnen nach, schwimmend oder rudernd.

Hätte man auf die Mädchen eingeschlagen oder gar auf sie geschossen, wäre es nicht möglich gewesen, sie dem spanischen Hof als Geschöpfe paradiesischer Anmut vorzuführen.

Toaliina hatte die Richtung geändert. Zwei ihrer Gefährtinnen waren noch auf dem Meer gefaßt worden. Diese hatten ihren Weg genau auf die Küste zu gehalten; andere wurden bei ihrer Ankunft von der Wache ergriffen. Die Gesichter der Zuschauer hatten sich verfinstert. Vor kurzem, bei der Abfahrt, hatten sie gelächelt. Jetzt schienen sie zu begreifen, was auf dem Spiel stand. Die man wieder gefangen hatte, wurden in dunkle Kabinen gesperrt. Man rätselte auf dem Schiff, warum sie die Flucht unternommen hätten. »Sie ahnen nicht, was Spanien ist.« – »Und was es für sie bedeuten würde, am spanischen Königshof zu dienen.« Zwei Freunde äußerten sich, der gestrige Gast des Admirals sei ein Bruder des Häuptlings gewesen. Er hätte, als er die Abschiedsgeschenke brachte, mit Toaliina leise Worte gewechselt und ihr in die Luft Handzeichen gemacht. –

Toaliina war nicht an Land geschwommen. Sie hatte sich in einem schwimmenden Busch versteckt, dann war sie an einem von der Abfahrtsbrücke beträchtlich entfernten Punkt an der Küste gelandet. Sie ging mit raschen, genauen Schritten auf eine Mulde zu. Dort blieb sie stehen und spähte in eine mächtige Baumkrone, die, mit Absicht oder durch ein Unwetter, vom Stamm gerissen war. Die Krone hatte wieder Wurzeln geschlagen. Aus dem Geäst kroch jetzt ein altes Weib. Es zog sich zurück, als es festgestellt hatte, daß Toaliina ihm ohne Zögern nachkam. Es rief nichts, es winkte nicht, es hob nur den Zeigefinger gegen die Bergwand, an der sich das frische Astwerk festhielt.

Der Alten folgend, wühlte sich Toaliina hinter ihr ins Gestein. Nur selten drang etwas Licht in die vielen Gänge und Höhlen. Sie dachte dann an die Worte, die der Haitianer ihr zugezischt hatte, als er auf das Admiralsschiff Geschenke für den spanischen Königshof brachte. Dieser Bruder des Häuptlings war sicher nicht nur der Abschiedsgeschenke halber an Bord gekommen, sondern um ihr diesen und jenen Ratschlag zu geben. Er hatte, anders als sein Bruder, mit vielen Inselbewohnern von Anfang an den Spaniern mißtraut. Er hatte Toaliina ein Zeichen gemacht. »Du bist nur bei dieser Frau, der Mutter meines Freundes, sicher, dein Leben lang.«

Toaliina hatte über diese Worte nicht nachgedacht, und sie dachte auch jetzt nicht darüber nach, was es bedeuten konnte: dein Leben lang.

Die alte Frau war ihren Weg in die Felswand hinein so ruhig und sicher gegangen, als sei er ein Feldweg. Toaliina kroch hinter ihr. Sie machten in einer Höhle halt. Ihre Wände waren abgeschabt, auf diesem und jenem Vorsprung stand allerlei Gerät. Auf dem Boden lagen ein paar Dekken. Die waren zertreten und zerfranst, aber nach Webart und Farbe hätte man solche Decken zu den Geschenken nach Spanien legen können. Toaliina sehnte sich bereits nach Luft und Meeresrauschen. –

Die alte Frau rieb einen Brei aus Knollen und Wurzeln. Man hörte Schritte aus einem rückwärtigen Zugang. Die Frau sagte: »Tschanangi! Mein Sohn!« Und sie rieb mit freudigem Eifer. Toaliina strahlte beim Anblick des Ankömmlings, und dieser strahlte bei ihrem Anblick.

Er berichtete, drei Mädchen seien sofort bei ihrer Ankunft ergriffen worden. Die Spanier seien zwei anderen nachgeschlichen und hätten ihre Unterkünfte entdeckt. Man hätte sie blutig geschlagen. Man hätte sie eingesperrt. Man hätte ihre Hütten verbrannt. Toaliina rief: »Blutig geschlagen! Verbrannt!« – »Gewiß«, sagte der junge Haitianer, der nicht aufhörte, Toaliinas Arm zwischen den Lippen zärtlich hin und her zu ziehen. Er fuhr fort: »Der Häuptling hat uns einreden wollen, die Götter hätten diese Fremden zu uns geschickt, sein Bruder aber hielt sie von Anfang an für die Bewohner einer entfernten Insel, die hierherfuhren auf Beute. Was die Wahrheit ist, hat sich bald herausgestellt. Wir sind uns auf der Insel nicht mehr einig.«

Seine Mutter sagte: »Wenn du wieder zu uns kommst, nimm einen anderen Weg. Durch den Wald. Nur wir kennen diesen Zugang. Toaliina darf gar nicht hinaus. Ihr Haar ist schwarz, aber mit goldenen Punkten. Man erkennt sie von weitem.« –

Toaliina war betäubt von ihrer Liebe zu Tschanangi. Sie verstand nichts mehr von Zeit. Sie verstand nichts von der Zeit zwischen zwei Umarmungen. Nichts von der Zeit zwischen seinem Abschied und seiner Wiederkehr. –

Sie gebar einen Sohn. Tschanangi kam später als je zuvor. Er trug eine sonderbare Münze durch eine Schnur gezogen, die um seinen Hals geknotet war. Er erklärte: »Wer die Schnur mit der Münze nicht trägt, wird festgenommen. Sie ist das Zeichen für den Goldtribut. Sie wird jedem umgehängt, der ihn abgab. Ich weiß nicht, ob dieser Admiral gut oder schlecht ist. Seine Leute werden tolldreist, wenn er, wie jetzt, ihnen den Rücken kehrt. Er kann sie nicht bändigen aus der Ferne. Wer von uns keinen Goldtribut abgab, wird ins Bergwerk geschickt. Dort muß er, was er nicht freiwillig abgab, aus der Erde graben.«

Ein anderes Mal sagte er: »Der Admiral ist mit seinem Freunde zurückgekommen. Er war nicht glücklich über die Ereignisse, die hier inzwischen geschehen sind. Die Spanier sind dreist und herzlos. Du, Toaliina, geh keinen Schritt von hier weg.«

Sie dachte wieder, jetzt aber angstvoll, an die Worte, die ihr der Bruder des Häuptlings auf dem Schiff gesagt hatte: »An diesem Ort, bei der Mutter meines Freundes, wirst du dein Leben lang sicher sein.«

Sie sehnte sich heftig nach dem Meer. Eines Abends trug Tschanangi ihr zuletzt geborenes Kind durch den rückwärtigen Zugang an die Küste. Toaliina sog den Salzgeruch ein, als es wieder in ihren Armen lag.

Die alte Frau starb. Das Alleinsein war bitter. Nach langem Warten, und Toaliina hatte inzwischen begriffen, was Warten war, kam anstelle von Tschanangi sein bester Freund. Er sagte: »Tschanangi hat mir genau den Weg zu dir beschrieben. Sie haben ihn schließlich doch ins Goldbergwerk gesteckt. Für mich ist es leichter, mit dir hier zu leben als draußen, von den Spaniern bedroht.«

Kolumbus war in Cádiz nicht ganz so herzlich empfangen worden wie bei seiner letzten Rückkehr. Man teilte ihm mit, daß an seiner Stelle verschiedene neue Oberbefehlshaber über neuentdeckte Länder und Inseln ernannt worden waren. In seiner Abwesenheit hatte man in Haiti die Festung La Navidad zerstört. Auch dort war ein neuer Gouverneur an Kolumbus' Stelle eingesetzt.

Der Bruder des alten Häuptlings, der vor der letzten Abreise Kolumbus mit Geschenken für den spanischen Königshof bedacht hatte, war seiner Widersetzlichkeit halber aller Würden enthoben worden. Er mußte sich mit vielen Haitianern in dem Gebirge im Westen der Insel verstecken. Die hatten von Anfang an die spanischen Ankömmlinge nicht für Götter gehalten, sondern für Eindringlinge, scheinheilige, gierige. Jetzt war es klar, wer gegen wen war. Auf einer Hochstraße schlugen sich die Haitianer mit den Spaniern. Die Spanier kämpften mit vorzüglichen Waffen. Die besiegten Haitianer wurden zu Sklaven gemacht.

All das erzählte Tschanangis Freund. Er blieb in der Höhle versteckt. Nur um Früchte und Wasser zu holen, schlich er, so selten wie möglich, fort auf einem Seitenpfad. Toaliina hatte gelernt, ihm vorzügliche Mahlzeiten zu bereiten wie Tschanangis Mutter. Sie lebte mit diesem Freund zusammen, nicht so glücklich wie ehemals, doch ohne Ungemach. Sie gebar ihm zwei Kinder.

Inzwischen hatte in Spanien die Königin Isabella bei den Geistlichen und den hohen kirchlichen Beamten nachfragen lassen, ob Menschenhandel und Sklavenverkauf erlaubt seien. Nach gründlichen Forschungen war die Antwort: »Ja. Durchaus erlaubt, schon in der Heiligen Schrift.« –

Die schönsten und gewandtesten unter den Mädchen, die einmal mit Toaliina geflohen waren, doch wieder gefangen wurden, hatten zuerst ihre Dienste am Hof verrichtet und in den Häusern von Adligen. Als man ihrer satt war, landeten sie auf den Sklavenmärkten. Es heißt, einige blieben gleichwohl die Geliebten und Frauen adliger Herren.

Kolumbus, aus seiner Entdeckerunruhe, unternahm, als er nach Haiti zurückgekehrt war, von neuem viele Fahrten. Nichts brachte ihn davon ab, die Inseln und Küsten, zu denen er vorstieß, für Teile von Indien zu halten – den Orinoco, in dessen Mündung er eindrang, hielt er für einen der mächtigen indischen Ströme.

Der spanische Hof war zwar erregt über diese neuen Entdeckungen, doch noch viel mehr über die Vorgänge im eignen Land. Am Hof folgte eine Hochzeit der anderen. Die jüngste Prinzessin heiratete den Herrn der Niederlande, der spanische Thronerbe dessen Schwester. –

Tschanangi, der erste Mann Toaliinas, war längst aus dem Bergwerk geflohen. Er gelangte in ein Gebirge im Westen, das von einem Häuptling Bujarda beherrscht wurde, der die fremden Ankömmlinge niemals für Götter gehalten hatte. Immer klarer wurde es ihm und seinem Anhang, daß gemeine, gierige, schlaue Menschen auf gewöhnlichen Beutezügen seine Insel beraubten. Zu den besten Wächtern und Kampfgefährten Bujardas gehörte bald Tschanangi. Als der nach einem Vorstoß der Spanier schwer verwundet ins Innere der Berge getragen wurde, kam es ihm im Fieber vor, er läge in der Höhle, die lange sein Obdach gewesen war. Die Frau, die ihn pflegte, schien ihm schöner zu sein als irgendeine, die es sonstwo geben mochte. Ihr Anblick überschüttete ihn mit Glück. Er vergaß seine Wunden, solange er ihren Namen suchte. Er wurde plötzlich hellwach und rief: »Toaliina!« Mit dieser Erinnerung widerstand er eine Zeitlang dem Tod. –

Der Haitianer, der jetzt Toaliinas Mann war, machte beim Verlassen der Höhle auf Nahrungssuche eine zu rasche, zu arglose Wendung. Er wurde von Wächtern angerufen. Sie stürzten sich auf ihn mit der Frage: »Wo kommst du her? Wie heißt dein Herr?« Er erwiderte: »Der Herr der Berge im Westen.« Diese Berge galten für unüberwindlich. Auf die Frage, wen er denn hier besuchen wollte, sagte er, jeden, der ihn anhören würde.

Man band ihn fest, man schlug ihn, unter ständigen Fragen rieb man ihm Salz in die blutigen Striemen. Er lachte, und er war gewillt, sich totschlagen zu lassen, nie würde er den Ort angeben, an dem sich Toaliina versteckte, der war eine Zuflucht für manchen Verfolgten geworden.

Nach und nach suchte niemand mehr nach ihrem Versteck. Es gab wohl einzelne Menschen, die mutmaßten, daß sie sich irgendwo im Gebirge verbarg. Sie hatte ja damals nach ihrer Landung nicht wie ein Geist verschwinden können.

Der spanische Thronerbe Johann, der eine Tochter aus der niederländischen Königsfamilie geheiratet hatte, war plötzlich gestorben. Trauerfeierlichkeiten lösten die Hochzeit ab. Die spanisch-niederländische Hausmacht war im Entstehen, die noch hundert Jahre Europa zerreißen würde. –

Vielleicht schlich sich manchmal einer in Toaliinas Versteck, dem man in Todesgefahr diese Zuflucht anvertraut hatte. Vielleicht sagte manchmal einer zum anderen: »Dort lebt wohl die Frau, die vor vielen Jahren nach Spanien verkauft werden sollte und vom Admiralsschiff gesprungen ist und zurückgeschwommen und sich hier an der Küste versteckt hat.«

So erfuhr sie ihre eigne Vergangenheit, die sie selbst fast vergessen hatte, bis auf das Brausen der Wellen. –

Einmal, als sie in ihrer Höhle lag, brach ein rasender Sturm aus. Das Meer riß Stücke der Küste ab. Bäume wurden entwurzelt. Die Wände der Höhle gaben nach. Toaliina kroch durch den rückwärtigen Zugang, der zum Teil schon verschüttet war. Sie klammerte sich am Gestein fest, um zu verschnaufen. Ihr Gesicht war bald zerbissen von der Salzluft. Wo sind meine Kinder? Im Bergwerk? Gefesselt? Gefangen? Auf der See? Jeden Augenblick konnte die Brandung sie mitreißen. Mit letzter Kraft krallte sie sich an einen Felsbrocken, sie fühlte bei aller Gefahr, daß das Meer ihr half, mit dem sie von klein auf vertraut war.

Sie wußte, ihre Flucht war geglückt.

Der Schlüssel

Die gußeiserne Tonne war ausgekühlt, in der man in Paris Kastanien geröstet hatte. Hier gab es keine Kastanien. Die Negerin Claudine röstete darum zur Mittagszeit Mais, Haselnüsse, Hagebutten und andere Früchte. Die Arbeiter, die die große Straße im Jura-Gebirge anlegten, hielten sich auf, um eine Handvoll zu kaufen von dem, was Claudine schnell zubereitete. Dann legte Amédée das Kopftuch seiner Frau über die ausgekühlte Tonne, er zog eine Weinflasche aus der Tasche und einen Kanten Brot, den er mit seiner Frau teilte. Ein paar Leute, die nach Pontarlier oder in irgendein Dorf gingen, blieben einen Augenblick stehen, um die karge Mahlzeit zu betrachten. Alles kam ihnen sonderbar vor, die Tonne, in der man Mais röstete, die Mahlzeit des Negerpaares, die rasch und ordentlich verzehrt wurde, trotz Hunger ohne Gier. Kauend, im Weitergehen, sagten die Leute: »Er trägt ein Kreuz an der Schnur um seinen Hals.« – »Das war kein Kreuz, sondern ein Schlüssel.« – »Ein Schlüssel?« – »Geh mal näher heran, dann wirst du sehen: ein Schlüssel!«

Amédée sprang auf nach dem letzten Schluck, seinem Arbeitstrupp nach. Die Mittagspause hatte er aus eigenem Willen eingelegt. Sein Meister hatte Leute aus Haiti mitgebracht, einige hatte er in Paris übernommen und den Trupp hier in der Gegend aufgefüllt. Der Bauherr in Paris hatte sich in staatlichem Auftrag verpflichtet, die Straße durch das Gebirge zu legen.

Amédée erfuhr auf dem Schiff, das ihn nach Frankreich brachte, von dem neuen Ereignis, das abermals die Welt erschütterte: dem 18. Brumaire.

Bonaparte blieb endgültig an der Macht. Er ertrug keine Negerherrschaft in Haiti. Ihm waren die Neger zuwider. Toussaint, der auf Haiti die Macht hatte und sie mit Weisheit gebrauchte, war ihm erst recht zuwider. Er schickte Kriegsschiffe aus. Die Insel wurde zusammengeschossen, ihre Farmen und Wälder verbrannt. Toussaint, der Führer der Negertruppe, wurde mit List gefangengenommen und weggeschafft in eine Festung im Jura-Gebirge.

Als Amédée von diesen Ereignissen erfuhr, erfaßte ihn Angst, man könnte Toussaint, den er unter allen Menschen am meisten liebte – er hatte vielleicht erst durch Toussaints Wirken ganz verstanden, was es bedeutete, einen Menschen zu lieben –, Böses antun. Es gelang ihm, bei dem Straßenbau im Jura unterzukommen. Hier hatte er beständig die Festung vor Augen, in der Toussaint eingesperrt war. Es war ihm zumute, als wüßte Toussaint in seiner Zelle, daß einer seiner treuesten Anhänger ständig sein Fenster beobachtete.

Nicht alle französischen Soldaten, die die Festung bewachten oder dort einen Dienst versahen, waren gleicher Gesinnung. Zwar auch glaubte hier Bonaparte, jeder müsse jeden seiner Befehle gutheißen. Amédée machte einen Wachsoldaten, Jean Violet, ausfindig, der ihm, sobald sie sich gegenseitig vertrauten, bei ihren kurzen, aber regelmäßigen Treffen alles mitteilte, was Toussaint betraf. Und dieser Violet machte kein Hehl daraus, daß er gleichfalls Toussaint für einen gewaltigen Menschen hielt, dem man Gemeines antat, weil man ihn fürchtete.

Nur dieser Blick während der kurzen Pause auf das Fenster in der Festung, hinter dem vermutlich Toussaint jetzt lebte, war Amédée noch geblieben für seine unauslöschbare Liebe. Darum kürzte er oft seinen Arbeitsweg ab, und er brachte seinen Gefährten, damit sie nicht grollten, Mais, Hagebutten und anderes, was seine Frau Claudine zuzubereiten verstand.

Amédée wußte nicht, und auch Jean Violet ahnte nicht, daß das Licht in Toussaints Zimmer nicht aufblinkte, um einem Mann, der ihm treu war, in dem Arbeitstrupp ein Zeichen zu geben, sondern weil zu dieser Minute Toussaints Zelle gründlich durchstöbert wurde. Amédée glaubte, der von ihm geliebte Toussaint müßte sein Hiersein ahnen und ihn erkennen.

In einem leeren Gehöft an der Straße, die gebaut wurde, hatte man eine Unterkunft für den Meister eingerichtet und einen Keller mit Arbeitsleuten vollgestopft. Hier schlief auch Claudine und manchmal, an sie gedrückt, ihre Freundin Sophie. Auch die war Negerin, hatte mit ihrem Mann die Stellung schon in Martinique angenommen. Aneinandergekuschelt, um sich zu wärmen, erzählten sich die zwei Frauen ihre Erlebnisse in den vergangenen Jahren. Weil diese dicht und brennend waren, blieben sie wach trotz Erschöpfung.

Da Amédée so lange wie möglich hinaufstarrte in die Festung, die von der Straße aus ein Gebirgsvorsprung zu sein schien, lag seine Frau Claudine an Sophie gedrückt und erzählte aus ihrem vergangenen Sklavenleben in Haiti.

»Kurz vor dem großen Fest, das die Evremonts jedes Jahr gaben, fiel mir eine Vase aus der Hand. Meine Herrin rief, die Vase sei überaus wertvoll gewesen, hätte dreimal soviel gekostet wie ich selbst auf dem Markt. Sie ließ mich zur Strafe in ein Wandgefängnis einsperren, das man von der Festtafel aus sehen konnte. ›Wenn es dir langweilig wird‹, sagte das böse Weib, ›kannst du dir die Gäste betrachten.‹

Die Herrin dachte sich oft und gern solche Art Strafen aus. Man stopfte mich in das dafür hergerichtete Loch in der Wand. Man drückte das Gitter zu. Die Aufseherin, obwohl sie Negerin war wie ich, stand in hoher Gunst, sie schloß mich ein, und sie steckte den Schlüssel an ihr Halsband. Ich konnte kaum ein Glied in dem Loch bewegen. Ich krümmte mich, und ich stöhnte. Zuerst starrten die Gäste am Tisch, manche neugierig, manche vielleicht sogar mitleidig. Nun mußt du wissen, in dieser Woche geschahen bereits da und dort auf der Insel, auf benachbarten Gütern, allerlei Dinge, von denen ich nichts richtig verstand auf meinem Gutshof, die ich nicht einmal für möglich hielt. –

Der neue französische Kommissar war gelandet. Er hatte den Auftrag, die Güter zu enteignen und dem Volk die Herrschaft über die Gutsbesitzer zu geben. Unter den Negern und Mulatten, lauter Verblendete, angstvolle Leute, hatte er keinen Beistand gefunden. Er hatte sich schließlich an Toussaint gehalten, der sich darauf verstand, in Menschen Widerstand zu entzünden. Auf einer Kaffeeplantage, nicht weit von den Evremonts, die den Grafen Monrois gehörte, war am Morgen desselben Tages, an dem man bei uns das Fest gab und mich in das Wandgefängnis sperrte, kein Afrikaner zur Arbeit gekommen. Das hätten Beauftragte des Kommissars so angeordnet. Sie lachten über Schläge und Tritte. Und plötzlich, das habe ich aber alles erst später gehört, hielten zwei Kutschen des Grafen Monrois vor Evremonts Tor; jemand kam an den Festtisch gerannt, kein Schwarzer, irgendein geputzter Weißer, festlich gekleidet wie unsere Gäste, aber er stürzte verzweifelt in den Festsaal. Niemand sah mehr in mein Wandgefängnis. Obwohl meine Rippen zerquetscht waren, verfolgte ich rasend gespannt, was da plötzlich vorging. Die Gräfin Evremont stand schließlich auf, mit fassungslosem Gesicht, der Graf stand auf und einer, der neben ihr saß, auch andere umringten den Ankömmling. Schließlich drängten alle mit bestürzten Gesichtern aus dem Saal. Dabei zerbrachen mehr Vasen und Teller, als zwanzig Mädchen gleich mir gekostet hätten. Sie warfen sich in die Kutschen, deren sie habhaft wurden. Die Weißen, für die es keinen Platz mehr darin dann gab, stiegen in irgendwelche Karren, die man inzwischen geschirrt hatte. Ich glaube, es gab nur einen Trieb: weg aus dem Gut, an die Küste hinunter. Das habe ich freilich alles erst später erfahren. Ich konnte nur feststellen, was es aus meinem vergitterten Loch zu sehen gab. Mein Staunen und meine Erregung, das mußt du mir glauben, Sophie, waren stärker als meine Verzweiflung. Von dem Monroisschen Gut kamen welche zu unserem. Es roch nach Brand, ich hab dir schon soviel erzählt, willst du jetzt schlafen?«

»Ja, jetzt müßte ich schlafen. Das alles habe ich auch miterlebt. Nur in ein Wandgefängnis war ich nicht gesperrt. Wie du da rauskamst, das muß ich doch noch wissen.«

»Ich rüttelte wie verrückt an dem Gitter. Ich glaubte, mir würden alle Knochen brechen, so rüttelte ich, damit ich befreit werde und raus zu den anderen könne. Unsere Schwarzen hörten mich nicht. Sie brachen in den Festsaal ein. Sie schrien, sie tobten, da und dort fraß eine Flamme ein Tischtuch weg oder einen Vorhang. Das Geschirr auf der Festtafel war längst zertrümmert. Ich schrie: ›Schließt auf! Laßt mich raus!‹ Doch unsere Sklaven, in ihrem Getobe, alles zerfetzend, zerreißend, zündend, drückten sich an der Wand vorbei. Sicher war das gemeine Weib mit dem Schlüsselbund, das mich in das Loch eingesperrt hatte, bereits voll Todesangst zum Hafen entkommen.«

Sophie war es nicht nach Schlaf zumut; sie horchte gespannt.

»All unsere Schwarzen durchrasten johlend das Gutshaus. Keiner gab auf mich acht, mich einzelne. Ich rüttelte an meinem Gitter, ich schrie, ich heulte, sie aber, die im Begriff waren, alle Schwarzen auf der Insel zu befreien, bemerkten mich gar nicht.

Auf einmal, mir schien es nach einer Ewigkeit, stockte

einer. Er stemmte sich gegen die Leute, die gegen ihn strömten, er selbst war groß und stark. Er bückte sich zu mir, sagte: ›Beruhige dich, gleich bist du frei.‹ Mit seinem ersten Handgriff gelang es ihm aber auch nicht, das Schloß aufzubrechen. Seine Stimme dröhnte: ›Her mit dem Schlüssel!‹

Ich weiß nicht, ob die Aufseherin, dieses gemeine Weib, der all die Schlüssel am Halsband baumelten, schon mit den Weißen auf und davon war. Ich weiß nicht, wo meine Leute sie erwischten, ob man sie totschlug, jedenfalls brachte man meinem Befreier, er wurde Amédée wie sein Herr gerufen, den Schlüssel zu meinem Gefängnis. Im Nu war ich frei. Meine Glieder knirschten. Man schleppte mich aus dem Gutshaus, wie machte die Luft mich glücklich! Ich konnte mich nicht bedanken. Damals war Amédée schon über alle Berge.

Die meisten zogen zuerst in die ehemaligen Wohnstätten ihrer Herren ein. Ich weiß noch gut, wie das erste Schiff voll von Kaffee, den wir gepflückt und gekörnt hatten, nach Frankreich fuhr. Es hieß, uns hätte die Französische Revolution befreit, wer das war, was das war, verstanden wir damals noch nicht. Ich hielt die Revolution für eine überaus mächtige Frau, um die wir singend tanzten.

Sie sagten, einer von uns, in einem Herrenhaus sei er Kutscher gewesen, sein Name sei Toussaint, reite an der Spitze eines Trupps Neger von einem Gut zum anderen. Ich jubelte mit den anderen, als dieser Mensch an uns vorbeiritt, obwohl ich gar nicht recht wußte, warum.

Bleib wach, Sophie, noch eine kleine Weile. Jetzt kommt etwas Wichtiges. Sehr viele von uns, ich war mittendrin, stiegen in die Berge. Es hieß, dort könne man diesen Toussaint von nahem sehen, er würde bald zu uns allen sprechen. Wir warteten. Doch ehe er auftauchte, fiel mein Blick auf einen Neger, den ich zu erkennen glaubte, einen großen, mächtigen. An einer Halskette hing auf seiner Brust ein

Schlüssel. Ich schrie auf. Ich drängte mich durch die Menschen. Auch er erkannte mich, es war Amédée, der sich den Schlüssel verschafft und mich befreit hatte. Er kam zuerst zu Wort. Er erzählte mit seiner dröhnenden Stimme, wie ich auf dem Gut der Evremonts fast eingesperrt blieb in meinem Wandgefängnis, als sich das ganze Land befreite.

Plötzlich war Toussaint angelangt, er hielt sich aber zuerst zurück und hörte Amédée zu. Dann trat er dicht an ihn heran. Er nahm einen Augenblick den Schlüssel, der auf Amédées Brust hing, und betrachtete ihn; mir strich er übers Haar, er, Toussaint, in dieser Menschenmenge, die ihn erwartet hatte. Ich spüre es noch heute, wie seine Hand über mein Haar strich. Und wenn ich hinaufsehe auf sein Fenster in der Festung von Joux, in die er eingesperrt ist, dann spüre ich erst recht seine Hand.«

Der Winter ging zu Ende. Erschöpft waren die Leute, die die Straße geschlagen hatten im Jura-Gebirge.

An einem Aprilabend kam Amédée später als sonst in die Kellerherberge, ohne Gruß. Er legte sich stumm neben Claudine. Die Frau hatte ihn erwartet. Sie stützte sich auf die Ellenbogen und betrachtete ihn erstaunt. Sein Atem ging schwer. Da spürte sie, daß etwas geschehen war. Er konnte nicht länger an sich halten. Er weinte lautlos, er holte neuen Atem zum Weinen. Es kam ein Stöhnen aus seiner Brust. Jemand knurrte: »Du bringst uns um den Schlaf.« Er kauerte sich dicht an Claudine. Er sagte mit gedämpfter Stimme: »Toussaint ist tot. Wie ihm heute morgen einer das Frühstück brachte, fiel ihm der Teller aus der Hand. Toussaint hat schräg auf dem Stuhl gelegen. Der Kommandant gab sogleich die Meldung weiter. Solche Angst vor Toussaint haben diese Leute noch heute, obwohl er vor ihren Augen tot auf dem Stuhl lag. Der Gemeindepfarrer hat ihn begraben müssen. Sicher war er hier von Anfang an krank in der grimmigen Kälte. Schon als er auf diesen rauhen Erdteil kam und verschleppt worden ist von einem Ort zum anderen, konnte er den eisigen Wind nicht ertragen. Hier wurde er eingesperrt, du weißt, was es mir für einen Schlag gab, als ich davon erfuhr, in dem Kerker in diesem Gebirge ging es ihm täglich schlechter, wie Jean mir erzählte. Jeans Achtung vor unserem Toussaint ist gewachsen, je schlechter es ihm ging. Der Kommandant ahnte gar nicht, daß mein Freund Jean nicht der einzige war, mit seiner Achtung, seinem Zorn und seinem Mitleid; wie dem auch sei, Toussaint ist gestorben.«

Er schluchzte verhalten. Claudine wischte ihm das Gesicht. Sie weinte selbst.

Drei Abende später wartete Claudine gespannt auf ihren Mann, wie sie es jeden Abend tat. Sie erzählte nichts mehr, wahrscheinlich war Sophie froh, früh einzuschlafen. Am vierten Abend kam Amédée spät. Er erzählte: »Der Kommandant, der genau alles ausführt, was die Minister in Paris ihm befehlen, will verbergen, was Toussaint für ein Schwarzer war. Er mußte gegen seinen eignen Willen für Toussaints Grab einen guten Platz aussuchen unter den alten Soldatengräbern.« Er schwieg eine Minute. Claudine glaubte, er sei am Einschlafen. Er sprach aber noch einmal kurz: »Wenn ich vor dir sterbe, nimm mir den Schlüssel nicht weg. Laß ihn an meinem Hals hängen.«

»Warum sprichst du vom Tod? Das Leben ist hart, ja. Wir werden aber noch ein Stück zusammen leben. Wir sind doch nicht die einzigen, du hast es selbst gesagt, die leiden unter Toussaints Tod. Dieser Jean, der dir alles erzählt hat, versteht gut, was für ein Mann Toussaint war.«

»Er ist nicht der einzige auf dem Fort und nicht der einzige in Frankreich. Die Jakobiner sind doch nicht alle gestorben, als Bonaparte hochkam.«

Nicht nur Amédée weinte auf seinem schäbigen Lager.

In der Stadt Joux, in vielen Ortschaften im Jura-Gebirge gingen Gerüchte um über den Tod Toussaints. Menschen, die kaum etwas von Toussaint gehört hatten, zu seinen Lebzeiten, redeten in den Wirtshäusern und in ihren Familien. Jean sagte zu Amédée: »Gefürchtet war er in Ketten, er bleibt es auch im Grab.«

Die Mitglieder des Clubs »Freunde der Schwarzen« in Paris waren verzweifelt über diesen Tod. Sie fanden sich wieder erregt zusammen, obwohl ihr Club in der Reihe der polizeilich verdächtigen oder sogar verbotenen Vereinigungen stand. Und in Bordeaux, wo es ebenfalls einen solchen Club gab, fing man an, Geld für ein Denkmal zu sammeln. Toussaints Sohn, der damals in Bordeaux wohnte, war in Frankreich erzogen worden. In jener Zeit hatte sein Vater geglaubt, in diesem Land erhalte der Sohn Schulbildung und eine gute Erziehung.

Sogar in den Sklavenquartieren der großen amerikanischen Farmen war man bestürzt über Toussaints Tod. Die Nachricht hatte sich überallhin verbreitet, wo Schwarze über ihr Schicksal nachdachten.

So heiß sich Amédée einmal gewünscht hatte, in die Nähe der Festung zu ziehen, in der Toussaint lebte und schließlich starb, er hatte jetzt nur den Wunsch, das Grab des Mannes aufzusuchen, an dem sein Herz hing.

Aus der Stadt Bordeaux kam ein dringendes Angebot, den Toten, der rasch die nahen Ortschaften mit Gerüchten beunruhigt hatte, auf dem Friedhof der Stadt zu beherbergen. Es war der Sohn Toussaints, der die Grabstätte kaufte. Der Club der »Freunde der Schwarzen«, der sich in Paris aufgelöst hatte und keinen Schutz mehr erhielt und keine Unterstützung, da er zuletzt doch polizeilich verboten wurde, bewahrte in kleinen Gruppen da und dort seinen Anhang. Jener Sohn Toussaints förderte eine solche Anhängerschaft in Bordeaux.

Amédée und Claudine hatten lange Zeit ein erbärmliches Leben im Jura geführt. Ihr nächtliches Lager in dem alten Gehöft wurde nur geduldet, obwohl der Straßenbau in diesem Gebirgsteil beendet war und eine andere Gruppe Arbeiter eingezogen, weil Amédée sozusagen als Vergütung sein Kastanienöfchen in kalten Nächten zum Heizen benutzte. Claudine verstand sich auch darauf, verschiedene Getränke zuzubereiten aus Baumrinden und getrockneten Früchten.

Ihrem Mann war es eine Wohltat, Toussaints Grab regelmäßig in der Festung Joux aufzusuchen. Als er plötzlich vernahm, der Tote würde abtransportiert werden nach einer entfernten Stadt, stand es für ihn fest, ihm nachzuziehen. Es gab niemand, der seinen Entschluß kannte. Als er ihn Claudine mitteilte, war sie sofort zu der schwierigen Reise bereit. Die furchtbaren Stunden in dem Wandgefängnis, vor vielen Jahren, gingen ihr nie aus dem Kopf, sowenig wie ihre Dankbarkeit für Amédée.

Erschöpft und ausgehungert kamen die beiden eines Tages in Bordeaux an. Ein Friedhofswächter zeigte ihnen den Weg zu Toussaints Grab. In dieser Stadt gab es endlich wieder Kastanien, und sie ernährten sich durch das Öfchen, das sie irgendwie mitgeschleppt hatten. Ein Grund mehr für Claudine, die Entschlüsse ihres Mannes zu billigen.

Nach ungefähr einer Woche sprach sie auf dem Friedhof ein Bürger der Stadt an, der ihre Besuche beobachtet hatte. Amédée erzählte ihm ihre Erlebnisse, und er zeigte ihm den Schlüssel, und er sagte: »Ja, das hier ist die Frau.« Claudine war früh gealtert und hutzelig.

Der Bürger führte die beiden zu Freunden ihrer Gesinnung. Sie erhielten Unterkunft und Arbeit.

Diese Gruppe, ein Überbleibsel des Clubs der »Freunde der Schwarzen«, lud sie regelmäßig ein, wenn auch sehr vorsichtig. Dann erzählte Amédée, und Claudine beantwortete, zaghaft und schüchtern, diese und jene Frage.

Als Napoleon zum Kaiser gekrönt wurde und die meisten Länder Europas veränderte, dachten die Menschen an andere Dinge als die Errichtung eines Grabmals auf dem Friedhof von Bordeaux. In Paris war der Club der »Freunde der Schwarzen« längst aufgelöst, es kamen aber noch immer, in Bordeaux und in anderen Städten, einzelne Gruppen zusammen. Sie sagten, wieviel Siege Napoleon auch erkämpft, in Haiti ist er geschlagen worden. Sie stellten fest: Er ist nicht unbesiegbar, wie es den Anschein hat. Vielleicht war der kleine Kreis Freunde der einzige, der den Einmarsch Napoleons in Rußland für aussichtslos hielt.

Vor seinem Tod hatte Amédée erlebt, daß Napoleons Armee in der Beresina zugrunde gegangen war. Vielen Menschen erschien diese Niederlage unfaßbar. Amédée verglich sie mit der Niederlage auf Haiti, da die französischen Kriegsschiffe die Insel nicht einzunehmen vermochten.

In der Nähe von Toussaint begraben zu werden, war sein letzter Wunsch. Vor der Bestattung nahm man den Schlüssel von seiner Brust, und man bat Claudine, ihn von nun an zu tragen. Die Freunde kauften eine silberne Halskette. Daran sollte der Schlüssel hängen, mit dem ihr Mann das Wandgefängnis geöffnet hatte. Sie müsse ihn immer tragen, an Feiertagen und bei der Arbeit.

Claudine, die man als schüchtern und zaghaft kannte, fuhr zornig dazwischen: »Nein, Amédée soll ihn tragen bis zur Auferstehung aller Sklaven der Welt.«

Man fügte sich ihrem Willen, und man begrub Amédée mit dem Schlüssel auf der Brust. Wer bei der Beerdigung eine Handvoll Sand in das Grab warf, fühlte sich mit dem Toten verbunden.

Die Trennung

Luisa wartete auf dem Steg. Von hier aus konnte man mit dem kleinen Dampfboot zur gegenüberliegenden Insel fahren. Sie brauchte dann nur eine halbe Stunde Fußweg bis zur Schule Santa Dolores. Die Schule war durch eine Reihe glücklicher Zufälle, vor allem durch die Gewandtheit ihrer Freundin Sophia, schon im fünften Jahr von einer wachsenden Anzahl Kinder besucht, meistens Kinder reicher Kaufleute, die ihre Geschäfte am Kai hatten und ihre Wohnhäuser an der See.

Sobald das Boot den Steg verlassen hatte, drängten sich die Fahrgäste zusammen. Sie sahen kaum auf das offene Meer. Es wimmelte in der weiten Bucht von Fischerbooten. Manche Fahrgäste gaben ihr Urteil ab über die vermutlichen Erfolge der Fischer. Wer Glück hatte, würde sofort seinen frischen Fang auf dem Markt verkaufen, wenn er nicht schon vorbestellt war von ein paar Familien oder Gaststätten. Die Fahrgäste sahen besonders aufmerksam den Booten nach, die eine Insel nach der anderen anliefen, meistens gerodetes, oft schon besiedeltes Land, das vermögenden Besitzern gehörte. Es gab auch winzige Inseln, auf denen gerade noch Platz genug für einzelne Hütten war. Die wurden zweimal im Jahr weggeschwemmt, wenn es scharf aus Nordwesten blies. Die Fahrgäste kannten all die Besitzer, die Gespräche wurden lebhaft.

Niemand hatte ein einzelnes Schiff auf dem Meer beobachtet, einen Punkt, der sich schließlich von anderen Punkten löste. Nur Luisa behielt diesen Punkt seit der Abfahrt unverwandt im Auge. In ihrer Nähe sagte beiläufig ein Fahrgast: »Das fährt nach Mexiko. Einmal im Monat. Wer nach USA will, fährt von dort nach Florida.« – Irgendwelche Besonderheiten wurden nicht erwähnt. Niemand kam auf den Gedanken, daß diese Fahrt über Mexiko nach Florida die erste Etappe einer Reise nach Kuba sein konnte.

Als das Schiff plötzlich hinter dem Horizont verschwand, war Luisas Gesicht naß von Tränen. Sie hatte selbst gar nicht darauf geachtet, daß ihr Weinen stärker geworden war. Sie konnte sich nicht beherrschen, ihr Herz war am Zerbrechen. Eine alte Frau, auf die Luisa während der Fahrt nicht geachtet hatte, trat an sie heran und fragte: »Fehlt meiner Tochter etwas?«

»Nein, danke«, erwiderte Luisa, die es verstand, sich rasch zu fassen, »es war der Abschied von meiner Mutter. Die ist sehr krank.«

Die alte Frau wollte ihr Trost zusprechen, aber Luisa verabschiedete sich rasch bei der Landung, sie wollte durchaus ihren Weg zur Schule Santa Dolores allein machen.

Sophia wurde bei ihrer Ankunft aus dem Unterricht gerufen. Ihre Freundin sei plötzlich gekommen. Sophia wunderte sich einen Augenblick, denn Luisa war bei dem Kaufmann Lopez angestellt, und sie war immer stark angespannt. Jetzt erschrak sie beim Anblick des Gesichtes: eine ungewohnte, trocken erstarrte Schönheit.

Luisa sagte sofort ohne Begrüßung: »Cristobal ist also schon fort mit Filipe. Beide bekamen Ausreise. Ich sah, wie ihr Schiff plötzlich verschwand. Wie soll ich es dir erklären? Die Erde ist rund, und plötzlich war ihr Schiff weg. Ich werde ihn vielleicht nie mehr sehen.« Die Tränen strömten ihr wieder übers Gesicht. Sie konnte sich nicht bezwingen. So überraschend war dieses heftige Weinen, daß Sophia hart zu ihr sagte: »Sei froh, daß er rechtzeitig fort ist.«

Sie ging in ihre Klasse zurück. Luisa dachte laut: Ich werde ihn nie mehr wiedersehen. Er selbst war das Pünktchen, das vor drei Stunden verschwand. Gewiß, wenn man ihn hier gesucht hätte und gefangen, dann wär er zugrunde gegangen. Mein Herz wäre zerrissen. Jetzt zerreißt es immerzu. –

Ein paar Wochen später saß sie mit ihrer Freundin, der Lehrerin Sophia, auf dem Kai von San Anton.

Um sie herum klangen Gitarrenspiel, Gesang, Schimpfen. Luisa starrte auf den Horizont, als könne sie das Schiff, das vor ihren Augen verschwunden war, heute wieder zurückziehen. Cristobal würde hier am Kai von San Anton landen, er würde sie umarmen, sie würden lachend in die Stadt gehen. Die Lehrerin, als hätte sie ihre Gedanken erraten, sagte: »Du wirst ihn nie wiedersehen. Sogar, wenn du ihn irgendwo siehst, hast du ihn nicht gesehen.«

Luisa hörte plötzlich, nicht einmal allzuweit weg, Cristobals Lieblingslied »Du, Haiti, Tochter des Kolumbus und des Meeres«.

»Du hast dieses Lied nie gehört«, sagte Sophia, »weder jetzt noch früher. Ja, er kam an in Kuba. Das erfuhr ich. Er stürzte sich auf die Arbeit. Er rechnet mit der Rückkehr nach zwei Jahren Studium, um hier zu unterrichten, was er gelernt hat.«

Luisa dachte: Nach zwei Monaten wird er begreifen, daß er etwas falsch gemacht hat. Er wird fühlen, daß er hierher gehört, zu mir und zu uns, wahrscheinlich hatte er schon diesen Gedanken, als ich ihn verschwinden sah. Da bereute er schon, daß er sich überreden ließ, fortzugehen. Wir werden uns bald wiedersehen. –

Im folgenden Jahr saß Luisa mit ihrer ehemaligen Schulfreundin Ana in dem neuen Café gegenüber dem afrikanischen Museum. Sie versuchte die Noten zu lesen, die Ana auf eine Serviette schrieb. Ana stand kurz vor dem Examen.

Luisas Familie hatte das Geld nicht aufgebracht für die Musikschule, nur für einen Kursus in der Handelsschule. Sie war fleißig, gewissenhaft, verläßlich. Lopez, bei dem sie in Arbeit stand, brauchte zuverlässige Angestellte. Luisa sah man nie zu einer Vergnügung ausgehen. Auch früher hatte sie sich mit ihrem Freund Cristobal nur an verschiedenen entlegenen Orten getroffen.

Auf einmal wurde in diesem neuen Café ein Lied gesummt: »Du, Haiti, Tochter des Kolumbus und des Meeres«.

Luisa schrieb schnell die Noten zu diesem Lied auf den Rand ihrer eignen Serviette, und sie stellte ihr Glas Eiskaffee darauf. Sie zitterte bis ins Innerste hinein; sich umzudrehn, wagte sie nicht. Sie wollte Ana bedeuten, auf welchen Tisch sie das Glas mit der Serviette stellen müsse.

Plötzlich stürzten schwarze, bebrillte Burschen, die von allen am meisten gefürchtete Staatspolizei, ins Café. Im Volk wurden sie Wodu-Teufel genannt. Papa Doc hatte sie zuerst eingesetzt, sein Sohn Bébé Doc verwandte sie dauernd. Luisa hörte Schläge, zersplitternde Gläser, sie hörte eine krächzende Stimme: »Glaubt nicht, ihr könnt eure Liebste treffen, wann und wo es euch paßt.«

Sie schleiften einen jungen Burschen vom Nachbartisch an ihrem Tisch vorbei. Luisa sah trotz ihres Schreckens, daß er ein Fremder war. Sie zerriß den Fetzen Papier mit Noten.

Der Kellner, der Juan gerufen wurde, goldene Knöpfe waren auf seine weiße Jacke genäht, trat an ihren Tisch. »Zahlen Sie bitte auch für unseren Freund, er ist weg, bevor sein Begleiter verhaftet wurde.« Luisa sah ihn groß an. Ihre Schulfreundin hatte das Café mit den übrigen Gästen verlassen. Doch neue, die von dem Vorfall gar nichts gemerkt hatten, besetzten bald die freien Plätze. Luisa zahlte die kleine Summe. Dabei stellte der Kellner Juan fest, daß ihre Hand verletzt war. Sie hatte sich offenbar stark geklemmt.

Er dachte fast zärtlich, als sei sie mit ihm verwandt, das wird sie bei der Arbeit hindern.

Er ging zur Theke, zählte das eingenommene Geld auf, sagte zum Wirt: »Bis Morgen.« Schnell war er fort.

Luisa blieb noch eine Weile schwer nachdenkend auf ihrem Platz.

Auf einmal kam ein sehr junges Mädchen aus der Küche mit leichten Schritten. Sie war außergewöhnlich schön. Wer sie ansah, vergaß sein Leid. Einer fragte den anderen, wer sie sei. »Juans Tochter, Susanna.« Sie wechselte auch die Gläser auf Luisas Tisch. Sie sagte: »Mein Vater erwartet Sie auf dem Kai San Anton.«

Luisa lief an den Ort, den sie bezeichnet hatte. Juan sah sie fest an. Er sagte: »Ihr Cristobal hat abermals Glück. Zwar traf er sich in unserem Café mit einem Verdächtigen, aber die Flucht gelang ihm. Er ist weg mit dem ersten Schiff. Geschickt, wie er ist, wird er bald richtigen Anschluß in Florida finden.«

»Wann kommt er zurück?«

»Hoffentlich nicht so bald. Falls die Zeit bleibt, wie sie ist. Er steht sicher unter Verdacht. Und was wird sein Freund, den sie schnappten, über ihn aussagen?«

Luisas Augen waren bei dieser Trennung trocken wie Zunder geblieben. Sie sagte: »Wann, glauben Sie, wird sich hier etwas verändern?«

»Wenn unser Bébé Doc nicht mehr da ist. Vielleicht auch dann noch nicht. Für uns ist jetzt ›Wodu‹, das sich als Volksreligion ausgibt, die größte Gefahr. Die Wodu hassen die Katholiken, und die Katholiken hassen die Wodu.«

»Ich verstehe davon nicht viel, seit mein Freund nicht mehr hier ist, der erklärte mir alles.«

»Da lebst du sehr schlecht, mein Mädchen. Du mußt die bleiben, die er liebgehabt hat, sonst hört er auf, sich nach dir zu sehnen.«

»Erkläre mir etwas, Juan.«

»Was ist da viel zu erklären? Papa Doc dachte dadurch den Heiden etwas Gutes zu tun. Er hat den alten Aberglauben, den Wodu-Glauben, zur Staatsreligion ausgerufen. Als wir Sklaven waren, bedeutete Wodu für uns etwas ganz anderes. Die alten Wodu-Götter riefen uns nachts in den Wald. Wir sangen und tanzten. Wir verfluchten die Herren, die uns keinen Augenblick Glück gönnten. Das hat sich inzwischen alles geändert. Bébé Doc, sein Sohn, will, daß alle wieder die Heidenlieder singen, wie wir sie früher als Sklaven sangen.

Ob Sklaven, ob Lohnarbeiter, unser Leben wird dadurch nicht leichter.«

»Und er selbst, Bébé Doc, was glaubt er?«

»Was ihm am meisten Geld einbringt. Jetzt müssen sich die Christen ducken, wenn sie den Armen helfen. Die Armen sind aber bei uns ganz und gar unwissend, sie beten zu den Heidengöttern gemeinsam mit ihren Herren, den Duvaliers. Und die haben Angst, daß hier bei uns ein neues Kuba entsteht.«

Luisa sagte: »Ist Cristobal jetzt schon weit?«

»Ich glaube, er ist schon in Sicherheit. Er ist einer, der Glück hat.«

»Sie ist schön, deine Tochter. Möge sie in der Liebe mehr Glück haben als ich.«

»Ihr sollt beide Glück haben. Man kann ohne Glück nicht leben.« –

Von nun an ging Luisa oft auch allein in das Café gegenüber dem afrikanischen Museum. Susanna sagte ihr dann, wo ihr Vater Juan sie erwartete. Juan sagte: »Du mußt dir vorstellen, bei allem, was du tust, Cristobal gibt dir den Auftrag.«

Luisa hätte durch ihr Fenster jeden Kunden, der vor Herrn Lopez' Geschäftshaus hielt, beobachten können. Lopez selbst dachte manchmal verwundert: Was zwingt dieses schöne Mädchen, sich derartig in meinem Büro abzuplagen?

Sie hätte oft eine Pause einlegen können, um sich gründlich die Leute anzusehen, die zu ihrem Chef hinaufgingen.

Sie war bestürzt, als aus dem Nebenraum eine Stimme drang, die ihr vertraut vorkam. Umarmungen folgten und Ausrufe.

»Schickt mir das alles Platz Melchor Ocampo Nummer 9.«

»Das ist also, Cristobal, deine neue Wohnung?«

»Ja, wir sind endgültig hergezogen. Mania begreift, daß ich hier leben muß. Ihr Vater erfüllt ihr jeden Wunsch. Wir hätten nie ohne seine Hilfe die Bibliothek gründen können, aus der du ausleihen kannst, beinahe was du willst, Französisch, Englisch, Spanisch, sogar Russisch. Nie hätte die Partei das aus eignen Mitteln fertiggebracht. Die Bibliothek ist dreimal die Woche geöffnet. Vorträge werden auch sonntags dort gehalten.«

Sie verließen das Haus. Luisa griff aufs Geratewohl irgendein Kopftuch und band es sich um. Sie lief dicht hinter den beiden her zum Steg, dann in ihrem Rücken über die Schiffsbrücke. Sie hatte das fremde, ihr Gesicht völlig entstellende Tuch über die Brauen gezogen. Sie hörte den beiden aufmerksam zu.

Lopez sagte: »Sieh mal, da drüben das Schiff am Horizont wird gleich verschwinden. Du hast diese Fahrt schon zweimal gemacht. Möchtest du heute mitfahren?«

»Ja und nein«, erwiderte Cristobal, »ja und nein.« Und er fügte nach kurzer Pause hinzu: »Ich gehöre hierher, verstehst du? Vielleicht totgeschlagen, vielleicht verblutend in einem Straßengraben, aber hier. Verstehst du mich?«

Darauf sagte Lopez nichts.

»Ich kann hier mit unserer Bibliothek mehr erreichen, als es uns jemals möglich war. Ob die Leute erraten, was Manias Vater damit zu tun hat, kann uns egal sein. Mania versteht, ihn zu allem zu überreden. Das ist ein ungeheurer Gewinn für unser gequältes Land.«

Bisher hatte Luisas Herz geschwiegen. Auf einmal war es erwacht zu einem Leben, das schwer zu ertragen war.

Luisa fragte den Kellner Juan, den sie regelmäßig traf: »Glaubst du wirklich daran, daß er kam, um das Geld seines Schwiegervaters für unser Land zu verwenden?«

Juan sagte: »Oder deinethalben? Es ist auch möglich, zugleich aus beiden Gründen. Du darfst ihn auf keinen Fall mit solchen Fragen stören, verstehst du?«

Herr Lopez hieß Luisa, auf den Platz Melchor Ocampo zu fahren, um dort in Cristobals Wohnung die Bestellung zu überprüfen. Doch Luisa erwiderte, sie müsse in dieser Zeit in der Stadt einen Auftrag erledigen, überdies prüfe sie die Sendung gründlich bei der Verpackung.

Sie glaubte nicht, daß Cristobal sie beobachtet hätte, daß er wisse, sie sei bei Lopez in Arbeit. Cristobal seinerseits wußte nicht, ob Luisa etwas von seiner Rückkehr ahnte, vielleicht sogar durch das Gerede erfahren hätte, er sei verheiratet heimgekehrt mit einer schönen und reichen Frau.

Immerhin war es möglich, daß jedes etwas ahnte und sich nach dem anderen sehnte.

An einem Sonntagmorgen ging Cristobal mit seiner Frau vor Luisas Augen die Treppe zur Bibliothek hinauf. Luisa stellte fest, wie schön Manias Beine waren und wie gut sie gekleidet war.

In dieser Stunde begannen die Tontons Macoutes, die Geheimpolizei, in der Stadt herumzuwirbeln. In Werkstätten, in Häusern und Hütten, in Ateliers, in Fabriken. Sie stürzten in Bibliotheken, zertrampelten Bücher, griffen aufs Geratewohl diese und jene Leute und warfen sie die Treppe hinunter in ein paar Lastautos. Sie sausten durch die Stadt, mit Gebrüll und Hochrufen auf die Duvaliers, bis zum Zentralgefängnis.

Cristobal und Mania wurden nicht belästigt. Zwei Polizeiwächter nötigten sie, in ihr eignes Auto zu steigen. Neben dem Chauffeur saß ein schwarzbebrillter Polizist. Sie fuhren zum Florida-Kai, dort wurden sie zu einem Schiff gebracht. –

Luisa gelangte sogleich zum Verhör. Sie wartete stumpf, ohne Furcht, sie hätte betroffen sein müssen, besaß aber nur noch ein geringes Maß an Erstaunen. Man fragte sie, wer sie auf diese Bibliothek verwiesen hätte, wer die Bibliothekarin sei und wo sie deren Bekanntschaft gemacht hätte. Luisa zuckte die Schultern. Schließlich empfing sie einen Peitschenhieb, der ihr Kleid zerriß, als sie auf die selben Fragen wieder mit den Schultern zuckte, einen zweiten Hieb, von wem hätte sie nicht sagen können, da der Schläger hinter ihr stand und nicht sichtbar war. Sie wurde in blutigen Fetzen in eine stinkige Zelle geschleift, in der es heulte und wimmerte. Doch fühlte sie, aus der Betäubung erwachend, einen gewissen Stolz, weil sie geschwiegen hatte. Wenn Juan es erfährt, wird er sich über mich freuen. Sie dachte nicht Cristobal, sondern Juan. Die Striemen brannten nicht mehr so stark, das Wimmern ließ nach in der Zelle, dünkte ihr.

Um einige Häftlinge wahllos zu quälen und dadurch alle in dauernder Angst zu halten, wurde bald diesem, bald jenem befohlen, die schmutzige Grube zu leeren, sogar zu säubern. Über ihnen, auf einer Rampe, wo der Gestank schwächer heraufdrang, standen höhnend und lachend etliche Aufseher, sie belustigten sich, wenn ein schönes Gesicht, ein nackter Arm besudelt wurde.

Eines Tages wurde eine Gefangene ihres Widerspruchs halber oder aus sonst einem Grund an einem Strick hinuntergelassen. Zum Erstaunen der Wächter löste sie eilig den Haken, der an ihrem Gürtel befestigt war. Sie stand sofort bis zu den Hüften im Schmutz. Sie ergriff die langstielige Schaufel und steuerte auf Luisa zu. Diese erkannte sie gleich, denn die neue Gefangene hatte vor Monaten oder vor Wochen in dem Betrieb der Lopez' irgendeine Arbeit verrichtet. Luisa fühlte, daß diese Neue, sie hieß Amalia, ihr etwas Wichtiges sagen wollte. Als sie nebeneinander standen, fast ohnmächtig von dem Gestank, beugte sie sich zu Luisa. »Du, mit der Bande der Duvaliers wird bald Schluß sein. Bébé Doc, sagt man, liegt im Sterben, auch ihn haben die Pocken nicht verschont.«

»Und was wird dann?«

»Vermutlich etwas Besseres. Etwas anderes auf jeden Fall.«

Die Gefangenen merkten bald, wie die Wächter, ihr nahes Ende spürend, in einem Anfall von Angst, sich noch einmal austobten.

Cristobal war nach Frankreich gezogen. Er saß um diese Zeit mit seiner Frau Mania in einem Café in Paris auf dem Boulevard St. Germain. Er las wieder und wieder einen Brief von daheim.

»Was gibt es Neues?« fragte die Frau.

»Nichts Neues«, und er sagte nach einem Zögern: »Mania, ich glaube, wir waren lange genug hier.«

Die junge Frau sagte bestürzt: »Warum? Hier ist Ruhe und Frieden. Was nennst du daheim? Haiti? Das ist eine einzige Drohung und Angst. Was willst du dort? Hast du vergessen, was dir dort blüht? Stell dir nur vor, du leihst ein Buch in einer verbotenen Bibliothek. Wenn du dabei erwischt wirst, wird man dich einsperren. Du kannst dir nicht mehr vorstellen, was das für ein Land war. Zum Beispiel, du gingst hier in eine Buchhandlung, in die da uns gegenüber, man ist dir schon auf der Spur, man wird uns packen, uns abführen.«

Cristobal horchte belustigt. Er antwortete: »Ach was, dein Vater hilft uns, solange es diese Duvaliers gibt. Warum soll man unter solchem Schutz nicht das Richtige tun für sein Land, daheim?«

»Für sein Land das Richtige tun, daheim?« wiederholte Mania erstaunt.

Zwei spanische Afrikaner mit ihren Studentenmappen kamen vorbei, durch die goldzittrige Herbstluft. Einer sagte zum anderen: »Sieh nur, die Schöne!« Mania verstand die Worte, wenn sie auch spanisch gesprochen wurden. Ihre Augen blinkten.

»Weißt du was?« sagte Cristobal, »ich werde vielleicht zuerst fahren. Wenn dein Vater und ich der Meinung sind, jetzt ist es auch für dich erträglich, dann kommst du nach.«

Mania schwieg einen Augenblick. Dann brach es aus ihr heraus: »Ihr werdet mich beide nicht dazu bringen. Du hast sicher noch einen besonderen Grund, zurückzukehren auf diese furchtbare Insel. Vielleicht hast du dort eine Freundin aus früheren Zeiten. Sag's offen.«

Cristobal erwiderte: »Nein. Ich wäre dann nicht so weit und so lange weggefahren.«

Die Gefangenen hatten sich in die Freiheit gestürzt, nachdem ihr Kerkertor gesprengt worden war und eine Zelle nach der anderen. Wenn sie nicht so schwach und zerschlagen waren, daß ihre Leute sie heimschleppen mußten, tauchten sie in dem Menschenstrom unter, in seinen Jubel und seinen Gesang; sie glaubten felsenfest, ein neues Leben erwarte sie, das völlig anders war als das alte, das unerträgliche.

Es gab in dem Kerker ein paar ganz gemeine Wächter, die sich in verschiedenen Löchern versteckt hielten. Als der Menschenstrom, der alle mitriß, die noch eben gefangen gewesen waren und sich vor Verhören und Folter gefürchtet hatten, den Kerker hinter sich ließ, gewillt, das Zentralgefängnis am Meer zu stürmen, wußten die Totschläger, die Wächter des gesprengten Kerkers, sie müßten wohl jetzt selbst dran glauben, wenn man sie erkannte, hier oder draußen. Sie wußten, daß es im Kerker geheime Zellen gab für besondere Gefangene. Diese Wächter, als der Triumphzug die Straße hinter sich ließ, holten jetzt nach, woran sie die freudig vorwärtsstürmenden Menschen gehindert hatten. Sie schlossen die versteckten Zellen auf, und sie schlugen auf die vergessenen Gefangenen ein, sie zertraten sie, zerstachen sie, verstümmelten sie. Dann machten sie sich davon durch Höfe, über Mauern, die ihnen bekannt waren.

Triumphierend, unter Gesang und Jubel bewegte sich die Demonstration durch die Hauptstraße. Cristobal und Juan, den Cristobal an seiner goldknöpfigen Jacke wiedererkannt hatte, schlossen sich dem Zug an, da Juan in dem Kerker weder unter den lebenden Gefangenen noch unter den ermordeten die Frau fand, die er verzweifelt suchte.

Juan sagte: »Du warst oft in dem Café gegenüber dem afrikanischen Museum«, und er fuhr nach einem Zögern fort: »Bist du zur Befreiung aus Kuba zurückgekommen?« In seiner Stimme war eine Spur Spott, die Cristobal nicht gleich verstand. »Um uns zu befreien oder nach der Befreiung?« Er fuhr fort: »Dort hab ich dich zuletzt noch mal bedient. Deinen Freund haben sie abgeschleppt. Was mit deiner Braut geschah, weiß ich nicht.«

»Was für eine Braut?«

»Luisa. Ich hoffte, wir würden sie finden. Sie sei versteckt, da sie in keiner Zelle war, in irgendeinem Kellerloch. Ist sie woandershin transportiert worden? Vielleicht gar ermordet.«

Da lief es Cristobal kalt den Rücken herunter. Er fiel in Schweigen.

Ihr Zug, singend, wild schwatzend: »Der Neue wird ein ganz anderer sein –« – »Er soll bloß kein Enkel Doc sein«, war am Ufer angelangt. Einige Dampfer fuhren nach der Halbinsel San Jago. Dort lag das Zentralgefängnis, vom Meer aus gesehen ein steiler, hoch oben zackiger, unbesteigbarer Fels mit glatten Mauern. Fensterlos waren die Zellen bis auf die Löcher, durch die das Pflaster des Innenhofs sichtbar war. Dieser Kerker war von jeher besonders verhaßt, schon vor der Zeit von Papa Doc. Der Schrecken wurde dadurch erhöht, daß jeder Gefangene wußte und auch durch und durch fühlte, wie nahe das befreite Kuba lag, eine Schiffsreise hinter der fensterlosen Mauer.

In ihrer Hoffnung und zugleich Furcht, an diesem Ort Luisa zu finden, stürzten Juan und Cristobal, die vordersten Reihen durchbrechend, an die Abfahrtsstelle, um den ersten Dampfer nicht zu versäumen. Doch kurz vor dem Steg verzögerten beide ihre Schritte. Sie drangen nicht weiter vor. Sie sahen sich plötzlich in die Augen.

Cristobal packte Juan am Arm, sein Kopf war geneigt, er horchte auf etwas Unerklärliches in der Stadt. Gequälte Laute, bald übertönt von dem Reden um sie herum, bald klar und deutlich, drangen zu ihnen von dem Ort, den sie eben verlassen hatten.

Cristobal fragte: »Hörst du's?«

Juan erwiderte nach kurzem Schweigen: »Jetzt höre ich's, ja.«

Er war durchaus nicht erstaunt, daß Cristobal kehrtmachte, anstatt das erste Boot zu besteigen. Sie drängten beide aus aller Kraft zurück. Die Demonstranten fragten zornig: »Wohin? Warum zurück?« Sie schimpften empört;

dann schlossen sich wieder die Reihen. Juan und Cristobal verschafften sich einen Durchlaß nach dem andren, bis sie wieder vor dem alten Kerkertor standen.

Sie zeigten den Wächtern – jetzt waren diese Wächter des Volkes – irgendwelche Papiere. Schließlich drangen sie abermals zu zweit in das Gefängnis, das sie vor einer Stunde mit der Volksmenge gestürmt hatten. Cristobal packte noch einmal Juan am Arm. Sie sahen sich wieder in die Augen. Beide hörten zugleich, nicht laut, aber deutlich vernehmbar: »Kommt zu mir! Verlaßt mich nicht!«

Sie stiegen hinunter in den Keller. Nach einem Augenblick Zögern sagte Juan: »Ich hör's wieder.«

»Ich auch«, sagte Cristobal.

Sie folgten einem Stöhnen, das sie hörten oder zu hören glaubten. »Geht nicht weg! Geht nicht weg!« Dann war es wieder still, als hätten sie nur geträumt, doch zog es sie durch den kalten Gang, den sie vor kurzem schon einmal durchlaufen hatten, in vergeblicher Suche. Auf dem Boden lagen blutige Kleiderfetzen. Vermutlich hatte man hier die letzten Gefangenen zerschlagen oder zertreten.

Auf einmal war dieser Keller lautlos still. Cristobal und Juan standen sich ratlos gegenüber. Umkehren? War alles ein böser Traum? Dann hörten beide zugleich aus nächster Nähe: »Hier bin ich. Bleibt.«

Juan, der immer alles einen Augenblick rascher begriff als Cristobal, sagte entschieden: »Wir bleiben, Luisa. Wir tragen dich weg. Fürchte dich nicht.«

In den Kellergang waren Leichen gequetscht. Das Blut floß einem Mädchen aus dem Bauch und aus dem Gesicht. Sie war zu schwach, um sich zu regen. Man hätte sie für tot halten können. Cristobal versuchte das Haar wegzustreichen, das ihr Gesicht verklebte. Er starrte an, was da zum Vorschein kam. Er zitterte vor Angst und vor Grauen. Juan nahm vorsichtig ihre Hand. Es schien ihm, ein Finger sei plattgeschlagen. Er sagte entschieden: »Es ist Luisa. An ihrem Finger erkenn ich sie.«

»Bist du ganz sicher?« fragte Cristobal.

Sie zuckte vor Schmerz zusammen, wenn er sie nur berührte.

Juan sagte: »Sie hat oft bei uns Kaffee getrunken. Unter tausend Händen würde ich ihre erkennen.« Ihr ehemals zartes Gesicht war entstellt, zertreten.

Sie schleppten Luisa aus dem Zuchthaus. – Juan bestand darauf. »Wir bringen sie zu mir.«

Sie versuchten die blutverkrustete Frau irgendwie zu waschen, Luisa stöhnte vor Schmerz bei jeder Bewegung.

Juan kannte einen Arzt, der zu alt war, um an der Demonstration teilzunehmen. Man rief ihn herbei. Er reinigte ihre ärgsten Wunden. Er brachte sie behutsam zum Sprechen.

Nun lag sie wortlos und reglos in Juans Hütte. Cristobal zitterte, als er Juan fragte: »Glaubst du wirklich, sie ist es?«

»Ich weiß es«, erwiderte der, »ich erkenne sie an dem Finger. Sie hat oft bei uns ihren Kaffee bezahlt. Ich hab ihr Zigaretten angezündet.«

Sie stöhnte, wenn Cristobal sie auch nur schwach berührte; ihr Gesicht war dann zu einer Grimasse erstarrt.

Susanna kam zurück aus der Schule. Sie wußte längst, was in der Stadt geschehen war, auch wen ihre Eltern beherbergten. Beim ersten Anblick Luisas war sie von Grauen erfaßt. Sie wurde bald die beste Pflegerin. –

Das Leben auf Haiti beruhigte sich. Man konnte freilich noch nicht darauf schwören, wie es sich endgültig gestalten würde. Oft stritt Juan mit Cristobal und vielen Freunden, und alle, die sich ihnen zugesellten, sprachen noch mit einer gewissen Vorsicht von den Ereignissen. Würde Wodu Staatsreligion bleiben, das ehemals in der Sklavenzeit die Neger in den Wald gelockt hatte? Zunächst hatte der Präsident es nicht nur geduldet, sondern gefördert. Könnte beides nebeneinander bestehen, der alte Sklavenglaube und das katholische Christentum?

Bis auf die, die am Hafen herumlungerten oder auf Arbeitsuche Schlange standen, gingen wieder viele ihren Berufen nach. Cristobal war in der Innenstadt zum Schulleiter ernannt worden. Juan war wieder Kellner in dem Café, das dem afrikanischen Museum gegenüberlag, die Bibliothek, in der man früher heimlich verschiedene Bücher versteckt hatte, besaß jetzt als Hauptbestand eben diese vor kurzem verbotenen Bücher.

Luisa blieb ein unverändertes Zeugnis der Verfolgungen, die sie durchstanden hatte. Ihr Gesicht wurde still und froh, wenn Cristobal ihre verstümmelte Hand streichelte. Sie war noch so schwach, daß die Liebkosung eher eine Qual war als eine Freude. Sie erwartete ihn in einer bestimmten Tagesstunde, das war ihr anzusehen, obwohl ihr Gesicht durch die Mißhandlungen eine verzerrte Maske geblieben war. Vielleicht verstand nur Susanna, was in ihr vorging.

Damit Luisa ruhig schlafen konnte, hatte man in der kleinen selbstgezimmerten Hütte von Susannas Vater einen schmalen Teil mit Bambus abgetrennt.

Manchmal kam Sophia, die Lehrerin. Sie überwand jedesmal neu ihren Schrecken beim Anblick der Freundin. Sie fing Cristobal ab. »Wie glaubst du, soll das mit euch weitergehen? Du willst doch nicht etwa mit ihr in ein eignes Haus ziehen, sie heiraten? Du wirst dich andauernd zusammennehmen müssen, um ihren Anblick zu ertragen. Denk darüber nach!«

Ein anderes Mal redete Juan auf den Freund ein. In seinem Café, sagte er, hätte früher oft eine Frau aus den USA gesessen. Ihr Gesicht sei entstellt worden bei einem Autounfall. Da sei sie in ihre Heimat zurück zu einem berühmten Arzt, der hätte sozusagen ihr Gesicht geheilt. Sie wäre jetzt nach ihrer Rückkehr schöner als vor dem Unfall. Sicher sei es nicht schwer, einen solchen Arzt zu finden.

»Nie würde ich Luisa so etwas antun! Im Gegenteil. Ich bin stolz auf diese Narben, wer sie sieht, weiß, wie sie entstanden sind.«

Juan schwieg.

Manchmal konnte Luisa aufstehen und Juans Frau einige Handreichungen machen. Sie war darüber glücklich, aber sie mußte verbergen, wie rasch sie erschöpft war. Sie brauchte all ihre Kraft, um Cristobal nicht mehr ausgestreckt auf ihrem Lager, sondern aufrecht zu empfangen.

Juan und seine Frau hatten alles oft bemerkt. Sie machten sich Gedanken über die Zukunft, die bald vor den beiden stehen würde, im Grunde genommen schon vor ihnen stand. Ihre Tochter Susanna hatte alle Gespräche angehört oder zumindest erraten, daß es dabei auch um sie selbst ging. Ihre Eltern merkten, wie oft Cristobal bewundernd auf das Mädchen blickte oder versuchte, ihren Arm zu berühren.

Als Susanna ein Abendessen für Cristobal und Luisa gebracht hatte, sagte Luisa mit fester und klarer Stimme: »Ich will euch etwas sagen. Bitte, bleibt beide an meinem Bett.

Wir haben uns alle drei lieb. Du weißt, Cristobal, wie ich verzweifelt war, damals, als du nach Kuba fuhrst und wir uns trennen mußten. Vielleicht war meine Verzweiflung noch stärker, als du wiederkamst und bald darauf abermals wegfuhrst mit einer fremden Frau. Juan hatte alles verstanden, damals, als man Paolo verhaftete und du, Cristobal, wieder abfuhrst. – Wir glaubten auf Jahre. –

Nun bist du wiedergekommen und hast mich gefunden als das geschundene, zerquetschte Geschöpf, das ich nun einmal bin und bleiben werde.«

Susanna wollte Luisa beruhigen, die schon zuviel gesprochen hatte. In der Erregung sah ihr geschundenes Gesicht erst recht verzerrt, fast fratzenhaft aus.

»Ihr Kinder, man kann ohne Freude nicht leben. Du, Cristobal, brauchst Susanna. Es wäre für mich ein großes Glück, ich könnte in eurer Nähe bleiben, so daß Susanna mir beistehen würde wie bisher. Das alles zusammen wäre für mich doch das größte Glück.«

Susanna und Cristobal erwiderten nichts. Luisa hatte keine rasche Antwort erwartet. Sie stellte sich schlafend.

In dem Teil der Hütte, der von Luisas Lager abgetrennt war, hatten Susannas Eltern dieses Gespräch und manches ähnliche in der Nacht mit angehört. Die bloße Möglichkeit einer solchen Heirat, gegen die sich Susanna, wie ihnen schien, nicht gebührlich wehrte, mißfiel ihnen. Obwohl Cristobal zuerst heftig nein sagte, dann aber oft nachdachte und den Gedanken nicht vollständig abwies, kam ihnen eine Verbindung zwischen ihrer Tochter und Cristobal unmöglich vor. Nach ihrer Vorstellung war das Verlassen der Frau schandbar. Die ganze Idee büßte an Wert ein, auf der Luisas Rettung beruhte.

Luisa aber, mit großer Anstrengung, die sie beinahe erschöpfte, machte ihnen ausdauernd klar, was sie bereits den beiden klargemacht hatte: Susanna und Cristobal gehören zusammen. Für sie, Luisa, sei diese Verbindung ein Glück. –

Die Nachbarn sagten dies und das, als sich die neue Art Leben fügte. Doch bald war es allen klar, Cristobal und Susanna wurden Mann und Frau, und Luisa blieb in ihrer Obhut.

Cristobal stieß einmal auf den Vater von Mania. Der erzählte ihm, seine Tochter hätte in Paris einen Liebsten gefunden. Sie wolle nie mehr zurückkehren. –

Oft setzte sich Juan, von der Arbeit im Café heimkehrend, zu Luisa und erzählte, um sie aufzuheitern, von allerlei wunderlichen Gästen. Er fragte behutsam Luisa aus und versuchte zu erkennen, wie sie sich abfand mit ihrem neuen Leben.

Einmal änderte Luisa den Ton. Sie sagte mit jenem Lächeln, das ihr Gesicht zwar erhellte, wenn auch nicht mehr verschönern konnte: »Hast du mir nicht selbst immer gesagt, man kann ohne Freude nicht leben? Es gibt eine Freude, die aus dem Menschen nach außen dringt, dadurch kann sie ihn auch erregen und froh machen.«

Juan senkte seinen schweren Blick. Er gab auf Luisas Gedanken keine Antwort. –

In der kurzen Regenzeit, der trockene Wärme folgte und dann die lange Regenzeit, wurde Luisa von allen ermahnt, unter der Decke zu bleiben. Gleichwohl, als sie allein war, Cristobal war in der Schule und Susanna auf dem Markt, versuchte Luisa Luft zu schöpfen. Bald darauf begann sie zu husten, der Arzt konnte ihr nicht helfen. Der Husten quälte sie beinahe wie eine Folter. Es war ihr eine Erleichterung, rasch zu sterben. –

Sie bekam einen stolzen Begräbniszug, an dem alle teilnahmen, die ihre Gedanken geteilt hatten, und solche, in denen beim Mitgehen diese Gedanken zu keimen begannen.

Textnachweis

Aus: »Der letzte Mann der Höhle«, Erzählungen 1924 bis 1933, Aufbau Taschenbuch Verlag, Berlin 1994
Die Ziegler
Marie geht in die Versammlung
Der Vertrauensposten

Aus: »Reise ins Elfte Reich«, Erzählungen 1934–1946, Aufbau Taschenbuch Verlag, Berlin 1994
Das Obdach

Aus: »Der Ausflug der toten Mädchen und andere Erzählungen«, Aufbau Taschenbuch Verlag, Berlin 1998
Der Ausflug der toten Mädchen

Aus: »Crisanta«, Erzählungen 1950–1952, Aufbau Taschenbuch Verlag, Berlin 1994
Crisanta

Aus: »Das Schilfrohr«, Erzählungen 1957–1965, Aufbau Taschenbuch Verlag, Berlin 1994
Agathe Schweigert
Das Schilfrohr
Susi

Aus: »Steinzeit«, Erzählungen 1967–1980, Aufbau Taschenbuch Verlag, Berlin 1994
Das Versteck
Der Schlüssel
Die Trennung

AtV

Band 5171

Anna Seghers
Der Ausflug der toten Mädchen

Erzählungen

140 Seiten
ISBN 3-7466-5171-9

Die berühmteste Erzählung von Anna Seghers, »Der Ausflug der toten Mädchen«, entstand wie die beiden anderen dieses Bandes im mexikanischen Exil. Auf eigentümlich schwebende Weise gibt sie eine traumhafte Vision wieder, in der sich die Erzählerin als Kind während eines Schulausfluges erlebt und zugleich als erwachsene Frau in Mexiko.
»Post ins Gelobte Land«, eine stille, bewegend erzählte Geschichte, schildert das Schicksal einer jüdischen Familie bis zu ihrem Untergang, der von den Briefen des Sohnes an den Vater überdauert wird.
»Das Ende« führt das Leben einer Figur aus »Das siebte Kreuz« weiter: Zillich, der sadistische Aufseher aus dem KZ Westhofen, wird nach dem Krieg von seiner Schuld gehetzt und in den Tod getrieben.